Projekt Alphabet Neu

Handbuch für den Anfangsunterricht
Deutsch als Fremdsprache

mit Kopiervorlagen

Claudia Volkmar-Clark

Langenscheidt

Berlin · München · Wien · Zürich · New York

Projekt Alphabet Neu

Handbuch für den Anfangsunterricht Deutsch als Fremdsprache

von Claudia Volkmar-Clark

Redaktion: Mechthild Gerdes

Umschlag und Illustration: Erhard Dietl

Layout: Brigitte Kohlbecher

Zu diesem Trainingsprogramm gehören zusätzlich

eine Audiokassette: ISBN 3-468-**49898**-5
eine CD: 3-468-**49899**-3

Umwelthinweis: Gedruckt auf chlorfrei gebleichtem Papier

© 2004 Langenscheidt KG, Berlin und München

Druck: Druckhaus Langenscheidt KG, Berlin Schöneberg

ISBN 3-468-**49897**-7

Besuchen Sie unsere Homepage www.Langenscheidt.de

1. 2. 3. 4. 5. * 08 07 06 05 04

Inhalt

Teil 2: Kopiervorlagen für Arbeitsblätter

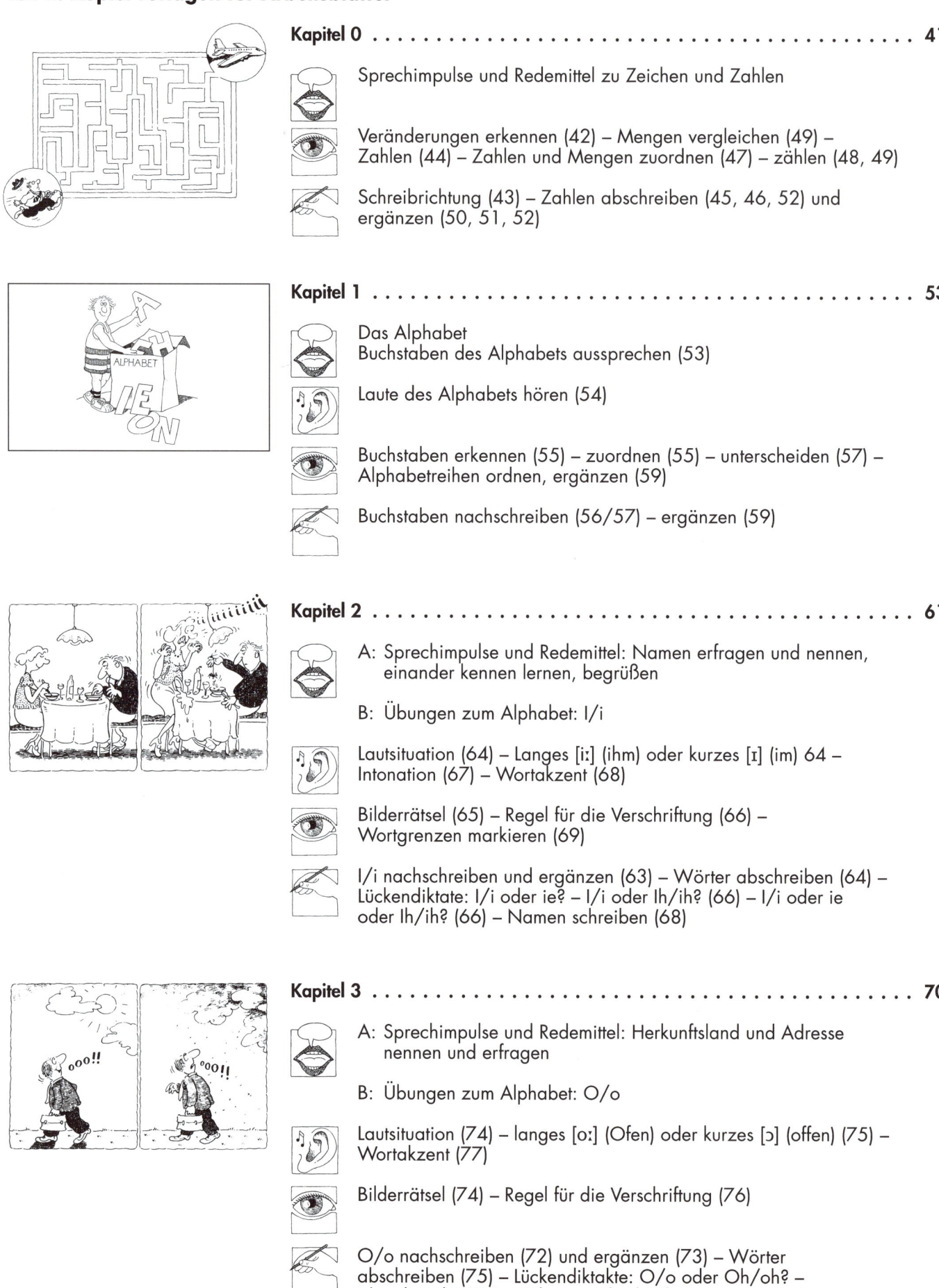

Einleitung

1. Für wen wurde „Projekt Alphabet Neu" konzipiert? Was bietet „Projekt Alphabet Neu"?

Projekt Alphabet Neu richtet sich an Erwachsene und Jugendliche, die Deutsch als Fremdsprache lernen wollen, aber die lateinische Schrift noch nicht lesen und schreiben können. Dazu gehören vor allem Lernerinnen und Lerner aus Ländern mit nicht-lateinischen Schriftsystemen. Das vorliegende Material ist aber auch geeignet für Deutsch Lernende, die in der lateinischen Schrift noch stark ungeübt sind. Für eine Erst-Alphabetisierung dieser Gruppe ist **Projekt Alphabet Neu** allerdings nicht gedacht.

Oberstes **Lernziel** ist die Vermittlung der lateinischen Schrift, so dass ausländische Lernende Deutsch lesen und schreiben lernen. Dabei geht es um die Druckschrift, nicht die Schreibschrift.
Außerdem sollen die Grundlagen für die Sprechfertigkeit im Deutschen gelegt werden. Dazu dienen die Sprechimpulse und Redemittel, mit denen jedes Kapitel beginnt. Das lateinische Alphabet wird damit in einem kommunikativen Unterrichtsgeschehen vermittelt.

Projekt Alphabet Neu bietet der Kursleitung (im Folgenden: KL) in 19 Kapiteln umfangreiches Übungsmaterial, das alle lateinischen Buchstaben und das dazu gehörige Lautinventar systematisch vermittelt, außerdem Übungssequenzen zur Lautunterscheidung, zur Aussprache, zum Lesen und Schreiben.

Damit schafft **Projekt Alphabet Neu** die Voraussetzung für den Einsatz von Lehrwerken für Deutsch als Fremdsprache, die sich am *Gemeinsamen Europäischen Referenzrahmen* orientieren und die Stufe A1 vorbereiten.

Das Material ist für einen Kurs von bis zu 120 Unterrichtseinheiten konzipiert, kann aber – je nach Voraussetzung und Kenntnisstand der Kursteilnehmer/-innen (im Folgenden: KT) – auch in einem kürzeren Zeitraum bewältigt werden. Die KL kann eine für ihre spezielle Lernergruppe zweckmäßige Auswahl treffen und die kopierbaren Arbeitsblätter individuell zusammenstellen.

2. Was enthält „Projekt Alphabet Neu"?

Das **Arbeitsbuch** für den Lehrer bietet zwei Teile:

– in 19 Kapiteln 214 **Arbeitsblätter** in Form von Kopiervorlagen für den Unterricht

– im ersten Teil des Buches **methodische Hinweise** zu jeder Übung auf den einzelnen Arbeitsblättern: Sie geben Anregungen für den Einsatz im Unterricht und Informationen zur Phonetik.

Die **Audiomaterialien** enthalten:

– Hör- und Diskriminierungsübungen, die oft auch Grundlage für Schreibübungen sind.

Auf der **Homepage des Langenscheidt-Verlages** www/Langenscheidt.de findet sich

– für zusätzliche Übungen eine **Übungstypologie** zur Vermittlung von Hören, Sprechen, Schreiben und Lesen in der Phase der Alphabetisierung.

3. Wie ist das Buch aufgebaut?

Das Buch hat zwei Teile.
Der **Hauptteil (Teil 2, ab S. 41)** enthält die **Kopiervorlagen für Arbeitsblätter**. Sie können sie am besten für Ihre KT kopieren und austeilen. Achten Sie darauf, dass Ihre KT sich dafür eine Mappe anlegen, in der sie ihre Blätter abheften können.
Es ist sinnvoll, dass Sie das jeweilige Arbeitsblatt zunächst oder generell zusammen mit den KT über eine Folie auf dem Overheadprojektor (im Folgenden: OHP) erarbeiten.

Die Kopiervorlagen sind in 19 Kapitel eingeteilt. Jedes Kapitel wiederum ist in zwei Abschnitte untergliedert:
Der thematisch orientierte **Abschnitt A** liefert **Sprechimpulse** und elementare **Redemittel** für Themenbereiche, die für die Bewältigung von Alltagssituationen in einem deutschsprachigen Land relevant sind.
Der **Abschnitt B** bietet systematische Übungen zu den einzelnen **Buchstaben** und **Lauten des Alphabets**. Die beiden Abschnitte werden durch einen Basistext verknüpft, der im Unterricht gemeinsam erarbeitet wird. Der Wortschatz des Abschnitts A wird in den Schlüsselwörtern im Abschnitt B wieder aufgegriffen. Außerdem ist in jedem Kapitel der Wortschatz unter dem Gesichtspunkt der Vermittlung eines bestimmten Lautes und des/der zugehörigen Buchstaben(s) ausgewählt. Diese Wörter im Abschnitt B können einer ersten Wortschatzarbeit dienen, brauchen aber nicht notwendigerweise Teil des aktiven Wortschatzes der KT zu werden.
Die Abfolge der einzelnen Übungen geht von der Rezeption über die Reproduktion zur Produktion. Deshalb stehen die meisten schriftlichen Übungen am Ende einer Übungsreihe und können auch als Lernzielkontrolle verwendet werden. Sie müssen daher ausgiebig mündlich (und unter Umständen auch schriftlich) vorbereitet werden.

Die Übungen sind nach folgendem Schema aufgebaut:
– Hören:
    Was ist gleich?
    Diskriminieren: Was ist anders?
    Lokalisieren: Was ist wo?
– Nachsprechen
– Sprechen
– Visuelles erfassen, lesen:
    Was ist gleich?
    Diskriminieren: Was ist anders?
    Lokalisieren: Was ist wo?
– Abschreiben
– Nach Diktat schreiben
– Selbstständig schreiben.

Durch den im Wesentlichen gleichen Aufbau und die gleiche Abfolge der Übungen innerhalb der 19 Kapitel soll gewährleistet werden, dass die KT sich an bestimmte

Übungsformen gewöhnen und sich von daher leichter auf den jeweiligen neuen Übungsstoff konzentrieren können. Der gleiche Ablauf kann den Lernern ein Gefühl der Sicherheit und des kontinuierlichen Lernfortschritts innerhalb einer bekannten äußeren Form geben.

Dementsprechend ist auch das **Layout** der Arbeitsblätter angelegt: In der äußeren Marginalspalte stehen die Arbeitsaufträge und Pictogramme, die die KL den KT gegebenenfalls erklären bzw. durch die Durchführung eines ersten Beispiels vermitteln muss. Der übrige Textteil (Lückendiktate, Übungen zur Diskriminierung von Lauten Schreibübungen, Leseübungen, Phonetikübungen) ist der Arbeitsbereich der KT, der von ihnen gelesen bzw. beschrieben werden soll.

Der **Schwierigkeitsgrad der Übungen** im Abschnitt B variiert wenig, nur die Übungen des Vokalteils (Kapitel 2–8) sind insgesamt leichter als die Übungen von Kapitel 9–18 zu den Konsonanten. Es empfiehlt sich daher, den Vokalteil am Anfang durchzunehmen. Die Arbeitsblätter zu den Konsonanten können in jeder anderen als der hier vorgegebenen Reihenfolge bearbeitet werden; sie setzen allerdings die Kenntnis der Vokale voraus.

Alle **Hör- und Diskriminierungsübungen** sind auf den Audiomaterialien (Audiokassette und CD) verfügbar und auf den Arbeitsblättern mit dem Pictogramm 🎧 gekennzeichnet.

In **Teil 1** am Anfang des Buches (ab S. 14) sind die **methodischen Hinweise** für die KL zur Gestaltung des Unterrichts und zum Einsatz der Arbeitsblätter zu finden. Im Aufbau lehnt sich dieser Teil 1 an den Aufbau des Hauptteils 2 (die kopierbaren Arbeitsblätter) an.

Hier finden sich zunächst methodische Hinweise zum mündlichen Einstieg in jedes Kapitel und zum Einsatz der Sprechimpulse und Redemittel.

Am Beginn von Abschnitt B der Kapitel 1–18 finden sich in den methodischen Hinweisen unter dem Titel **Phonetik** besondere Informationen zur Bildung, Aussprache und Verschriftung der deutschen Laute. Diese Informationen sollen der KL helfen,
– Laute, Wörter, Sätze korrekt zu bilden,
– diese ihren KT zu erklären, zu beschreiben,
– den KT Hilfestellungen zu geben bei der Aussprache
– die Aussprache zu korrigieren, wo nötig.
Schließlich gibt es Hinweise darauf, wie ein bestimmter Laut im Deutschen verschriftet wird (Beispiel: langes [i:] taucht in deutschen Wörtern auf als /ie/ *hier* oder als /ih/ *ihr* oder als /ieh/ *sieht*). Als Hilfe für die Diskriminierungsübungen wird beschrieben, wo der Unterschied in der Aussprache der verschiedenen Laute liegt.
Durch *drei Merkmale* kann jeder Laut im Deutschen eindeutig beschrieben werden.
1. Intensität des Luftstromes (stark / schwach)
2. Position der Zunge (an den Zähnen, vorne, am Gaumen, hinten)
3. Position der Lippen (geschlossen, halb geöffnet, ganz offen, gerundet).
In dem nachfolgenden Schema sieht man Sprechorgane, die am Sprechen beteiligt sind, die bewegt werden. In jeder Sprache verläuft diese Bewegung anders und nur ein funktionierendes Zusammenspiel dieser Organe garantiert die korrekte Produktion von Sprache, ist die Voraussetzung dafür, dass man sich verständlich machen kann.

Schema

(Querschnitt durch die Sprechorgane)

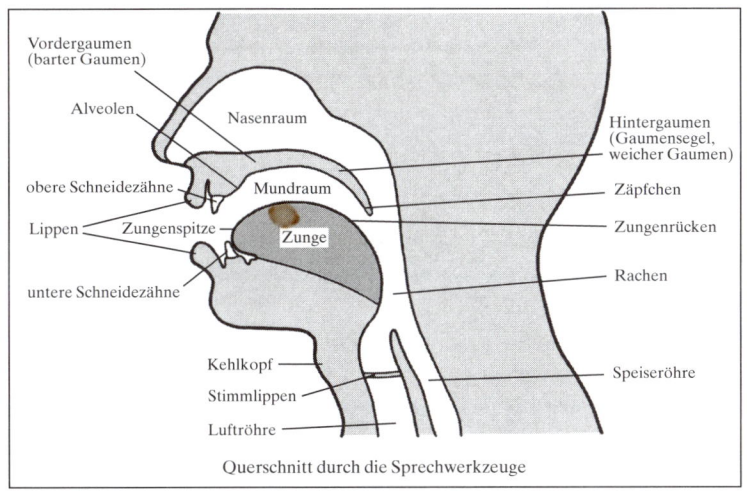

Querschnitt durch die Sprechwerkzeuge

DUDEN. Aussprachewörterbuch (1990), 25

Es gibt im deutschen Lautsystem **Vokale** (Selbstlaute) und **Konsonanten** (Mitlaute). Bei Vokalen strömt die Atemluft ungehindert durch den Mund. Die Stellung der Zunge und der Lippen bewirkt die unterschiedliche Klangfarbe der Vokale. Bei der Bildung oder Entstehung der Konsonanten wird die Atemluft zeitweise eingeengt oder gehemmt.
Um Laute eindeutig bestimmen zu können, werden in **Projekt Alphabet Neu** die Zeichen der **Lautschrift IPA** (International Phonetic Association) in eckiger Klammer verwendet. Die KL braucht die phonetische Schrift nicht aktiv zu beherrschen, sollte sie aber eindeutig lesen können. Die KT sollten damit nicht belastet werden.

In welchen Kapiteln werden welche Laute / Buchstaben behandelt?

Kapitel	Laute				Buchstaben
0					
1					
2	Vokale:	[i:],	[ɪ]		I/i
3		[o:],	[ɔ]		O/o
4		[u:],	[ʊ]		U/u
5		[a:],	[a]		A/a
6		[e:],	[E:],	[E]) [ə]	E/e
7	Umlaute:	[E:],	[E], [Ø:], [œ], [y:], [Y]		Ä/ä, Ö85/ö, U/ü
8	Doppelvokale:	[aI],	[ɔI], [aɔ]		Ai/ai, Ei/ei, Eu/eu, Äu/äu, Au/au
9	Konsonanten:		[m], [n]		M/m, N/n
10	[f],	[v]			F/f, V/v, W/w
11	[j],	[r],	[l]		J/j, R/r, L/l
12	[t],	[d]			T/t, D/d
13	[ts]	Z/z			
14	[p],	[b],	[pf]		P/p, B/b, Pf/pf
15	[k],	[g],	[kv], [ŋ]		K/k, G/g, Qu/qu, ng
16	[s],	[z],	[ʃ]		S/s, ß, Sch/sch
17	[x],	[ç],	[h]		Ch/ch, H/h
18					

4. Analyse eines Diktats

Das folgende Beispiel stammt aus der Praxis und soll noch einmal konkret verdeutlichen, wie und wo **Projekt Alphabet Neu** sinnvoll eingreifen kann: Ein 20-jähriger KT aus dem arabischen Sprachraum schrieb ein Diktat, dessen Fehleranalyse die Vermutung nahe legt, dass er das Schreiben in lateinischer Schrift nicht systematisch gelernt hat.

Diktattext:
Ali kommt aus Libyen. Er ist Techniker, 23 Jahre alt und sehr freundlich. Er spricht noch nicht gut Deutsch, aber es geht. Jetzt ist er im Büro. Er schreibt: Name, Beruf, Adresse. Ali ist ledig und wohnt in München, Gerberplatz 10. Er arbeitet bei der Firma Kraus. Er macht jetzt ein Praktikum und nächstes Jahr eine Prüfung. Er wohnt und arbeitet also ein Jahr hier. Dann ist er fertig und fährt wieder nach Libyen zurück.

Schülerarbeit:

alaE GUMte luse LABLiPAN

arestte 3Z Jare ilte BUnd siete

FFUFLnD lchshbtt n GUte Jushcc ibe

test ait Jtste ist ike em wucit

ite ichtedte edtse ele ist ld che

end wbude em MUhchch catPer tt

Et Jetbete BaFtne PtOsa Et Magt

Jtste ahe inde nstch Ja ihe BtuFnde

Et wuhde aUnd etbete elsue ahe

ahe Ja tDan ist Vetche inde Fa Betd

nech CiPAN.

Bei genauerer Betrachtung fällt zunächst das **Schriftbild** auf: Die Schreibrichtung von links nach rechts ist zu erkennen, genau so wie einzelne Buchstaben als Buchstaben des lateinischen Alphabets. Wörter sind nur vereinzelt (*München, ist, er*) lesbar, Wortgrenzen sind manchmal nicht deutlich. Die Schrift insgesamt bewegt sich in einem Mittelfeld über der vorgegebenen Linie (der KT schreibt auf liniertem Papier, was hier bei der Wiedergabe kaum sichtbar ist). Ober- und Unterlängen sind gering ausgeprägt. Große und kleine Buchstaben werden willkürlich verwendet. Die Interpunktion fehlt weitgehend. Die Reihenfolge der Buchstaben (nächten = nstch) und Zahlen (23 = 32) ist gelegentlich verdreht.

Konsonanten werden viel häufiger korrekt geschrieben als Vokale, die oft ganz fehlen. Doppelkonsonanz wird nicht berücksichtigt (*dan* statt *dann*).

Verwechslungen finden statt z. B. bei:
g statt k (*gumte* statt *kommt*)
p statt b (*lipan* statt *Libyen*)
b statt p (*shbrt* statt *spricht*)
d statt t (*wunde, wnude* statt *wohnt*), *d* statt *g* (*Brufnde* statt *Prüfung*)
d statt b (*ich redte* statt *schreibt*)

Die **Vokale** werden unterschiedlich geschrieben:
für a: *ilte* statt *alt, iber* statt *aber, edrse* statt *Adresse, ele* statt *Ali*;

für e: *ar* und *ire* statt *er, siere* statt *sehr, git* statt *geht*; für i: *est* statt *ist, em* statt *im*;
für o: *gumte* statt *kommt, whude* statt *wohnt*;
für u: *inde* statt *und*.

Wie schon erwähnt, werden Vokale sehr häufig im Wort völlig ausgelassen (*jtste* statt *jetzt, ldch* statt *ledig, nstch* statt *nächstes*), dafür sind an verschiedenen Stellen Sprossvokale geschrieben, die dort nicht hin gehören, und zwar am Anfang vor Konsonantenhäufungen (*ich redte* statt *schreibt*) und am Ende eines Wortes (*gumte* statt *kommt, whude* statt *wohnt, inde* statt *und*).

Bei den **Doppelvokalen** wird nur ein Vokal, häufig nur der zweite Teil geschrieben: *furlnd* statt *freundlich, dushct* statt *deutsch, Ba* statt *bei, erbete* statt *arbeitet*.

Diese kurze Fehleranalyse lässt erkennen, dass
– richtig gehört und diskriminiert werden muss,
– das deutsche Lautinventar und die Buchstaben bekannt sein sollten
– und bestimmte Grundregeln der deutschen Sprache (Silbenstruktur, Groß- und Kleinschreibung, Interpunktion) erkannt und beachtet werden müssen, damit ein KT die Chance hat, verständlich zu schreiben.

Diese genannten Problembereiche werden in **Projekt Alphabet Neu** besonders berücksichtigt.

Teil 1: Methodische Hinweise für den Einsatz der Arbeitsblätter im Unterricht

Die methodischen Hinweise zu jedem Kapitel sind Vorschläge zur Unterrichtsgestaltung und geben Hinweise darauf, wie mit den Kopiervorlagen gearbeitet werden kann.

Die erste Unterrichtsstunde

Lernziel dieser Unterrichtssequenz ist, dass sich alle kennen lernen.
Schon in dieser ersten Stunde soll deutlich werden, dass es möglich ist, von Anfang an zu kommunizieren, auch wenn man die neue Sprache erst zu lernen beginnt.

Wenn ein neuer Kurs beginnt, ist die erste Stunde für Kursteilnehmer (im Folgenden: KT) aber auch für den Kursleiter, die Kursleiterin, kurz: die Kursleitung (im Folgenden: KL) immer etwas Besonderes. Der Unterrichtsraum ist vorbereitet, Tische und Stühle sind möglichst in einem Rechteck oder in U- Form aufgestellt, damit sich alle KT gut sehen können.
1. Die KL kommt in den Unterrichtsraum und begrüßt die KT. Je nach Tageszeit sagen Sie: *Guten Morgen, guten Tag, guten Abend.* Vielleicht erhalten Sie schon eine Erwiderung. Lassen Sie die Begrüßung zuerst von allen zusammen, dann von einzelnen allein nachsprechen und verbessern Sie die Aussprache vorsichtig.
2. Danach begrüßen Sie jeden einzelnen KT mit Namen und geben ihm dabei die Hand: *Guten Tag, ich heiße ....* Bitten Sie Ihr Gegenüber mit entsprechenden Gesten oder im Rollentausch, Sie auch mit: *Guten Tag!* oder entsprechend der Tageszeit zu begrüßen.

3. Dann machen Sie noch einmal die Runde und fragen: *Ich heiße ... und Sie?*
Helfen Sie den KT falls nötig bei der Antwort, z. B.: *Ich heiße Fatima* oder *Ich heiße Ibrahim Abba.* Lassen Sie jeden KT auf diese Weise den eigenen Namen sagen.
4. Anschließend bitten Sie Ihre KT mit Gesten, sich untereinander vorzustellen und einander nach dem Namen zu fragen. Sie selbst können wieder beginnen: *Ich heiße ...* und deuten dann auf den Nächsten: *Und Sie?* Antwort: *Ich heiße Hanna Bascha, und Sie? Ich heiße Mariama, und Sie?* usw.
Wenn Sie meinen, dass Ihre Gruppe noch eine weitere Struktur lernen kann, üben Sie das Ganze noch einmal mit der Replik: *Guten Tag* oder *Hallo, ich bin (Gisela Müller), und Sie?*
5. Wandeln Sie die Übung ab, indem Sie nicht der Reihe nach vorgehen, sondern einem/r KT einen Ball zuwerfen, sich ihm/ihr vorstellen und nach dem Namen fragen. Der/Die KT wirft den Ball einem anderen KT zu.
6. Lassen Sie die Gruppe aufstehen und geben Sie gestisch zu erkennen, dass die Vorstellung geübt werden soll, indem die KT im Raum herumgehen, sich vorstellen und nach dem Namen des anderen fragen.

Die Phase der Kontaktaufnahme sollte zu Beginn des Kurses an jedem neuen Tag (oder sogar nach einer Pause am Anfang jeder neuen Stunde) wiederholt werden. Wichtig ist dabei, dass der gesamte Einstieg am Anfang mündlich ohne Hinzunahme des schriftlichen Materials im Buch verläuft.

Methodische Hinweise zu Kapitel 0
Zum Einsatz der Arbeitsblätter im Unterricht

Abschnitt 1 von Kapitel 0

0, S. 41
Diese Illustration kann zu diesem Zeitpunkt einer Klasse nur dann gezeigt werden, wenn die KT schon länger in einem deutschsprachigen Raum leben und z.B. die öffentlichen Verkehrmittel benutzen, also das Symbol für DB (Bahn) oder S (S-Bahn), U (U-Bahn) kennen und diese Symbole auch benennen können.
Die Situation selbst ist den KT wohl bekannt und mancher wird sich sicher mit der Person identifizieren können, die da mit ihrem Koffer vor sich und einem Stadtplan in der Hand an der Bushaltestelle steht und nur ein großes Fragezeichen im Kopf hat.
Das Bild hat aber eine noch wichtigere Funktion für Sie, die KL: Die Seite verdeutlicht noch einmal in anschaulicher Weise die Situation, in der sich Ihre KT zu Beginn des Kurses befinden: Ein Labyrinth von Zeichen, Zahlen, Schildern und Bildern umgibt sie, die alle nicht entziffert werden können.
In dieser Situation sollen Sie mit dem vorliegenden Material im Unterricht hilfreich eingreifen und Schritt für Schritt aus dem Fragezeichen im Kopf der KT Erkenntnisse und Einsichten (S. 61) werden lassen und schließlich den KT

dazu befähigen, anderen Unkundigen (S. 256) den Weg zu zeigen.
Diese Illustration verdeutlicht aber noch etwas ganz Fundamentales für das Verständnis von **Projekt Alphabet Neu**. Dieses Trainingsbuch geht in jedem Kapitel immer von einer noch unbekannten, meistens authentischen Vorlage oder Situation (einem Text, einer Postkarte, einem Ausschnitt aus dem Telefonbuch, einer Bildgeschichte) aus und konzentriert sich dann auf spezifische Phänomene, die genauer analysiert und geübt werden. Lassen Sie sich nicht irritieren, wenn Sie eine Vorlage vorfinden, die die KT an dieser Stelle im Detail noch nicht genau verstehen. Die Arbeitsanweisung verlangt vielleicht nur das Unterstreichen eines Symbols/Buchstabens im Text. Das könnten Sie sogar in einer chinesischen Zeitung, auch wenn Sie noch nie ein Wort Chinesisch gelernt haben. Ihre KT müssen diese Fähigkeit von Anfang an gerade auch außerhalb des Unterrichts trainieren: In einer Fülle von unbekannten Symbolen müssen sie lernen, das herauszusuchen, was sie finden wollen/sollen (z.B. das Taxi, den Bus, das Spracheninstitut).

Vorgehen im Unterricht:
1. Sie präsentieren die Illustration am besten auf Overheadprojektor (im Folgenden: OHP). Sie fragen, indem

Sie auf die gesamte Seite am OHP zeigen: *Wo ist das? Ist das Tokio? Ist das Peking? Karthum?* usw.
(Sie fragen also am besten nach Städten, aus denen die KT kommen, die diese also kennen, und es ist anzunehmen, dass Ihre KT erkennen, dass es sich nicht um Tokio, Peking, Karthum, sondern um eine Stadt im deutschsprachigen Raum handelt.)
Mögliche Antworten: *Frankfurt, Wien, Zürich, München.*
2. Sie zeigen auf bestimmte Symbole und fragen: *Was ist das?* Mögliche Antwort: *DB (Bahn), S (S-Bahn), U (U-Bahn)* usw.
3. Frage: *Wer ist das?* (Sie zeigen auf die Person im Bild.)
Antwort: *Ali, Martin…* (ein KT aus der Klasse) oder Sie nennen einen KT aus der Gruppe: *Das ist Ali, das ist Mustafa in (München, Berlin, usw.)*

Alternative: Wenn Sie KT unterrichten, die erst ganz kurz in einem deutschsprachigen Land sind, beginnen Sie mit Übung 1 (S. 42) und setzen diese Illustration erst später ein.

0 Übung 1, S. 42
In dieser Übung geht es um Wahrnehmungsschärfung, um das visuelle Erfassen von Veränderungen. Die Bilder untereinander sind nur scheinbar gleich. Die KT sollen die Unterschiede vom ersten zum zweiten Bild und vom zweiten zum dritten farbig markieren. Umkreisen Sie (am besten auf OHP) einige Veränderungen und geben damit den KT ein Beispiel dafür, wie die Aufgabe gelöst werden soll.

0 Übung 2, S. 43
Bei diesem Arbeitsblatt geht es um das Training der Geschicklichkeit beim Schreiben. Diese Übungen sind besonders wichtig für KT, die beim Schreiben an sich – also auch beim Schreiben ihrer eigenen Schrift – keine große Routine haben. Es handelt sich also auch um eine Übung zur Bestimmung der Lese- und Schreibrichtung im Deutschen. Die KT sollen mit ihrem Stift z. B. links bei der ersten Person (dem Gepäckträger) beginnen und den Stift der Linie entlang führen, bis sie schließlich beim Koffer ankommen.
In dem Labyrinth darunter sollen die KT versuchen, genau auf der Mitte zwischen den beiden Strichen zu malen und zu vermeiden, mit dem Stift an den parallelen Strichen anzustoßen. Die unterschiedlichen Wege können in verschiedenen Farben gemalt werden. Es ist sinnvoll, diese Art von Übung, in der die Motorik der Hand geschult wird, vor allem bei ungeübten Schreibern zunächst in größerem Format, also z.B. auf Packpapier oder Flipcharts durchzuführen. Das fällt vielen KT leichter und gibt Schwung. Das kleine Format der Arbeitsblätter setzt schon größere Geschicklichkeit voraus.

Abschnitt 2 von Kapitel 0: Zahlen von 1–10

Es hat sich bewährt, an dieser Stelle die Zahlen (zumindest 1–10) einzuführen. Sie sind leicht zu identifizieren und bieten sich als Aussprachetraining an. Zahlen liefern eine Fülle von Übungsstoff, die eine Einführung der Übungstypen des Programms erlauben; der Wortschatz ist begrenzt, leicht verständlich und eindeutig. Zahlen und Alphabet haben eine Ordnungsfunktion. Buchstaben und Zahlen finden in der Unterteilung der Kapitel und den Übungen Verwendung.

0 Übung 3, S. 44
1. Zeigen Sie die Zahlen gestisch mit den Fingern Ihrer Hand und nennen Sie dazu die Zahlen 1 bis 10. Diese Handzeichen sind nicht in jeder Kultur gleich. Sie können das ansprechen. Vielleicht kommt es zu interessanten Varianten beim Zeigen der Zahlen mit den Händen. Für uns im Deutschunterricht ist es unerheblich, ob eine „2" mit Daumen und Zeigefinger oder mit Zeige- und Mittelfinger gezeigt wird.
2. Wiederholen Sie die Zahlen und lassen Sie sie zuerst im Chor, dann von einzelnen KT nachsprechen.
3. Zählen Sie im Chor die KT der Reihe nach ab. Dann stellen Sie Fragen wie: *Wie viele sind das? – Das sind x KT, Fenster, Tische, Stühle, Wände.* Zählen Sie Gegenstände, Knöpfe an einer Jacke, Bücher auf dem Tisch usw. Die Frage muss immer so gestellt werden, dass die KT nur mit der Zahl zu antworten brauchen. Unter Umständen gibt es Ausspracheprobleme bei den Zahlen. Eventuell muss man einzelne Zahlen „auseinander nehmen": ei-wei- zwei; ei - rei – drei usw.
Schwierig für viele Ausgangssprachen ist 1. die Unterscheidung zwischen langem [i:] *vier* und langem [e:] *zehn*, 2. das gerundete [y] *fünf*, 3. schließlich die Doppelvokale (*eins, zwei, drei, neun*) und 4. verschiedene Konsonantenverbindungen (bei 1 *ns*, bei 2 *zw*, bei 3 *dr*, bei 5 *nf*, bei 6 *chs*, bei 8 *cht*).
4. Anschließend das Arbeitsblatt austeilen und die Zahlen in ihrer lateinischen Schriftform in der rechten Spalte vorstellen: Lesen Sie die Zahlen noch einmal vor und zeigen Sie auf die Ziffern 1 bis 10. Die KT sprechen im Chor und einzeln nach. Zum Abschluss sollten die KT die Zahlen jeder in seiner eigenen muttersprachlichen Schrift neben die Abbildung der Handzeichen schreiben.
Zu beachten ist, dass Zahlwörter nur beim Aufzählen unter Vollakzent stehen. Sonst haben Zahlen als Begleiter von Nomen (Substantiven) Neben- oder gar Schwachakzent wie die Artikel, wodurch die Artikulation der Konsonantenverbindungen eventuell erschwert wird (z. B. *ein Hút*).
5. Weitere Übungen mit Zahlen:
Spielen Sie in zwei Gruppen: Die eine macht Handzeichen, die andere sagt die Zahlen. Punkte gibt es bei richtiger Zahlennennung. Dann umgekehrt. Die Gruppe mit den meisten Punkten hat gewonnen.

0 Übung 4, S. 45, 46
Hier sollen die Zahlen 1 bis 10 geschrieben werden. Als Vorübung empfiehlt es sich, dass zunächst die KL und dann auch ein KT die Zahlen an die Tafel schreiben, damit man gleich auf Schwierigkeiten oder Fehler beim Schreiben hinweisen kann. Achten Sie dabei auf die Schreibrichtung, Form, Größe und Proportion der Zahlen. Dann erst sollte die Übung auf dem Arbeitsblatt von allen KT bearbeitet werden. Anschließend Überprüfung durch die KL.

0 Übung 5, S. 47
Es geht um die Zuordnung von Zahlen und Mengen. Als Vorbereitung dazu fragen Sie nach Gegenständen bzw. Personen im Klassenzimmer, zeigen darauf, zählen und zeigen mit der Hand die Ziffern. Dann schreiben Sie die Endzahl an. Zum Schluss sollte das Arbeitsblatt eingesetzt werden als Kontrolle, ob jeder KT einzeln die Übung lösen kann. Die dargestellten Gegenstände (Blumentopf, usw.) werden durch die Abbildung erklärt, müssen also nicht

eigens semantisiert werden. Es hilft aber, auf die Gegenstände (Blumentopf, Bleistift, Armbanduhr, Apfel) zu zeigen, sollten sie im Unterrichtsraum vorhanden sein.

0 Übung 6, S. 48

Hier sollen KT die einzelnen Tiere im Kasten zählen und die Zahlen in die Kreise schreiben. Erarbeiten Sie die erste Lösung als Beispiel gemeinsam: 3 (Hühner).

0 Übung 7, S. 49

Diese Übung kann mit Gegenständen im Raum vorbereitet werden. Sie kann dann gemeinsam über OHP oder als Einzel- oder Partnerarbeit durchgeführt werden. Im zweiten Fall die kopierten Arbeitsblätter austeilen. Lassen Sie die Gegenstände in den Kästchen zählen und lassen Sie ein anderes Kästchen suchen, in dem genauso viele Gegenstände sind. Verbinden Sie dann die beiden Kästchen mit einem Stift.

Auch außerhalb des Unterrichts gibt es viele Möglichkeiten, die niedrigen Kardinalzahlen zu üben, da sie häufig gebraucht werden. Deshalb sollte die KL darauf achten, dass die Zahlen so bald wie möglich adäquat artikuliert werden, schon um Missverständnisse zu vermeiden.

0 Übung 8, S. 50

Dies ist als reine Schreibübung gedacht, in dem das Zahlenschema von 0 bis 100 deutlich werden soll. Erklären Sie das Zahlenschema zuerst an der Tafel. Erst wenn die Systematik des Schemas erkannt worden ist und kaum noch Fehler erwartet werden, kann das Übungsblatt für jeden einzelnen eingesetzt werden. Nur mit KT, die gute

Grundkenntnisse im Deutschen haben, sollen diese Zahlen zusätzlich auch mündlich geübt werden. (Mögliche Übungen: Abzählen, Bingo-Spiel, Zahlendiktate.)

0 Übung 9, S. 50

Diese Übung ist ebenfalls nicht zum lauten Lesen und Nachsprechen gedacht, sondern zur Identifizierung von gleich aussehenden verschriftlichten Zahlen. Zum Beispiel: In den ersten beiden Reihen wird die Ziffer 12 gesucht und man umkreist also die Zahl, die vor dem vertikalen Strich steht.

Auf OHP oder in Einzelarbeit/Partnerarbeit durchzuführen.

0 Übung 10, S. 51

Hier sollen <u>nicht</u> die Grundrechenarten vermittelt werden. Die Zeichen (+, −, :, x, =) werden indirekt in der Übung erklärt. Diese Seite kann als Lernzielkontrolle für die Zahlen eingesetzt werden: Punkte werden in Zahlen übersetzt, so wie es im ersten Teil der Übung bereits ausgeführt ist.

Auch diese Übung über OHP oder als Einzelübung durchführen.

O Übung 11, S. 52

Diese Reihen sollten am besten zuerst am ersten Beispiel auf OHP erklärt werden. Es hilft, wenn man bei den Reihen den Operator dazu schreibt, z. B. 3 (+3) 6 (+3) 9 (+3) 12 (+3) usw. Für pfiffige KT ist sie sicher als Schreibübung geeignet.

Methodische Hinweise zu Kapitel 1

Das Alphabet

Lernziel

In diesem Kapitel sollen die KT mit dem deutschen Alphabet bekannt gemacht werden. Übungen direkt dazu sollen die KT befähigen, die Buchstaben des deutschen Alphabets zu identifizieren, phonetisch richtig auszusprechen und zum ersten Mal nachzuschreiben.

Am Beginn dieser Stunde kann wieder eine Begrüßung und Vorstellung – auch als Wiederholung – aus der ersten Stunde stehen.

1 Übung 1, S. 53, 54

1. Die KL projiziert das Blatt mit OHP an die Wand oder hängt es vergrößert an die Wand und liest das Alphabet langsam vor. Zeigen Sie dabei auf den Buchstaben/Laut, den Sie gerade lesen und lassen Sie ihn vom gesamten Kurs und dann von einzelnen KT nachsprechen.
2. Teilen Sie nun das kopierte Arbeitsblatt aus und wiederholen Sie noch einmal die Übung. Die von den KT geschriebenen Buchstaben können, wenn überhaupt, erst im Laufe des Kurses nach und nach eingetragen werden. Dieses Blatt mit dem Alphabet dient den KT als eine Art Kursleitfaden, an dem sie sich orientieren können.
Sie finden dazu auf S. 54 eine Information zur phonetischen Lautschrift.

1 Übung 2, S. 55

1. Zur Durchführung dieser Übung am besten Kärtchen

vorbereiten, auf denen die einzelnen Buchstaben des Alphabets als Klein- oder als Großbuchstaben stehen. Teilen Sie die Kärtchen aus und lassen Sie nun die zusammengehörenden Buchstabenpaare (Groß- und Kleinbuchstaben) nebeneinander auf den Tisch oder den Boden legen oder auf die Pinwand heften.
2. Die Übung 2 wiederholt und variiert zugleich den Auftrag: *Welcher große Buchstabe gehört zu welchem kleinen Buchstaben?* Die zusammengehörenden Buchstaben sollen umkreist oder durch eine Linie verbunden werden.
3. Memory-Spiele in mehreren Kleingruppen mit Alphabetkärtchen großer und kleiner Buchstaben können sich anschließen.

1 Übung 3, S. 55

Dieser kurze Text ist eine kleine Zusammenfassung des mündlichen Einstiegs am Anfang der ersten Stunde. Noch besser als den hier angegebenen Text zu verwenden, wäre es, wenn Sie mit den KT einen entsprechenden Text aus dem unmittelbaren Unterrichtsgeschehen mit den tatsächlichen Namen der KL und der KT mündlich erarbeiten. Schreiben Sie den Text an die Tafel oder auf den OHP, lesen ihn vor und lassen ihn nachsprechen. Die Wörter: *Name, auf Wiedersehen* sind neu und müssen eingeführt werden. *Auf Wiedersehen* kann ggf. gestisch durch Winken erklärt werden. Weisen Sie darauf hin, dass nach einem Punkt, Fragezeichen, Ausrufezeichen ein neuer Satz immer mit einem großen Buchstaben beginnt.

Bei einem Kurs, in dem die KT über einige Grundkenntnisse im Deutschen verfügen, können Sie eventuell jetzt schon einmal versuchen, die KT mit dem Nachschlagen der Wörter im Lexikon vertraut zu machen. Die KT können in ihrer eigenen Schrift schon lesen und sollten sich langsam daran gewöhnen, deutsche Wörter als neue Gruppe von Zeichen bzw. neue „Bilder" zu erfassen. Das Aufsuchen von Wortbildern ist eine gute Vorübung zum Lesen und für die nächste Übung.

1 Übung 4, S. 55
Hier geht es darum, das Bild, die Form eines Wortes zu erfassen und diese Form, dieses Bild wieder zu erkennen. Dabei muss man nicht wissen, was die Wörter bedeuten. Am besten zunächst ein Beispiel an der Tafel oder an der Übung 4 auf OHP vorführen. Dann Einzel- oder Partnerarbeit mit den kopierten Arbeitsblättern. Diese Diskriminierungsübung für formähnliche Buchstaben kann auch als Vorlage für eine Legeübung mit Alphabetkärtchen dienen.

1 Übungen 5, 6, 7, S. 56
Diese Übungen sollten gut vorbereitet werden. Schreiben Sie die Formelemente und Buchstaben zunächst an der Tafel oder über OHP auf einer Folie einzeln und groß vor. Bitten Sie dann Ihre KT, sie nachzuschreiben – an der Tafel oder auf Packpapier. Bitte achten Sie genau darauf, wie die Buchstaben geschrieben werden. Es ist nötig, am Anfang eines Kurses die Schreibweise genau zu erklären und Korrekturen anzubringen. Es ist nicht gleichgültig, ob etwa ein „W" von links nach rechts oder von rechts nach links geschrieben wird. Wir haben die Erfahrung ge-

macht, dass gerade KT, die in ihrer Muttersprache in einer anderen Schreibrichtung schreiben als im Deutschen, immer wieder auch innerhalb eines deutschen Wortes die Schreibrichtung wechselten und in ihre gewohnte Schreibrichtung zurückfielen.
Übungen 6 und 7 müssen sehr präzise und sorgfältig durchgeführt werden, da sonst in den folgenden Kapiteln ähnliche Übungen, in denen Buchstaben in Kästchen geschrieben werden sollen, nicht funktionieren. Rechnen Sie damit, dass einige KT völlig willkürlich in die Kästchen schreiben. Deutlich muss werden, dass in der lateinischen Schrift von einem Mittelfeld ausgegangen wird, das jedem Buchstaben zu eigen ist. Zusätzlich gibt es Buchstaben mit Ober- und Unterlänge. Am besten geben Sie daher auf der Tafel die drei Bereiche für die lateinischen Buchstaben durch zwei Linien an, auf die Sie dann jeweils die Buchstaben adäquat platzieren. Die großen Buchstaben sehen nicht nur anders aus, sondern sind tatsächlich größer als kleine, weil sie das Mittel- und Oberfeld ausfüllen. Die unterschiedlich großen Kästchen in den Übungen sollen die Größe und Lage des Buchstabens verdeutlichen und die sich daraus ergebende Wortgestalt einprägen helfen.

1 Übung 8–22, S. 57–60
Die KI projiziert die Arbeitsblätter jeweils am Anfang über OHP an die Wand. Markieren Sie die erste Lösung auf dem OHP. Nach den Übungen 8, 12, 17 und 21 teilen Sie jeweils die kopierten Arbeitsblätter aus. Die KT führen die Übungen in Partnerarbeit oder allein durch. Korrektur jeweils im Plenum über OHP.

Methodische Hinweise zu Kapitel 2

Lernziel
Die Sprechimpulse und Redemittel des Abschnitts A sollen die KT befähigen, Kontakt mit anderen aufzunehmen, Namen zu erfragen und ihren eigenen zu nennen. Außerdem geht es um den Buchstaben I/i.

2A, S. 61
Mündlicher Einstieg
1. Schreiben Sie nun die Wörter: Vorname und Nachname/Familienname nebeneinander an die Tafel (bzw. auf die OHP-Folie) und unterstreichen Sie diese.
Wiederholen Sie zunächst die Begrüßungs- und Vorstellungsformen. Sagen Sie dann Ihren eigenen Vor- und Nachnamen und schreiben Sie ihn an die Tafel unter die passende Überschrift. Schreiben Sie anschließend auch den Vor- und Nachnamen eines KT an die Tafel, so dass man sieht, was „Vor"- und „Nachname" ist. Fragen Sie nun Ihre KT noch einmal nach ihren Namen (Vornamen, Nachnamen): *Mein Name ist Gisela Müller, Gisela ist mein Vorname und Müller mein Nachname, mein Familienname. Mariama, wie ist Ihr Familienname, Ihr Nachname?* Mögliche Antwort: *Kapuzzi, mein Nachname ist Kapuzzi.*
– *Frau Kim, wie heißen Sie mit Vornamen?* Mögliche Antwort: *Ich heiße Yong-Min Kim, Yong-Min ist mein Vorname.*
Schreiben Sie nach und nach alle Namen Ihrer Gruppe untereinander, so dass die KT deutlich erkennen können, was der Vor- und was der Nachname aller KT ist.

2. Zur Einführung von *Name, Vorname, Nachname* kann man auch DIN-A-5 Karteikärtchen vorbereiten, die man auf den Tisch stellen kann. In lateinischen Druckbuchstaben hat die KL die Namen (Vor- und Nachnamen) der KT aus der Klassenliste abgeschrieben. Auch die KL hat ihr Kärtchen und zeigt auf den eigenen Namen mit der Bemerkung: *Das ist mein Name, das (Gisela) ist mein Vorname, das (Müller) ist mein Nachname.*
Achten Sie in dieser Übungssequenz auf die richtige Reihenfolge von Vorname und Nachname im Deutschen (in manchen Ländern wird nämlich zuerst der Familienname, dann der Vorname mitgeteilt!!). Unterstreichen Sie daher auf Ihrem Namenskärtchen Ihren Nachnamen und lassen Sie dann auch die KT ihren Nachnamen auf ihrem Kärtchen unterstreichen. Schlagen Sie Ihren KT gegebenenfalls vor, ihren Namen in ihrer eigenen Schrift (z.B. in Arabisch, Griechisch usw.) auf die Rückseite des Kärtchens zu schreiben. Das kann Ihnen einen Eindruck darüber verschaffen, ob und wie flüssig Ihre KT in ihrer eigenen Schrift schreiben können.
3. Buchstabieren Sie jetzt Ihren Namen und zeigen dabei auf die Buchstaben: *Ich buchstabiere: Ge, I, Ess, E, El, A usw.*
Lassen Sie noch einmal das Alphabetblatt 1 (S. 53) aufschlagen und machen Sie den KT deutlich, dass sie dieses Blatt zu Hilfe nehmen können beim Buchstabieren ihres eigenen Namens. Das dann mündlich üben lassen.

2A, S. 61

Teilen Sie das Arbeitsblatt aus. Der Text ist durchaus anspruchsvoll für Ihre Lernergruppe. Lesen Sie den Text in kurzen Abschnitten vor und lassen ihn Satz für Satz nachsprechen. Entscheiden Sie vom Niveau der KT aus, ob Sie den ganzen Text oder nur Teile davon erarbeiten. Der Text fasst das bisher Erarbeitete zusammen.

2A, S. 62

In den Strukturen auf dem Arbeitsblatt finden Sie weitere Redemittel und einen ersten deutschen Lesetext (Pass), die Sie a) für einen (freien) Dialog und b) eine Leseübung verwenden können. Entscheiden Sie, ob Sie die neuen Wörter: *ledig, verheiratet* und die Struktur: *Ich bin 20 Jahre alt.* zu diesem Zeitpunkt einführen wollen. Auch die anderen Begriffe im Pass wie *Geburtsort, Größe* usw. je nach Sprachstand der KT erarbeiten (= erklären, lesen und nachsprechen) oder weglassen. Zum Abschluss noch einmal die Situation der Begrüßung und des Erfragens von Personalien von Ihren KT spielen lassen (ggf. auch mit deren eigenen Pässen).

2B Übungen zum Alphabet: hier der Buchstabe I/i und die Vokale [i:],[I]

Phonetik: Die Vokale [i:] und [I]

Kapitel 2B behandelt die Unterscheidung zwischen langem [i:] und kurzem [I] wie in *ihnen* und *-innen*.
Von der Aussprache her gesehen unterscheiden sich die beiden Vokale allein im Merkmal der Zungenhöhe. [i:] ist hoch (d.h. die Zunge wölbt sich hoch und fest an den Gaumen), [I] ist halbhoch; beim Übergang vom ersten zum zweiten ist eine leichte Senkung des Zungenrückens zu beobachten. Diese Information kann Ihnen dabei helfen, Aussprachefehler durch extrem artikuliertes (z.B. extrem gedehntes) Vorsprechen (isoliert oder im Kontext) zu korrigieren.
Für die Verschriftung und die Wortposition von [i:] und [I] gelten folgende Regeln und Feststellungen: langes [i:] kommt in allen drei Positionen im Wort vor (also im Anlaut, Inlaut und Auslaut), kurzes [I] kommt vorwiegend im Anlaut und Inlaut vor (im Auslaut nur bei der Koseform von Eigennamen, z.B. *Anni*).
Langes [i:] wird verschriftet mit: i/I, ih/Ih, ie, ieh. (Die graphischen Symbole *h, e* und *eh* kennzeichnen also nur die Länge bzw. die Zungenhöhe, sie werden nicht gesprochen.)
Kurzes [I] wird verschriftet mit: i/I.
Der Kontext, die Umgebung dieser Vokale: [i:] steht im Inlaut vor anderen Vokalen (*dir, hier*), vor kurzen Konsonanten (*Tiger, schief, viel, Biene,* wobei die Regel gilt, dass lange Vokale kurze Konsonanten zur Folge haben und umgekehrt).
Dies gilt auch für langes [i:] im Anlaut. Kurzes [I] steht im Anlaut und Inlaut vor Konsonantenverbindungen (*Insekt, Bild, sind*) sowie vor langen, stimmhaften und stimmlosen Konsonanten, die orthographisch durch Verdoppelung gekennzeichnet sind (*Brille, innen, bitte*).

2A, S. 61

In allen folgenden Kapiteln steht als Einführung ein kleiner Basistext. In diesem Kapitel können Sie den Textabschnitt in 2A, S. 61 verwenden: *Sind Sie Ibrahim Fadli aus Tripolis? Guten Tag, ich bin Frau Schmitt. Irmi Schmitt.* Besser

ist es aber noch, wenn Sie einen analogen Text mit den authentischen Namen von KL und KT verwenden.
Achtung: Wenn Sie dazu die Frage: *Wie heißen Sie?* einbringen, können Ihre KT über das *ei* stolpern. Klammern Sie den Doppelvokal ein und erklären Sie (pantomimisch), dass hier eine Besonderheit vorliegt, die später behandelt wird.
1. Sie lesen Ihren Text (an der Tafel oder auf OHP) vor und zeigen dabei auf die einzelnen Wörter bzw. Silben. Sie wiederholen die Wörter, in denen [i:] und [I] vorkommen und markieren sie durch farbiges Unterstreichen oder Umkreisen.
2. Sie lesen die Wörter noch einmal und lassen die KT im Chor und einzeln die Wörter wiederholen. (Beispiel: *sind, Sie, Ibrahim Fadli, Tripolis, ich bin, Schmitt, Irmi Schmitt.*) Da der Buchstabe in seiner großen und kleinen Variante im Text erscheint, sollte darauf aufmerksam gemacht werden, dass es sich um den gleichen Laut handelt. Zu einem späteren Zeitpunkt im Kurs kann jeweils ein KT das Markieren des Buchstabens, der geübt werden soll, übernehmen.

2B Übung 1, S. 63

Einführung am besten auf OHP. Hier soll sich der KT auf die Form des Buchstabens konzentrieren und ihn unterscheiden lernen von anderen, ähnlich aussehenden Buchstaben. Der Hinweis auf den Punkt über dem kleinen *i* ist wichtig.
Es geht also um Wiedererkennen/Identifizieren der beiden Buchstaben auf der Buchstabenleiste und um Nachschreiben auf den Linien darunter.

2B Übung 2, S. 63

Auch hier die Übung zunächst am besten auf dem OHP beginnen und die erste Lösung gemeinsam erarbeiten. Dann kann ein KT weiterschreiben. In den folgenden Kapiteln ist dieser Übungstyp als kombinierte Hör-/Schreib-Übung angelegt: Die KT hören den von der KL vorgelesenen Text und schreiben gleichzeitig die fehlenden Buchstaben in den Text. Die Lösung muss dabei zunächst abgedeckt werden.
Alternatives Vorgehen: Die Lösung sichtbar lassen und die Übung zunächst als Abschreibübung verwenden. Die Korrektur sollten die KT zunächst selbst in Partnerarbeit durchführen: Sie tauschen ihre Arbeitsblätter aus und lassen ihre Ergebnisse vom Nachbarn korrigieren.

2B Übung 3, S. 64

nimmt die Abbildungen von S. 65 auf und liefert das Schriftbild dazu. Wörter mit *I* und *i* sollen abgeschrieben und in die Kästchen eingetragen werden. Die Zahlen hinter den gefragten Begriffen geben Auskunft über die richtige Reihenfolge.
Später soll in dieser Übungsform der Umgang mit dem Lexikon geübt werden. Die Lerner sollen in einem Lexikon (möglichst zweisprachig: deutsch und muttersprachlich) den Begriff in ihrer Muttersprache nachschlagen und unter den dort angegebenen Wörtern dasjenige heraussuchen, was in das Kästchen passt, und schließlich mit den am Rand angegebenen Wörtern vergleichen. Daher zunächst nummerierte Wörter abdecken.

2B, Übung 4, S. 64

Diese Hörübungen werden in drei Phasen durchgeführt:
1. Der KL spielt jeweils drei Wörter von der Kassette bzw. CD vor, z.B. : *Miete, Mitte, Mitte* und stoppt dann.

Dazu entsprechende Gestik: kurze oder lange Armbewegungen. Die KT sprechen zuerst im Chor, dann einzeln nach.

im, ihm, im	Miete, Mitte, Miete
bitte, biete, bitte	Still, Stiel, Stiel
Riese, Risse, Riese	Widder, Widder, wieder
schief, Schiff, Schiff	Ihnen, innen, Ihnen

Die KT geben dann jeweils zu der Frage: „a) Welche Wörter sind gleich?" die Nummern der zutreffenden Wörter an: „1", „2" oder „3" oder kreuzen diese auf vorgefertigten Antwortblättern an. Für die beiden anderen Arbeitsaufträge: „b) Wann hören Sie langes /i:/?" und „c) Wann hören Sie kurzes /I/?" können Sie die Kassette bzw. die CD nochmals zu den Wortbeispielen (auf der CD die jeweils zweite Indexnummer zur betreffenden Übung) zurückspulen und diese beiden Fragen in derselben Vorgehensweise wie bei a) mit Ihren KT klären oder aber selbst die obigen Beispielwörter zweimal vorlesen und dann dazu die zwei Arbeitsaufträge von den KT beantworten lassen. Ab Kapitel 15B3 müssen alle Beispielwörter von Ihnen vorgelesen werden: Sie sind nicht auf Kassette bzw. CD.

Das Bilderrätsel, S. 65

dient der Wortschatzerklärung und der Übung eines bestimmten Buchstabens bzw. Lautes. Die abgebildeten Wörter sind in Form eines I angeordnet: der Tiger, der Igel, das Bild (= das sinkende Schiff und die sinkende Sonne), die Brille, das Insekt.
Die Abbildungen können Sie zu eigenen Übungen verwenden. Beispiele: 1. Sie zeigen auf die Illustration, sagen: der Tiger und lassen das Wort von Ihren KT nachsprechen usw. 2. Sie teilen Ihre Klasse in 2 Gruppen. Die eine nennt einen Begriff in der Illustration, die andere Gruppe muss auf das richtige Bild zeigen und bekommt dafür einen Punkt. Die Gruppe mit den meisten Punkten hat gewonnen. Das Bilderrätsel ist somit die Vorbereitung zur Schreibübung 2B Übung 3.

Lautsituationen, S. 65

Die Illustration unten auf dem Arbeitsblatt verdeutlicht eine Lautsituation: Ein Mann findet beim Essen eine Spinne in seiner Suppe. Das lässt seine Partnerin mit einem schrillen „iii" aufschreien, mit dem sie ihren Ekel ausdrückt. „iii" könnte man in so einer Situation in deutschsprachigen Ländern ausrufen. Fragen Sie Ihre KT danach, mit welchen Lauten eine solche Situation in ihrem eigenen kulturellen Kontext abläuft. Die Situation eignet sich zum Spielen, zu einer Pantomime oder zu einem späteren Zeitpunkt im Programm als Sprech- oder Schreibimpuls.

Der **Turner** illustriert immer die Regel zur Verschriftung, die im Phonetikteil näher erläutert wird.
Arbeitsschritte:
1. Die Wortbeispiele mit [i:] werden von der KL vorgesprochen und von den KT wiederholt. 2. Sie werden auf dem Arbeitsblatt gelesen; dabei wird auf die Verschriftung des langen [i:] hingewiesen. 3. Entsprechend der Regel markieren die KT die Verschriftung des langen [i:] in den Beispielwörtern (farbig unterstreichen oder umkreisen), dann die gleiche Vorgehensweise bei kurzem [I].
3. Anschließend Wortlegespiele in Gruppen, mit Alphabetkärtchen (Wörter werden mit Buchstabenkarten gelegt) oder Scrabble.

2B Übungen 5–7, S. 66–67
(Vorgehen wie zu 2B Übung 2, S. 18 beschrieben.)

2B Übungen 8–9, S. 67: Intonationsübungen 🎧
Es geht um die Unterscheidung zwischen Fragen (= die Stimme geht am Ende des Satzes nach oben) und Aussagen (= die Stimme bleibt am Ende des Satzes auf der gleichen Höhe oder geht leicht nach unten).
1. Die KL liest vom Arbeitsblatt die einzelnen Wörter vor.
2. Anhören der Wörter von der Kassette bzw. der CD und Beantworten des Arbeitsauftrags durch Markieren auf dem Arbeitsblatt. Die Lösung sollte dabei zunächst abgedeckt sein.

2B Übungen 10, S. 68
1. Als Vorbereitung schreibt die KL die hier vorkommenden Vokale an die Tafel.
2. Dann bearbeiten die KT Aufgabe 10 einzeln in Stillarbeit oder in Partnerarbeit.

2B Übung 11, S. 68 🎧
Die KL liest oder spielt die Wörter der Reihe nach vor, jeder KT markiert einzeln dabei den Vokal, der am stärksten betont wird. Anschließend gemeinsam auswerten.

2B Übungen 12–13, S. 68
Die KL hilft, wo nötig und korrigiert.

2B Übung 14, S. 69
Hier geht es um Wort- und Satzgrenzen. Die KT arbeiten zunächst an der rechten Spalte (gemeinsam auf OHP oder einzeln auf Arbeitsblättern). Die linke Spalte ist zunächst abgedeckt. Dann anschließend vergleichen und korrigieren.

Methodische Hinweise zu Kapitel 3

In diesem und den folgenden Kapiteln werden Übungstypen, die schon in Kapitel 0,1 und 2 ausführlich besprochen wurden und im Wesentlichen gleich bleiben, nicht mehr in allen Einzelheiten beschrieben.

Lernziel:
Die Sprechimpulse und Redemittel in Kapitel 3 sollen die KT befähigen, ihre Adresse anzugeben, ihr Herkunftsland zu nennen und Gesprächspartner nach der Adresse zu fragen. Das Kapitel soll am Ende zum Schreiben der eigenen Adresse hinführen. Außerdem geht es um den Buchstaben O/o.

3A, S. 70
Mündlicher Einstieg:
1. Präsentieren Sie eine Weltkarte und zusätzlich eine Karte, auf der die deutschsprachigen Länder zu sehen sind. Zeigen Sie auf den Karten, woher Sie kommen.
Beispiel: Ich komme aus Europa, aus Österreich, aus Wien.
Vielleicht zeigen Sie auch ein paar Fotos oder Poster von Ihrer Stadt, um das Ganze anschaulicher zu gestalten.
2. Fragen Sie jeden einzelnen KT: Woher kommen Sie? Manchmal wissen die KT schon, wie ihr Herkunftsland, ihre Stadt auf Deutsch heißt. Wenn nicht, helfen Sie mit der

deutschen Nennung. Sie wiederholen zum Beispiel den Satz: *Ich komme aus Togo*, und Sie zeigen Togo auf der Weltkarte. Alle KT wiederholen den Satz im Chor usw. Danach nennen Sie die Stadt, in der Sie wohnen und fragen: *Ich wohne in (München), wo wohnen Sie?* Anschließend Reihenübung: *Ich komme aus ..., woher kommen Sie?* Gleichzeitig können Sie die Weltkarte (S. 69) kopieren und auf OHP präsentieren. Sie zeichnen Ihr Herkunftsland und die Stadt ein, in der Sie wohnen. Jeder KT markiert danach auf der Folie sein Herkunftsland und sein Zielland (Deutschland, Österreich oder die Schweiz) und wiederholt noch einmal die obige Replik: *Ich komme aus....Ich wohne in....*

3A Übung 1, S. 70

1. Präsentieren Sie das Arbeitsblatt auf OHP. Lesen Sie die ersten Fragen vor und zeigen Sie, wo Sie lesen. Lassen Sie die einzelnen Sätze nachsprechen. Die Aussage in der 5. Zeile ergänzen Sie mit den Herkunftsländern und der Stadt der KT und schreiben sie daneben.
2. Heften Sie dann einen Stadtplan der Stadt, in der Sie jetzt wohnen, auf die Pinwand und zeigen Sie dort die Adresse (Straße, Hausnummer). Beispiel: *Ich wohne jetzt in der Sonnenstraße 20. Wo wohnen Sie?* Danach verfahren Sie wie oben. Schreiben Sie gegebenenfalls auch die Adresse der KT auf.
3. Lassen Sie den Dialog von Ihren KT als Partnerübung spielen. Lassen Sie zunächst einen Musterdialog von 2 KT im Kurs vorspielen (mit den authentischen Angaben von Ländern und Adresse). Dann lassen Sie Partnerübungen machen und gehen dabei von Gruppe zu Gruppe und unterstützen die KT.
4. Anschließend soll der Text zur Identifikation des Buchstabens *O/o* verwendet werden. Unterstreichen Sie selbst auf dem OHP die ersten *O/o* im Text und ermuntern Sie Ihre KT, alle *O/o* auf den kopierten Arbeitsblättern, die Sie zuvor ausgeteilt haben, zu unterstreichen.

3A Übung 2, S. 71

Für diese Übung müssen die Herkunftsländer, jetzige Wohnorte und Adressen an der Tafel oder auf Kärtchen bereits im Klassenraum sichtbar sein, damit sie die KT auf das kopierte Arbeitsblatt, das sie erhalten haben, abschreiben können. Die Sätze unter der Illustration können Sie vorlesen, nachsprechen lassen und mit eigenen Beispielen erweitern.

3B Übungen zum Alphabet: hier der Buchstabe O/o, die Vokale [o:], [ɔ]

Phonetik: Die Vokale [o:] und [ɔ]

Kapitel 3B behandelt die Unterscheidung zwischen langem [o:] und kurzem [ɔ], wie in *Ofen* und *offen*.
Von der Aussprache her gesehen unterscheiden sich die beiden Vokale im Merkmal der Zungenhöhe und der Lippenrundung: [o:] wird bei mittlerer Zungenhöhe gebildet, [ɔ] bei etwas tieferer (untermittelhoher) Zungenhöhe und geringerer Lippenrundung. Die Zungenposition ist bei beiden Vokalen hinten.
Für die Verschriftung und Wortposition von [o:] und [ɔ] gelten folgende Regeln: langes [o:] wird verschriftet mit: o/O, oh/Oh und oo. Kurzes [ɔ] wird verschriftet mit o/O. Langes [o:] steht in allen 3 Positionen im Wort (also im Anlaut, Inlaut und Auslaut). Kurzes [ɔ] kommt vorwiegend

im Anlaut und Inlaut vor, (im Auslaut nur in Latinismen wie *dito* oder *anno*).
Langes [o:] steht im Anlaut vor kurzen stimmlosen oder stimmhaften Konsonanten und vor Vokalen (*Ofen, oben, Ohr*), dasselbe gilt für langes [o:] im Inlaut (*wohnen, Monat, vor*).
Kurzes [ɔ] steht im Anlaut und Inlaut vor Konsonantenverbindungen (*Ort, morgen*) sowie vor langen stimmlosen und stimmhaften Konsonanten (*offen, Sonne, Gott*).

3B Übung 1–2, S. 72–73 (generell: siehe Methodische Hinweise zu 2B Übungen 1 und 2, S. 18)

3B Übung 2

Das ist wieder ein Lückendiktat mit der Möglichkeit der Selbstkorrektur. Sie können das Arbeitsblatt zunächst ohne die Lösung kopieren und austeilen oder Sie kopieren die Seite, wie sie ist und knicken die Lösungsspalte erst einmal um. Erst wenn die *O/o* eingesetzt sind, lassen Sie die ganze Seite auffalten und korrigieren. Vielleicht erscheint Ihnen die Übung (zu) leicht. Achten Sie daher bei den KT genau auf die Schreibweise und die Größe des *O/o*.

Das Bilderrätsel, S. 74

(Vorgehen wie bei Bilderrätsel zu Kapitel 2B, S. 19)

Lautsituationen, S. 74

siehe auch Lautsituation zu Kapitel 2B, S. 19.
Wenn z. B. das Wetter bei uns plötzlich schön wird, kommentieren wir das in deutschsprachigen Ländern mit einem langen [o:] und drücken damit freudiges Staunen aus. Ein kurzes [ɔ] bedeutet bei uns enttäuschtes Staunen, wie auf der Illustration, wenn plötzlich ein Gewitter aufzieht und es heftig zu regnen anfängt.

3B Übung 3, S. 75

(Vorgehen wie bei 2B Übung 3, S. 19.

3B Übung 4, S. 75

Diese Hörübungen zur Unterscheidung zwischen langem [o:] und kurzem [ɔ] werden in drei Phasen durchgeführt: Die KL spielt jeweils drei Wörter auf Kassette bzw. CD vor, z.B.: *Ofen, offen, Ofen*. Dazu entsprechende Gestik: lange und kurze Armbewegung. Die KT sprechen zuerst im Chor, dann einzeln nach. Im übrigen Vorgehen wie auf S. 19 zu 2B Übung 4 beschrieben.

> Ofen, offen, Ofen
> wohnen, wohnen, Wonnen
> Nonne, Nonne, Nonne
> Robbe, Robe, Robe
> sollen, sollen, Sohlen
> Koma, Komma; Komma
> Schrott, Schrott, Schrot
> Schote; Schotte, Schote

Turner: Vorgehen wie bei Kapitel 2B: Turner, S. 19.

3B Übung 5, S. 76

(Vorgehen wie bei 2B Übung 2, S. 19)

3B Übung 6, S. 76

Zur Wiederholung und Kontrolle des bisher Gelernten ist gegen Ende jedes B-Teiles ein Lückentext eingefügt, der alle bisher aufgetretenen Buchstaben bzw. Laute des Deutschen enthält.

3B Übung 7–8 ,S. 77. Übung 8 auf 🔊
(Vorgehen wie bei 2B Übung 10, 11, S. 19)

3B Übung 9–10, S. 78
Auf das Arbeitsblatt sollen die KT Adresse und Absender korrekt eintragen, danach reale Briefumschläge adressieren.

3B Übung 11, S. 79
Hier sollen diejenigen Adressen festgehalten werden, die für den KT wichtig sind, wie z.B. Adresse und Telefon des Sprachinstituts, der Betreuer, des Wohnheims, der Wohnung, unter Umständen der Polizei und des zuständigen Arztes u.s.w. Am besten die Adressen auf Karten gut lesbar vorlegen, dann von den KT alphabetisch ordnen und abschreiben lassen.

Methodische Hinweise zu Kapitel 4

Lernziel
Die Sprechimpulse und Redemittel sollen die KT befähigen, Uhrzeiten zu erfragen und zu nennen. Außerdem geht es um den Buchstaben *U/u*.

4A S. 80
Mündlicher Einstieg
1. Es ist wichtig, dass die Uhrzeit zunächst in einer konkreten Situation eingeführt wird. Dafür ist eine große (Papp-)Uhr mit den beweglichen Zeigern unerlässlich. Sie schauen auf Ihre (Armband-)Uhr und sagen die aktuelle Uhrzeit, Beispiel: *Es ist neun Uhr.* Dann übertragen Sie die Uhrzeit auf die große Uhr und fragen: *Wie viel Uhr ist es?* Kommt von den KT keine spontane Antwort, sagen Sie die Uhrzeit noch einmal und Ihre KT wiederholen den Satz im Chor und dann einzeln. Nun stellen Sie eine andere Uhrzeit ein und wiederholen die passenden Strukturen, bis Sie alle vollen Stunden einmal durchgespielt haben.
2. Danach üben Sie die halben Stunden: *Wie viel Uhr ist es?* Antwort: *Es ist 9 Uhr dreißig.* Wenn Ihre KT die Regel begriffen haben, stellen Sie nur noch die Uhrzeit ein und geben Frage und Antwort an die Gruppe ab, so dass eine Reihenübung entsteht.

4A Übung 1, S. 81
Präsentieren Sie das Arbeitsblatt auf dem OHP und lesen Sie langsam die ersten zwei Zeilen des Dialogs. Dann stellen Sie die große Uhr auf 7 Uhr und lesen weiter unter Hinweis auf die Uhr. Vor der letzten Zeile wird die Uhr auf halb acht gestellt, während Sie die Zeile vorlesen. Weisen Sie auf das Verhältnis zwischen Schreibweise (*8.30 Uhr*) und Sprechweise (*acht Uhr dreißig*) hin. Danach lesen Sie den Dialog noch einmal abschnittweise und lassen ihn durch Ihre KT im Chor und einzeln wiederholen. Es sollten auch die Schlüsselwörter (*die Uhr,-en, der Unterricht, die Stunde,-n, die Minute,-n*) erklärt werden.

4A Übung 2, S. 83
1. In den ersten zwei Zeilen können Sie mündlich testen, ob die angegebenen Uhrzeiten auch verstanden und korrekt ausgesprochen werden. 2. Für die Zeilen 4 und 5 können Sie Zeiten diktieren. Die KT tragen dann die entsprechenden Zeiger in die Zifferblätter ein.
3. Korrektur in der Klasse (Partnerarbeit, d.h. die KT tauschen ihre Arbeitsblätter aus und lassen die Übung vom Nachbarn korrigieren) mit Vorgabe der Lösung über OHP.

Hinweis: Beim Sprechen beschränken Sie sich zunächst auf die formelle Sprechweise, also die 2. Reihe. Zu diesem Zeitpunkt sollte nur bei geübten KT auch die andere angegebene informelle Variante (oder gegebenenfalls sogar: *dreizehn Uhr*) geübt werden.

Man schreibt:	Man spricht (formell):
1. 05:30 Uhr	*(fünf Uhr dreißig)*
2. 01:00 Uhr	*(ein Uhr)*
3. 02:30 Uhr	*(zwei Uhr dreißig*
4. 04:00 Uhr	
5. 06:30 Uhr	*(sechs Uhr dreißig)*
6. 10:30 Uhr	*(zehn Uhr dreißig)*
7. 08:00 Uhr	
8. 07:30 Uhr	*(sieben Uhr dreißig)*

oder auch:
1.5.30 (Uhr)
2.1.00 (Uhr)
…

Man spricht (informell):

halb sechs
halb drei
vier Uhr
halb sieben
halb elf
acht Uhr
halb acht

4B Übungen zum Alphabet: hier der Buchstabe U/u und die Vokale [u:], [ʊ]

Phonetik:
Kapitel 4B behandelt die Unterscheidung zwischen langem [u:] und kurzem [ʊ] wie in *spuken* und *spucken*, sowie die Unterscheidung zwischen langem hohem [u:] und langem mittelhohem [o:] wie in *zu* und *Zoo*.
Von der Aussprache her gesehen unterscheiden sich die beiden Vokale im Merkmal der Zungenhöhe: Langes [u:] wird bei hoher Zungenhöhe gebildet, kurzes [ʊ] bei halbhoher Zungenhöhe. Die Zungenposition ist in beiden Fällen hinten, die Lippen gerundet.
Für die Verschriftung und die Wortposition gelten folgende Regeln und Feststellungen: langes [u:] wird verschriftet mit U/u und Uh/uh, kurzes [ʊ] wird verschriftet mit U/u. Langes [u:] steht im Anlaut, Inlaut vor kurzen stimmlosen und stimmhaften Konsonanten und vor Vokalen (*Ufer, Jugend, Uhr, nur*) und im Auslaut. Kurzes [ʊ] steht im Anlaut und Inlaut vor Konsonantenverbindungen und vor langen Konsonanten (*unten, Zucker*).
Wichtig ist die Unterscheidung zwischen langem hohem [u:] und langem mittelhohem [o:] wie in *zu* und *Zoo*), da die beiden Vokale sehr ähnlich sind. Sie unterscheiden sich allein im Merkmal der Zungenhöhe.

Grundsätzlich ist der Ausgangspunkt für die Einführung der Laute/Buchstaben ein Text. Projizieren Sie deshalb den Dialog am Anfang des Kapitels auf OHP. Lesen Sie den Dialog und zeigen dabei die einzelnen Wörter bzw. Silben. (Dann weitere Vorgehensweise wie in den Methodischen Hinweisen zu Beginn von Kapitel 2B , S.18)

4B Übung 1, S. 81
(Vorgehen wie in 2B Übung 1, S. 18)

Das Bilderrätsel, S. 82
(Vorgehen wie in 2B, das Bilderrätsel, S. 19)
Hier sind Wörter mit dem Anfangsbuchstaben *U/u* in Form eines *U* dargestellt: *die Uhr,-en, hundert, der Stuhl,"-e, der Hund,-e, das U-Boot,-e, das Huhn,"-er, der Schuh,-e, die Puppe,-n, die Burg,-en.* Diese Wörter kommen auch in den folgenden Übungen vor.

Lautsituation, S. 82
(Vorgehen wie in 2B **Lautsituation, S. 19**) Die hier dargestellte Situation: ein Geist, der einem Nachtwandler mit seinem *Uuuuu* Angst einflößt und ihn erschrecken lässt.

4B Übung 2 , S. 83
(Vorgehen wie bei 2B Übung 2, S. 18)

4B Übung 3
(Vorgehen wie bei 2B Übung 4, S. 19)

spucken, spuken, spucken
Busse, Buße, Busse
Russen, rußen, rußen
Mus, Mus, muss
Ruhm, Rum, Ruhm
buhlen, Bullen, Bullen

4B Übung 4
Ton, tun, tun
Zoo, zu, Zoo
Gruß, groß, groß
Chor, Kur, Kur
Ruck, Ruck, Rock
schoss, Schuss, Schuss

genoss, Genuss, genoss
Gulden, Gulden, golden
Huf, Hof, Huf
Ohr, Uhr, Uhr
fuhr, fuhr, vor
Rom, Ruhm, Rom
Schloss, Schluss, Schluss
Rosse, Russe, Rosse
fort, fort, Furt
borgen, Burgen, Burgen

4B Übung 5, S. 84
Bei dieser Übung sollte besonders auf das Schriftbild (z.B. Höhen und Unterlängen) der einzelnen Wörter geachtet werden.

4B Übung 6 , S. 85
(Vorgehen wie bei 2B Übung 2, S. 18)

4B Übung 7, S. 86
(Vorgehen wie in 2B Übung 2, S.18)

4B Übung 8
Hier sind die Wörter *zu* und *offen* illustriert. Mit dem angegebenen Beispiel (einem Buch, das zu oder offen ist) können Sie die Aufgabe erklären. Die erste Aufgabe lösen Sie gemeinsam. Danach sollen KT einzeln oder in Partnerarbeit die Sätze mit den zu den Abbildungen passenden Worten ergänzen.

4B Übung 9 – 10, S. 87, Übung 10 auf
(Vorgehen wie in 2B Übung 10 und 11, S. 19)

4B Übung 11, S. 88
(Vorgehen wie in 2B Übung 2, S. 18)

4B Übung 12, S. 89
Sie sollten die Übung am OHP gemeinsam mit den KT erarbeiten. Die einzelnen Stunden stehen auf Karten zur Verfügung, die Sie vorbereitet haben, und werden von KT mit Ihrer Hilfe geordnet. Dann werden die Stunden in den Stundenplan auf dem OHP eingetragen. Zuletzt schreiben die KT den Stundenplan in ihr Arbeitsblatt ab.

Methodische Hinweise zu Kapitel 5

Lernziel
Die Sprechimpulse und Redemittel im A-Teil dieses Kapitels sollen die KT dazu befähigen, Tätigkeiten und Handlungen zu erfragen und zu nennen. Außerdem geht es hier um den Buchstaben *A/a.*

5A S. 90
Mündlicher Einstieg
1. Zur Vorbereitung des Unterrichts brauchen Sie: ein Radio, Essen (z.B. Kekse, Brot, Schokolade) und Getränke (Wasser, Kaffee, Tee). Sie zeigen nun im Kurs, wie Sie essen und trinken und kommentieren dabei, was Sie tun. Beispiel: *Ich esse Schokolade, ich trinke Tee.* Fordern Sie Ihre KT der Reihe nach zum Essen und Trinken auf und fragen Sie jedes Mal: *Was machen Sie?* Helfen Sie Ihren KT bei der Antwort, Beispiel: *Ich esse Brot, ich trinke Wasser.* Führen Sie analog die Strukturen der Übung 5A 1

pantomimisch ein: *Ich höre Radio, ich lese, ich schreibe Buchstaben* usw.
2. Bitten Sie nun einzelne KT, einige der besprochenen Tätigkeiten vorzuführen und selbst zu beschreiben.
3. Sie bitten einen KT, eine dritte Person zu fragen, was der KT gerade macht, Beispiel: *Was machst du?*
4. Projizieren Sie nun das Arbeitsblatt 5A 1 mit OHP an die Wand und lesen Sie die Sätze langsam vor. Zeigen Sie gleichzeitig, wo Sie lesen. Lassen Sie die Sätze im Chor und einzeln nachsprechen.
5. Zeigen Sie dann auf die ersten Bilder, auf die sich der Text bezieht.
6. Teilen Sie nun das kopierte Arbeitsblatt 5A 1 aus, nummerieren Sie die Bilder durch (möglichst nicht in der Reihenfolge des Textes, damit die Aufgabe nicht zu offensichtlich ist, beispielsweise zuerst die linke Spalte vertikal, dann die rechte) und lassen Sie Ihre KT einzeln oder in

Partnerarbeit die Zuordnung lösen. Danach gemeinsame Korrektur.

7. Bei diesem Arbeitsblatt bietet sich an, die Übung noch einmal in der 3. Person durchzuführen, Beispiel: *Was macht Mustafa/Was macht ...?* Wenn Sie meinen, dass Ihre Gruppe diese Struktur mit der 3. Person noch zusätzlich lernen kann oder einige sie schon kennen, üben Sie das Ganze noch einmal mit der genannten Replik.

5A S. 91
Diese Seite bietet weitere Illustrationen als Sprechimpulse für Aktivitäten im Unterricht.

5A S. 90
Als Überleitung zu Teil 5B und zur Identifikation des Buchstabens *A/a* soll noch einmal der Anfangstext von 5A verwendet werden. Unterstreichen Sie auf dem OHP die Buchstaben *A/a* (klammern Sie dabei den Doppelvokal /au/ in *aus* ein, da das später behandelt wird) und ermuntern Sie Ihre KT, alle *A/a* auf den bereits ausgeteilten Arbeitsblättern zu unterstreichen.

5B Übungen zum Alphabet: der Buchstabe A/a, die Vokale [ɑː] und [a]

Phonetik
Kapitel 5B behandelt die Unterscheidung zwischen langem [aː] und kurzem [a] wie in *Staat* und *Stadt*.
Von der Aussprache her gesehen unterscheiden sich die beiden Vokale allein durch ihre unterschiedliche Länge. Für die Verschriftung und die Wortposition von [aː] und [a] gelten folgende Regeln: langes [aː] wird verschriftet als *A/a, Ah/ah, Aa/aa*. Kurzes [a] wird verschriftet als *A/a*. Langes [aː] steht im Anlaut und Inlaut vor kurzen Konsonanten (*aber, Tat*), und im Auslaut. Kurzes [a] steht im Anlaut und Inlaut vor langen Konsonanten und Konsonantenverbindungen (*acht, tanzen*).

5B Übung 1, S. 92
(Vorgehen wie in 2B Übung 1, S. 18)

5B Übung 2, S. 93
(Vorgehen wie in 2B Übung 2, S. 18)

5B Übung 3, S. 93 🔊
Diese Hörübung zur Unterscheidung zwischen langem [aː] und kurzem [a] wird in drei Phasen durchgeführt: (Vorgehen wie in 2B Übung 4, S. 19 beschrieben).

Saat, satt, satt
Aal, All, Aal
Stadt, Staat, Stadt
Wall, Wahl, Wahl
Schal, Schall, Schal
Kamm, kam, Kamm
hacken, hacken, hacken
Rate, Ratte, Rate

Zwei Turner, S. 93
(Vorgehen wie in Kapitel **2B Turner, S. 19**)

Bilderrätsel, S. 94
(Vorgehen wie in Kapitel **2B Bilderrätsel, S. 19**)

Lautsituationen
(Vorgehen wie in Kapitel **2B Lautsituationen, S. 19**)

5B Übung 4, S. 19
(Vorgehen wie in Kapitel **2B Übung 3, S. 18**)

5B Übung 5 und 6
(Vorgehen wie bei 2B Übung 2, S. 18)

5B Übung 7, S. 96 🔊
(Vorgehen wie bei 2B Übung 4, S. 19)
Von der Aussprache her gesehen unterscheiden sich die beiden Vokale [a] und [ɔ] im Merkmal der Zungenposition, der Zungenhöhe und der Lippen. [a] ist tief und zentral, [ɔ] untermittelhoch und hinten. Die Lippen sind bei [a] offen, bei [ɔ] gerundet.

Dach, doch, doch   *Gasse, Gasse, Gasse*
Rast, Rast, Rost   *Gosse, Gasse, Gosse*
Fall, Fall, voll   *Matte, Matte, Motte*
offen, Affen, offen   *Tonne, Tanne, Tanne*
komm, Kamm, Kamm

5B Übung 8 und 9, S. 96
(Vorgehen wie bei 2B Übung 2, S. 18)

5B Übung 10, S. 97
In dieser Zuordnung empfiehlt es sich, die Übung zunächst auf dem OHP zu beginnen und die erste Lösung gemeinsam zu erarbeiten. Danach lösen die KT die Übung einzeln oder in Partnerarbeit; die Korrektur erfolgt wieder gemeinsam.

5B Übung 11 und 12, S. 97. Übung 12 auf 🔊
(Vorgehen wie bei 2B Übung 10, S. 19)

5B Übung 13, 14, S. 98 🔊
(Vorgehen wie bei 2B Übung 8, S. 19)

Methodische Hinweise zu Kapitel 6

Lernziel
Die Sprechimpulse und Redemittel in Kapitel 5A sollen die KT befähigen, auszudrücken, wie es ihnen geht, und andere nach ihrem Befinden zu fragen. Außerdem geht es hier um den Buchstaben *E/e*.

6A S. 99
Mündlicher Einstieg
1. Stellen Sie pantomimisch dar, dass Sie im Augenblick Kopfschmerzen haben. Verwenden Sie als Kommentar dazu Sätze wie: *Mein Kopf tut weh. Es geht mir nicht gut, es geht mir schlecht. Jetzt geht es mir wieder gut usw.* Pro-

jizieren Sie dann das Arbeitsblatt 6A an die Wand, wobei Sie nur die Übung 2 zeigen. Erklären Sie Ihr Befinden anhand der Illustrationen. Lesen Sie die Erklärungen, zeigen Sie, wo Sie lesen, und lassen Sie die Sätze im Chor und einzeln nachsprechen.

2. Sie fragen jeden einzelnen KT: *Frau X, wie geht es Ihnen? Geht es Ihnen gut?* Und helfen Sie, wenn nötig mit der Antwort, zum Beispiel: *Es geht mir sehr gut.* Danach fragen sich alle KT untereinander, Beispiel: *Fatima, wie geht es dir?*

3. Zeigen Sie nun die Illustration auf dem gleichen Arbeitsblatt oben (zunächst ohne den Text) und erklären Sie, was die zwei Personen sagen oder lassen Sie die KT Redemittel finden.

4. Zeigen Sie dann den Text 6A Übung 1 und lesen Sie ihn abschnittweise vor, dann Unterstreichen der Buchstaben im Text.

5. Zum Abschluss kann diese oder eine ähnliche Situation noch einmal von den KT gespielt werden.

6B Übungen zum Alphabet: der Buchstabe E/e, die Vokale [e:] und [ɛ]

Phonetik

Kapitel 6B behandelt die Unterscheidung zwischen langem [e:] und kurzem [ɛ] wie in *Beet* und *Bett*, sowie die Abgrenzungen von [e:] und [ɛ] zu ähnlich klingenden Lauten. Von der Aussprache her gesehen unterscheiden sich die beiden Vokale gering durch die unterschiedliche Zungenhöhe: [e:] wird mit mittlerer Zungenhöhe gebildet, [ɛ] mit untermittelhoher Zungenhöhe; bei beiden Vokalen berührt die Zungenwölbung den vorderen Gaumen, die Lippen sind ungerundet.

Für die Verschriftung und Wortposition von langem [e:] und kurzem [ɛ] gelten folgende Regeln: [e:] wird verschriftet mit *E/e, Eh/eh, ee*, [ɛ] mit *E/e*. Langes [e:] steht im Anlaut, Inlaut und Auslaut (verschriftet als *ee* und *eh*), [ɛ] steht im Anlaut und Auslaut. Langes [e:] steht vor kurzen Konsonanten und vor Vokalen (*eben, Ehre*), kurzes [ɛ] steht vor langen Konsonanten und Konsonantenverbindungen (*denn, Ende*).

Eine Variante des Phonems /e/ ist im Deutschen der Vokal [ə] (Schwa-Laut), der in den unbetonten Vorsilben wie *be-, ge-* sowie in Endungen wie *-e, -el, -en* auftritt. [ə] ist immer kurz, zentral und mittelhoch.

6B Übung 1 und 2, S. 100/101
(Vorgehen wie bei 2B Übung 1 und 2, S. 18)

Das Bilderrätsel, S. 102
(Vorgehen wie bei Bilderrätsel 2B, S. 19)

Lautsituation, S. 102
Entschuldigung ist das Wenigste, was man sagen sollte, wenn man wie der Elefant auf der Illustration rücksichtslos durchs Leben geht und nicht merkt, was um einen herum passiert und wie man andere vielleicht verletzt.

6B Übung 3, S. 103
(zum Vorgehen siehe Methodische Hinweise zu 2B, Übung 3, S. 19)

6B Übung 4
(Vorgehen wie bei 2B Übung 4, S. 19)

wen, wenn, wenn
denn, den, denn
Heer, Herr, Herr
Speere, Sperre, Sperre
Kehle, Kelle, Kehle
Beet, Bett, Bett
beten, beten, betten
Met, Met, Met

Turner = Regel zur Verschriftung S. 104
(Arbeitsschritte wie bei Turner 2B, S. 19)

6B Übung 5 und 6, S. 104
(Vorgehen wie bei 2B Übung 2, S. 18)

6B Übung 7, S. 105
(Vorgehen wie bei 2B Übung 4, S. 19)

In der Aussprache liegt der Unterschied zwischen langem [i:] und langem [e:] allein im Merkmal der Zungenhöhe; bei [i:] ist die Zunge hoch am Gaumen, bei [e:] ist sie mittelhoch. Bei beiden Vokalen sind die Lippen ungerundet.

dir, der, dir
wiegen, wegen, wegen
bieten, bieten, beten
lieben, leben, lieben
Sie, Sie, See
Mieter, Mieter, Meter
Regel, Regel, Riegel
mir, mehr, mir

6B Übung 8 und 9, S. 105
(Vorgehen wie bei 2B Übung 2, S. 18)

6B Übungen 10, S. 105
(Vorgehen wie in 2B Übung 4, S. 19 beschrieben)

dann, denn, dann
haben, haben, heben
Wald, Welt, Welt
fast, fast, fest
Wagen, wegen, Wagen
Messe, Messe, Masse
wann, wenn, wann
Nabel, Nebel, Nabel

6B Übung 11, S. 106
(Vorgehen wie bei 2B Übung 5, S. 19 beschrieben)

6B Übung 12, S. 106
Auch hier empfiehlt es sich, die Übung zunächst auf dem OHP zu beginnen und die erste Lösung gemeinsam zu erarbeiten. Die KT sollen bei dieser Abschreibübung für die betonten und unbetonten Vokale sensibilisiert werden, vor allem aber für das schwach betonte e ([ə] Schwa-Laut) in der Endsilbe, eine Vorübung für 6B Übung 13.

6B Übung 13, S. 107
Auf Unterschiede in der unbetonten Endsilbe muss man sich sehr genau konzentrieren.
(Vorgehen wie bei 2B Übung 2, S. 18)

6B Übung 14, S. 108
(Vorgehen wie in 2B Übung 2, S. 18)

6B Übung 15, S. 109
In Partnerarbeit sollen hier KT die beiden zusammen-gehörenden Teile der Abbildungen finden und die zwei-silbigen Namen abschreiben. Die Illustration eignet sich auch zum Ausschneiden und Zusammensetzen.

Methodische Hinweise zu Kapitel 7

Lernziel
Sprechimpulse und Redemittel des Kapitels 7A sollen die KT befähigen, Sachen zu benennen, Dinge anzubieten und auszuwählen. Außerdem geht es um die Umlaute Ä/ä, Ö/ö, Ü/ü.

7A S. 110
Mündlicher Einstieg
Vorbereitet werden Zutaten für ein Frühstück (siehe Früh-stückskarte). In der Erprobungsphase für dieses Projekt haben wir die Gelegenheit zu einem Frühstück mit den KT genutzt, was wir auch Ihnen empfehlen. Sie erklären zu-nächst, was Sie anzubieten haben, Beispiel: *Das ist Kaf-fee, das ist Tee.* Dann fragen Sie jeden KT: *Was möchten Sie?* Beispiel: *Möchten Sie Tee (Kaffee, Saft, Schokolade?)* Alle KT wiederholen den Satz im Chor. Mögliche Antwort: *Ich möchte Tee, (bitte).* Auch der Satz wird zunächst im Chor wiederholt. Danach Reihenübung.

7A Übung 1, S. 110
1. Sie projizieren das Arbeitsblatt (die Frühstückskarte) mit OHP an die Wand und lesen die Information auf der Karte in Abschnitten vor. Zeigen Sie, wo Sie lesen (Bei-spiel: *Tasse Kaffee*) und zeigen Sie dabei auch auf die Tasse Kaffee auf dem Tisch usw. Die KT wiederholen den vorgelesenen Absatz jeweils im Chor und einzeln. Sie können zusätzlich die Frage einführen: *Wie viel kostet das?* Die Antworten sind wieder der Frühstückskarte zu entnehmen.
2. Lassen Sie nun einen Musterdialog von zwei KT vor-spielen: Die eine Person bietet etwas zu essen und zu trinken an, die andere sagt, was sie möchte und bedankt sich. Danach teilen Sie das kopierte Arbeitsblatt 7A 1 aus, lassen dazu einen Dialog von Ihren KT als Partnerübung spielen und gehen dabei von Gruppe zu Gruppe, um zu helfen.
Musterdialog:
A: *Guten Tag, was möchten Sie?*
B: *Die Karte bitte.*
A: *Bitte.*
B: *Eine Tasse Kaffee, bitte.*

7A Übung 2–3, S. 111–112
Sie üben die Strukturen zunächst mündlich, projizieren dann das Arbeitsblatt auf OHP, lösen die erste Aufgabe gemeinsam und teilen dann das kopierte Arbeitsblatt aus. Dann arbeiten die KT einzeln oder mit Partnern.

7B Übungen zum Alphabet: die Umlaute Ä/ä, Ö/ö, Ü/ü.

Phonetik
Kapitel 7B behandelt die Bildung und Aussprache der Umlaute und deren Unterscheidung zu ähnlich klingenden Vokalen. Die Umlaute sind eine Besonderheit der deut-schen Sprache: Es sind die durch die Buchstaben Ä/ä, Ö/ö, Ü/ü ausgedrückten Laute [ɛ:], [ɛ], [∅:], [œ], [Y:], [Y]. Die Umlaute spielen eine Rolle in der Konjugation: *ich trage, du trägst,* in der Pluralbildung (siehe 7A Übung 3) und in der Komparation: *klug – klüger.*

Zur Identifizierung der Umlaute verwenden Sie das Ar-beitsblatt 7A Übung 1 (die Frühstückskarte), einen authen-tischen Text, in dem Ihre KT erkennen können, wie häufig die Umlaute im Deutschen verwendet werden. Unterstrei-chen Sie den ersten Umlaut (*möchten*) und lassen Sie Ihre KT dann in Partnerarbeit oder einzeln die Aufgabe lösen.

Bilderrätsel, S. 113
(Vorgehen wie bei Bilderrätsel zu Kapitel 2B, S. 19 be-schrieben)

Lautsituation, S. 113
Die Illustration unten auf dem Arbeitsblatt verdeutlicht folgende Lautsituation: Die Situation spielt in einem Café oder Restaurant. Der Kellner wartet darauf, dass der Gast etwas auf der Speisekarte auswählt und ihm sagt, was er möchte. Der Gast sagt „äh"…(das sagen wir in deutsch-sprachigen Ländern, wenn wir nachdenken oder nicht genau wissen, was wir sagen sollen). Der Ober hält das für eine Bestellung und bringt dem Gast, was er gesagt hat: „äh". (Siehe auch Hinweise zum Lautbild zu 2B, S. 19)

7B1 Übung 1–2, S. 114
(Vorgehen wie in 2B Übung 1–2, S. 18 beschrieben)

7B1 Übung 3, S. 114 🖼
(Vorgehen wie bei 2B Übung 4, S. 19 beschrieben)

bäten, Betten, Betten
Täler, Täler, Teller
rette, Räte, rette
Hähne, Henne, Henne
Vetter, Väter, Väter
Kämme, Kämme, käme

Für die Verschriftung und Wortposition von [ɛ:] und [ɛ]: gelten die folgenden Regeln: [ɛ:] wird verschriftet mit Ä/ä, Ah/äh. [ɛ] wird verschriftet mit E/e, Ä/ä.
[ɛ:] steht vor kurzen Konsonanten (*Zähne*) und Vokalen (*Nähe*); [ɛ] steht vor Konsonantenverbindungen (*gestern*) und langen Konsonanten (*Wetter*).

7B1 Übung 4, S. 115
(Vorgehen wie bei 2B Übung 7, S. 19 beschrieben)

7B1 Übung 5, S. 115 🖼
Diese Hörübung zur Unterscheidung zwischen langem [a:] *Nagel* und langem [ɛ:] *Nägel* wird in 2 Phasen durchgeführt: (Vorgehen wie bei 2B Übung 4, S. 19 be-schrieben)

Nagel, Nagel, Nägel
sagen, sagen, sagen
sägen, sagen, sägen
zahlen, zahlen, zählen
Taler, Täler, Täler
Schäden, Schäden, Schaden
Wagen, Wägen, Wagen
kamen, kämen, kamen
Vater, Vater, Väter

7B1 Übung 6, S. 115
(Vorgehen wie bei 2B Übung 5, S. 19 beschrieben)

7B1 Übungen 7, S. 115 🖾
Diese Hörübung zur Unterscheidung zwischen kurzem [a] und kurzem [ɛ] wird in zwei Phasen durchgeführt. (Vorgehen wie bei 2B Übung 4, S. 19 beschrieben)

Apfel, Apfel, Äpfel
fallen, Fällen, fallen
Garten, Garten, Gärten
fanden, fänden, fanden
wasche, Wäsche, Wäsche
Tänze, tanze, tanze
armer, ärmer, ärmer
warme, Wärme, Wärme

7B1 Übung 8, S. 116
(Vorgehen wie bei 2B Übung 2, S. 18)

7B1 Übung 9, S. 116 🖾
Diese Hörübung zur Unterscheidung zwischen kurzem [I] oder kurzem, offenen [ɛ] wird in zwei Phasen durchgeführt: (Vorgehen wie bei 2B Übung 4, S. 19 beschrieben)

bitten, bitten, Betten
setzen, sitzen, setzen
Ketten, Ketten, kitten
spinnen, pennen, pinnen
rinnen, rennen, ruinen

7B2 Übung 1–2, S. 116–117
(Vorgehen wie bei 2B Übung 1 und 2, S. 18 beschrieben)

7B2 Übung 3, S. 117 🖾
Diese Hörübung zur Unterscheidung zwischen langem [Ø:] Höhle und kurzem [œ] Hölle wird in zwei Phasen durchgeführt: (Vorgehen wie bei 2B Übung 4, S. 19)

Höhle, Höhle, Hölle
Löwe, Löffel, Löwe
König, König, können
Öfen, öffnen, Öfen
Mörder, Möhre, Möhre

Diese Übung behandelt den Unterschied zwischen [œ] und [Ø]. Von der Aussprache her gesehen unterscheiden sich die beiden Umlaute im Merkmal der Zungenhöhe: [Ø] wird bei mittelhoher, [œ] bei untermittelhoher Zungenhöhe gebildet. Beide Vokale sind vorne, die Lippen gerundet.
Für die Verschriftung und die Wortposition gelten folgende Regeln: [Ø:] wird verschriftet mit Ö/ö, Öh/öh, [œ] wird verschriftet mit Ö/ö. [Ø:] steht vor kurzen Konsonanten (Löhne) und vor Vokalen (hör); [œ] steht vor langen

Konsonanten (Götter) und Konsonantenverbindungen (Wörter). Beide Vokale kommen im Anlaut und Inlaut vor.

7B2 Übung 4, S. 117 🖾
Diese Hörübung zur Unterscheidung zwischen hinterem, langem [o:] und vorderem langem [Ø:] wie in Ofen und Öfen sowie zwischen hinterem kurzem [ɔ] und vorderem kurzem [œ] wie in Sonne und Wörter werden in zwei Phasen durchgeführt: (Vorgehen wie bei 2B Übung 4, S. 19)

Ofen, Öfen, Ofen
schon, schon, schön
holen, Höhlen, holen
hohe, hohe, Höhe
Bogen, Bögen, Bogen
könnten, konnten, könnten
rösten, rösten, rosten
Löcher, Locher, Löcher

7B2 Übung 5, S. 117
(Vorgehen wie bei 2B Übung 2, S. 18 beschrieben)

7B2 Übungen 6, S. 118 🖾
Diese Hörübung zur Unterscheidung zwischen langem [e:] und langem [Ø:] wie in Sehne und Söhne wird in zwei Phasen durchgeführt: (Vorgehen wie bei 2B Übung 4, S. 19 beschrieben.)
Von der Aussprache her gesehen unterscheiden sich langes [e:] und langes [Ø:] sowie kurzes [ɛ] und kurzes [œ] allein durch die Rundung der Lippen.

lesen, lösen, lösen
Hefe, Höfe, Hefe
Sehne, Söhne, Söhne
Lehne, Lehne, Löhne
her, hör, her
schwere, schwöre, schwere
Meere, Meere, Möhre

7B2 Übung 7, S. 118
(Vorgehen wie bei 2B Übung 2, S. 18)

7B2 Übung 8, S. 118 🖾
Auch diese Hörübung zur Unterscheidung zwischen kurzem [ɛ] und kurzem [œ] wie in kennen und können wird in zwei Phasen durchgeführt:

Herd, hört, Herd
fällig, fällig, völlig
Kellner, Kölner, Kellner
kennen, kennen, können
Kerbe, Körbe, Kerbe
Wörter, Wärter, Wörter
stecke, stecke, Stöcke
Recke, Röcke, Röcke

7B2 Übung 9, S. 118
(Vorgehen wie bei 2B Übung 2, S. 18)

7B3 Übung 1–2, S. 119
(Vorgehen wie bei 2B Übungen 1 und 2, S. 18 beschrieben.)

7B3 Übung 3, S. 120 🖾
Diese Hörübung zur Unterscheidung zwischen langem [u:] Bruder und langem [Y:] wird in zwei Phasen durch-

geführt: (Vorgehen wie bei 2B Übung 4, S. 19 beschrieben). Von der Aussprache her unterscheidet sich das Vokalpaar allein im Merkmal der Lippenrundung.

Bruder, Bruder, Brüder
bluten, Blüten, Blüten
Kur, Kür, Kur
büße, Buße, büße
spulen, spulen, spülen
fuhr, fuhr, fuhr
für, fuhr, für
lugen, lügen, lügen
mühen, mühen, muhen

7B3, Übung 4, S. 120
(Vorgehen wie in 2B Übung 2, S. 18)

7B3, Übung 5, S. 120 🔖
Diese Hörübung zur Unterscheidung zwischen kurzem [ʊ] und kurzem [Y] wie in *Nutzen* und *nützen*. Dieses Vokalpaar unterscheidet sich allein im Merkmal der Lippenrundung. Um langes (Y:) bzw. kurzes (Y) zu bilden, kann man von der Aussprache des (i) bzw. (I) ausgehen, die Mundstellung beibehalten und nur die Lippen langsam nach vorne schieben und runden.

drucken, drucken, drücken
junger, jünger, junger
musste, müsste, müsste
futtern, füttern, füttern
kurze, kurze, Kürze
Nutzen, nützen, Nützen
Mutter, Mutter, Mütter

7B3 Übung 6, S. 120
(Vorgehen wie in 2B Übung 2, S. 18)

7B3 Übung 7, S. 121 🔖
Diese Hörübung zur Unterscheidung zwischen langem [y:] und kurzem [Y] wie in *fühlen* und *füllen* wird in zwei Phasen durchgeführt: (Vorgehen wie zu 2B Übung 4 beschrieben). Von der Aussprache her gesehen unterscheiden sich die beiden Vokale im Merkmal der Zungenhöhe: [y:] wird mit hoher Zungenhöhe gebildet, [Y] mit halbhoher Zungenhöhe. Beide Vokale sind vorne und die Lippen gerundet.

Hüte, Hüte, Hütte
dünne, Düne, dünne
flügge, Flüge, Flüge
füllen, füllen, fühlen
dürrer, Dürer, Dürer
Füller, Füller, Fühle

Für die Verschriftung und Wortposition gelten folgende Regeln: [y:] wird verschriftet mit Ü/ü, üh; [Y] wird verschriftet mit Ü/ü.
[y:] steht vor kurzen Konsonanten (*Übung*) und vor Vokalen (*für*), [Y] steht vor langen Konsonanten (*dünn*) und vor Konsonanten-Verbindungen (*München*). Beide Vokale kommen im Anlaut und im Inlaut vor (im Auslaut nur in Fremdwörtern wie *Fondue*).

7B3 Übung 8, S. 121
liefert das Schriftbild zu den Abbildungen am Anfang des Kapitels. Wörter mit Umlauten sollen in die Kästchen abgeschrieben werden.
(Vorgehen wie in 2B Übung 3, S. 19)

Methodische Hinweise zu Kapitel 8

Lernziel:
Die Sprechimpulse und Redemittel des Kapitels 8A sollen die KT dazu befähigen, Farben und Eigenschaften zu nennen und danach zu fragen. Außerdem geht es um die Doppelvokale *Ei/ei* und *Ai/ai*.

8A, S. 122
Mündlicher Einstieg
Bereiten Sie verschieden farbige Kreiden, Filzstifte und Papier vor und Karten mit der Bezeichnung der jeweiligen Farbe (Beispiel: „rot" steht auf der roten Karte). Beginnen Sie nun mit einer Farbe (z.B. mit rot) und weisen Sie auf Dinge mit dieser Farbe im Raum: Kleidungsstücke, Blumen, Abbildungen aus der Zeitung usw. Erklären Sie dabei am konkreten Beispiel: *Das ist rot. Das ist auch rot.* Die KT wiederholen den Satz im Chor und einzeln. Schließlich heften Sie die rote Karte an die Wand und fragen: *Und (wie ist) das?* Antwort der KT: *(Das ist) rot.* Verfahren Sie analog mit anderen Farben, verwenden Sie möglichst auch blau, grau, weiß und braun, da es im nächsten Abschnitt um Doppelvokale geht.

8A Übung 1, S. 122
1. Projizieren Sie nun die Illustration von Arbeitsblatt 8A mit OHP an die Wand und besprechen Sie mit Ihren KT, was dort abgebildet ist: (Beispiel: *Das ist ein Mann, das ist eine Frau, was sagen die?...usw.*)

Lassen Sie nun einen KT auf Ihrem OHP die Illustration farbig malen. Geben Sie die Vorgaben auf dem Arbeitsblatt 8A Übung 1 mündlich. Präsentieren Sie nun das gesamte Arbeitsblatt über OHP. Lesen Sie die Sätze, zeigen Sie, wo Sie lesen und lassen Sie die Sätze im Chor und einzeln nachsprechen.
2. Teilen Sie nun das kopierte Arbeitsblatt aus. Lassen Sie Ihre KT (einzeln oder in Partnerarbeit) die Illustration nach Belieben farbig malen. Zur Kontrolle fragen Sie Ihre KT, mit welchen Farben sie das Bild ausgemalt haben, Beispiel: *Welche Farbe hat der Mantel des Mannes bei Ihnen, Fatima?* Mögliche Antwort: *blau.*
3. Zur Identifikation der Doppelvokale sollen KT nun im Text 8A (oder einem ähnlichen Text, den Sie mit den KT erarbeitet haben) alle Doppelvokale unterstreichen. (Vorgehen wie bei den 2 Absätzen vor 2B Übung 1, S. 18)

8B Übungen zum Alphabet: hier die Doppelvokale: [ɔI], [aI], [aɔ]

Phonetik
Der Akzent liegt bei den Doppelvokalen immer auf dem ersten Vokal.
Für die Verschriftung und die Wortposition der Doppelvokale gelten folgende Regeln: [ɔI] wird verschriftet mit

Äu/äu, Eu/eu; [aI] wird verschriftet mit *Ei/ei, ai.* [ɔ] wird verschriftet mit *Au/au.*
Alle Doppelvokale kommen im Anlaut, Inlaut und Auslaut vor.

Das Bilderrätsel, S. 123
(Vorgehen wie in 2B Bilderrätsel, S. 19)

Die Lautsituation, S. 123
zeigt eine Situation, in der wir im Deutschen „Au" ausrufen: wenn wir uns nämlich weh getan haben, wie der Mann im Lautbild, der beim Hämmern mit dem Hammer den Finger statt des Nagels trifft. (Vorgehen wie bei 2B, S. 19)

8B Übung 1, S. 124
(Vorgehen wie bei 2B Übung 3, S. 19)

8B Übung 2, S. 125 🖨
Diese Hörübung zur Unterscheidung zwischen [aI] *(nein)* und [ɔI] *(neun)* wird in zwei Phasen durchgeführt. (Vorgehen wie in 2B Übung 4, S. 19)

Seile, Seile, Säule
heilen, heulen, heilen
Eier, euer, euer
Feier, Feuer, Feier
leiten, leiten, läuten
Reihe, Reihe, Reue
leise, Läuse, leise

8B Übung 3, S. 125
(Vorgehen wie in 2B Übung 2, S. 18)

8B Übung 4, S. 125
Die Übung sollte zunächst über OHP mündlich mit den KT durchgeführt werden. Dann lösen die KT einzeln oder mit Partner die Übung auf dem Arbeitsblatt. Die richtige Lösung wird über OHP gezeigt, die KT tauschen ihre Arbeitsblätter aus und lassen ihre Lösung vom Nachbarn korrigieren.

8B Übung 5, S. 126 🖨
Diese Hörübung zur Unterscheidung zwischen [aI] *(heiß)* und [aɔ] *(Haus)* wird in zwei Phasen durchgeführt. (Vorgehen wie in 2B Übung 4, S. 19)

Mais, Mais, Maus

heiß, Haus, heiß
bei, Bau, Bau
reichen, rauchen, rauchen
reifen, reifen, raufen
Reis, raus, Reis
Seifen, saufen, saufen
reich, reich, reich
Rauch, reich, Rauch

8B Übung 6, S. 126
(Vorgehen wie in 2B Übung 2, S. 18)

8B Übung 7, S. 126
Die Verben in dieser Abschreibübung werden häufig verwendet, ihre Bedeutung und die Bedeutungsänderung mit den Vorsilben *ein-* und *aus-* kann an verschiedenen Beispielen erklärt werden. Nach mündlicher Vorübung arbeiten die KT mit dem Arbeitsblatt einzeln oder mit dem Partner.

8B Übung 8, S. 127
Sie lesen die Städte- und Ländernamen, zeigen dabei auf die einzelnen Wörter und die KT wiederholen jeweils die Namen im Chor und einzeln. Danach bearbeiten die KT das Arbeitsblatt einzeln oder zu zweit, am besten mit 2 Farben.

8B Übung 9, S. 128
Die erste Lösung sollte zunächst auf dem OHP gemeinsam erarbeitet werden. Dann können die KT die Übung auf dem kopierten Arbeitsblatt einzeln oder zu zweit fertigstellen.

8B Übung 10, S. 128 🖨
Die Hörübung zur Unterscheidung zwischen [aI] und [i:] wird wieder in zwei Phasen durchgeführt. (Vorgehen wie in 2B Übung 4, S. 19)

heiß, heiß, hieß
sei, sie, sei
Reise, Riese, Riese
Weise, Wiese, Weise
Leid, Lied, Lied
Miene, meine, Miene
Diener, Diener, deiner
riechen, reichen, riechen.

8B Übung 11, S. 128
(Vorgehen wie in 2B Übung 2, S. 18)

Methodische Hinweise zu Kapitel 9

Lernziel:
Die Sprechimpulse und Redemittel im Abschnitt 8A sollen die KT befähigen, Auskunft über ihre Familien zu geben und dazu Fragen zu stellen. Außerdem geht es um den Buchstaben *M/m.*

9A, S. 129
Mündlicher Einstieg:
Zur Vorbereitung bitten Sie Ihre KT, Fotos von ihren Familien mitzubringen. Beginnen Sie das Kapitel damit, Fotos von Ihrer eigenen Familie zu zeigen. (Falls es keine Fotos gibt, verwenden Sie die Illustration zu Beginn von Kapitel 9A). Benennen Sie dabei die Familienmitglieder

(Beispiel): *Das ist meine Mutter, das ist mein Vater* usw. *Wir sind vier Personen in unserer Familie.* Dann fragen Sie die KT, wer die Personen auf ihren Fotos sind. Beispiel: *Shanti, wer ist das?* Mögliche Antwort: *Meine Mutter, mein Bruder.*

9A Übung 1, S. 129/130
1. Präsentieren Sie über OHP Arbeitsblatt 9A an der Wand. Sagen Sie noch einmal, wer die abgebildeten Personen sind: *der Vater, die Mutter, das Kind, die Tochter, der Sohn* usw. Zeigen Sie dabei auf die entsprechenden Wörter. Die KT wiederholen die Wörter im Chor und einzeln.

2. Teilen Sie das kopierte Arbeitsblatt von S. 129 aus und lassen Sie die KT die Wörter (Kinder, Eltern, Großeltern) in die entsprechenden Kästchen schreiben.

3. Dann projizieren Sie das nächste Arbeitsblatt auf OHP, lesen die Sätze zu „Meine Familie" vor und ergänzen sie mit Ihren eigenen Daten. Beispiel: *Meine Familie lebt in München.* Zeigen Sie, wo Sie lesen. Die KT wiederholen die Sätze im Chor und einzeln. Im zweiten Durchgang wiederholen Sie noch einmal Ihre Sätze, fragen aber nach jedem Satz Ihre KT einzeln nach den entsprechenden Informationen und schreiben die Antwort der KT in die Lücken. Beispiel: *Salima, wo lebt Ihre Familie?* Mögliche Antwort: *Meine Familie lebt in Afghanistan.*

9A Übung 2, S. 130

1. Zunächst erarbeiten Sie die Sätze gemeinsam. Sie fragen einzelne KT: *Wo lebt Ihre Familie? Wie heißt Ihre Mutter? Wie alt ist Ihre Schwester? Wo arbeitet Ihr Bruder? Spricht ihre Tochter Deutsch?* usw. Ein KT schreibt einen Satz auf OHP in die vorgesehenen Zeilen. Ein anderer den nächsten usw.

2. Teilen Sie erst dann das kopierte Arbeitsblatt aus. Die KT schreiben einzeln oder in Partnerarbeit ihre jeweilige Version der Sätze in die Zeilen. Sie gehen von Gruppe zu Gruppe, helfen und korrigieren, wo nötig.

9A Übung 3, S. 130

Zeigen Sie die Einladung auf OHP. Lesen Sie den Text in kurzen Sequenzen vor und lassen Sie die KT im Chor und einzeln die Sätze wiederholen. Der Text dient am Ende von 9A der Identifizierung des Buchstabens *M/m*. (Vorgehen wie in 2 Abschnitten von 2B Übung 1, S. 18)

Bildgeschichte, S. 131

Das Familienfest eignet sich zum Spielen, zu einer Pantomime oder als Sprech- oder Schreibimpuls bei einer in ihren Deutschkenntnissen schon fortgeschrittenen Gruppe.

Hier ein paar Ideen zur Bearbeitung der Geschichte:

1. Wer sind die Personen in der Geschichte?
2. Wie alt sind die Personen?
3. Wo spielt die Geschichte? Im Restaurant, zu Hause?
4. In welchem Land spielt die Geschichte? In Europa? Wenn ja, warum? Und woran sieht man das?
5. Wann, zu welcher Tageszeit spielt die Geschichte?
6. Warum kommen die Personen zusammen? (Mögliche Antworten: – *weil Sonntag, Feiertag, Geburtstag, … ist.*)
7. Was machen die Personen? Mögliche Antworten: *Sie stehen, sitzen, rauchen, trinken, lachen, weinen* usw.
8. Was sagen die Personen?
9. Nummerieren Sie die einzelnen Bilder der Geschichte ihrem zeitlichen Ablauf entsprechend.
10. Wie geht die Geschichte weiter?
11. Versuchen Sie, diese oder eine ähnliche Geschichte zu spielen.
12. Geben Sie Ihrer Geschichte einen eigenen Titel.
13. Welche Familienfeste feiern Sie? Wie?

9B Übungen zum Alphabet: Buchstaben M/m, N/n, die Konsonanten [m], [n].

Phonetik

Abschnitt 9B behandelt die Konsonanten [m] wie in *mein*

und [n] wie in *nein*. Von der Aussprache her gesehen unterscheiden sich die beiden Konsonanten im Merkmal der Position der Lippen bzw. Zunge: bei [m] berühren sich Ober- und Unterlippe, bei [n] berührt die Zunge den Zahndamm. Bei beiden Konsonanten geht der Luftstrom durch den Nasenraum (Nasale), beide Konsonanten sind stimmhaft.

Für die Verschriftung und Wortposition gelten folgende Regeln: [m] wird verschriftet mit *M/m, mm*. [n] wird verschriftet mit *N/n, nn*.

Beide Konsonanten stehen im Anlaut, Inlaut und Auslaut; im Anlaut vor den meisten Vokalen, im Inlaut intervokalisch (*nehmen, weinen*) und vor Konsonanten (*nimmt, weint*), und auch nach Konsonanten (*atmen*), im Auslaut nach Vokalen (*kam, Stein*). Doppelkonsonanz (= doppelte Schreibung) tritt nach kurzen Vokalen auf (*Kamm, dann, Semmel*). Dieses Charakteristikum der Doppelkonsonanz nach kurzen Vokalen gilt im Prinzip für alle Konsonanten.

9B1 Übung 1–2, S. 132

(Vorgehen wie in 2B Übung 1–2, S. 18)

9B1 Übung 3, S. 133 🎧

Diese Hörübung zur Identifikation der Position des Lautes [m] im Wort soll zunächst mündlich geübt werden. (Vorgehen wie bei 2B Übung 8–9 (Intonationsübung, S. 19)

9B1 Übung 4, S. 133 🎧

Reimübung: Ein Reim entsteht durch den Gleichklang zweier oder mehrerer Silben vom letzten betonten Vokal an. Der Reim ist wegen seiner Musikalität und Einprägsamkeit in vielen Sprachen bekannt.

Vorgehen: a) Die KL liest vom Arbeitsblatt die drei Wörter vor und erläutert den Unterschied zwischen reimenden und nicht reimenden Wörtern. Hinweis auf unterschiedliches Schriftbild bei gleichem Klang.

b) Die KT hören nun die Wörter von der Kassette/CD, lesen mit und markieren die sich reimenden Wörter auf dem kopierten Arbeitsblatt.

9B1 Übung 5, S. 133

Leseübung zur Position des Konsonanten im Wort: Die KL liest zunächst die Wörter vor und die KT sprechen sie im Chor und einzeln nach. Danach lesen die KT einzeln vor. Dabei korrigiert die KL vorsichtig die Aussprache. Sie üben hier vorwiegend einsilbige Wörter, so dass sich die Wörter immer nur wenig verändern.

9B1 Übung 6, S. 133

(Vorgehen wie bei 2B Übung 2, S. 18)

Bilderrätsel, S. 134

Wörter mit M und N
(Vorgehen wie bei 2B Bilderrätsel, S. 19)

Lautsituation, S. 134

(Vorgehen wie bei 2B Lautbild, S. 19)
Im deutschsprachigen Kulturraum können wir mit „mmm" ausdrücken, dass uns etwas besonders gut schmeckt.

9B2 Übung 1–2, S. 135–136

(Vorgehen wie bei 2B Übung 1–2, S. 18)
Der Text des Antwortbriefes dient der visuellen Identifikation von *N/n* im Unterschied zu *M/m*.

9B2 Übung 3, S. 136 🗣️
(Vorgehen wie bei 9B1 Übung 3, S. 29)

9B2 Übung 4, S. 136 🗣️
(Vorgehen wie bei 9B1 Übung 4, S. 29)

9B2 Übung 5, S. 137
(Vorgehen wie bei 9B1 Übung 5, S. 29)

9B2 Übung 6, S. 137
(Vorgehen wie bei 2B Übung 2, S. 18)

9B2 Übung 7 und 8, S. 137/138
Verben enden im Infinitiv auf –en. Die weibliche Bezeichnung vieler Nomen wird mit der Endung –in und die Mehrzahl mit der Endung –innen gebildet. Die Funktionen von –n in Endsilben sollen hier deutlich werden. In beiden Übungen erklärt die KL das erste Beispiel am OHP. Danach arbeiten die KT einzeln oder mit Partner und schreiben die Lösungen in die Zeilen.

9B2 Übung 9, S. 139
(Vorgehen wie in 2B Übung 3, S. 19)

9B2 Übung 10, S. 139 🗣️
Diese Hörübung zur Unterscheidung zwischen den Konsonanten [m] und [n] wird in zwei Phasen durchgeführt: (Vorgehen wie in 2B Übung 4, S. 19)

mein, mein, nein
Männer, Nenner, Männer
Amen, ahnen, ahnen
nach, nach, nach
mach, nach, mach
Daumen, Daumen, Daunen
dünner, dümmer, dünner

9B2 Übung 11, S. 140
(Vorgehen wie in 2B Übung 2, S. 18)

Methodische Hinweise zu Kapitel 10

Lernziel:
Die Sprechimpulse und Redemittel in Teil A sollen die KT befähigen, einfache Informationen zum Gastland zu verstehen und dazu Fragen zu stellen und einfache Informationen über ihr eigenes Land zu erteilen. Außerdem geht es um die Buchstaben F/f und V/v bzw. W/w.

10A, S. 141
Mündlicher Einstieg:
Die KL präsentiert eine Weltkarte und zusätzlich eine Karte, auf der die deutschsprachigen Länder zu sehen sind. Lassen Sie sich auf den Karten zeigen, wo Deutschland, Österreich und die Schweiz liegen. Beispiel: *Wo liegt Deutschland?* Geben Sie gegebenenfalls zunächst selbst die Antwort: *Deutschland liegt in Europa.* Verfahren Sie analog mit den anderen Fragen des Textes in 10A. Zeigen Sie die Himmelsrichtungen auf den Karten und auch im Klassenraum. *Die Sonne steht morgens im Osten, mittags im Süden und geht nachmittags im Westen unter.*

Text: Deutschland, Österreich und die Schweiz, S. 141
Projizieren Sie nun das Arbeitsblatt 10A über OHP an die Wand. Lesen Sie den Text abschnittweise vor und zeigen Sie, wo Sie lesen. Lassen Sie die einzelnen Sätze im Chor und einzeln nachsprechen. Erklären Sie die Bedeutung der Sätze mit Hilfe der Landkarten.

10A Übung 1, S. 142
1. Projizieren Sie das Arbeitsblatt über OHP und decken Sie die Multiple-Choice-Antworten zunächst ab. Lassen Sie die Fragen mündlich von Ihren KT beantworten. Beispiel: *Hier liegt Österreich. Wo liegt Deutschland, im Norden, im Osten, Westen, Süden von Österreich?*
2. Teilen Sie erst jetzt das kopierte Arbeitsblatt aus und lesen Sie noch einmal die Fragen. Lösen Sie die erste Frage gemeinsam am OHP. Danach arbeiten die KT zu zweit oder still und lösen die Aufgaben. Achtung: Nicht nur eine Antwort kann richtig sein. Korrektur gemeinsam über OHP.

10A Übung 2, S. 143
1. Bereiten Sie Karteikärtchen mit den in der Übung vorkommenden Ländernamen vor. Lesen Sie die Ländernamen vor und lassen Sie diese nachsprechen. Arbeiten Sie wieder mit den (Welt- und Europa-)Karten. Die KT heften nun die Karteikärtchen auf die jeweiligen Länder. Beginnen Sie mit dem Land, in dem Sie sich befinden und fragen Sie zum Beispiel: *Welches Land ist im Süden (z. B.: Deutschlands)?* Die KT gehen zur Karte und zeigen dort die Länder im Süden von (Deutschland). Danach gleiches Vorgehen mit den anderen Ländern und Himmelsrichtungen.
2. Projizieren Sie nun das Arbeitsblatt über OHP an die Wand. Stellen Sie die Fragen noch einmal. Nach der richtigen Antwort verbinden Sie die zusammengehörenden Satzteile mit einem Strich. Arbeiten Sie möglichst mit verschiedenen Farben. Lesen Sie danach den Satz noch einmal vor und lassen ihn von allen nachsprechen, damit er sich einprägt.

10A Übung 3, S. 143
Hier soll jeder KT für sich die zutreffenden Sätze aus der vorhergehenden Übung abschreiben. Die KL hilft und überprüft. Gegebenenfalls auch besser zu zweit arbeiten lassen.

10A Übung 4, S. 144
1. Auch hier müssen Karteikärtchen mit den Ländernamen der KT und den Nachbarländern vorbereitet werden. Die KT ordnen sie nach Kontinenten. Jeder KT sucht sich nun sein Landkärtchen und steckt es an die Pinnwand. Danach arbeiten die KT, die aus gleichen Kontinenten oder Gegenden kommen, gemeinsam. Sie suchen die Länderkärtchen und stecken sie neben die Welt- (oder Europa-) Karte (rechts = Osten, links = Westen, oben = Norden, unten = Süden).
2. Austeilen der kopierten Arbeitsblätter; die KT schreiben die für ihre Gruppe zutreffenden Ländernamen in Stillarbeit ab.

10A Übung 5, S. 145
Projizieren Sie das Arbeitsblatt über OHP und lösen Sie

die Aufgabe zunächst mündlich mit den Angaben für einen oder zwei KT. Danach Partnerarbeit: Jeder schreibt die Informartionen seines Nachbarn auf.

10B Übungen zum Alphabet: die Buchstaben F/f, V/v, W/w und die Konsonanten [f] und [v].

Phonetik:
Der Teil 10B behandelt die Unterscheidung zwischen den Konsonanten [f] und [v], wie in *Fach* und *wach*. Beide Konsonanten werden gebildet, indem beim Sprechen Atemluft zwischen den oberen Vorderzähnen und der Unterlippe strömt.
Von der Aussprache her gesehen unterscheiden sich die beiden Konsonanten allein in der Stimmtonbeteiligung: [f] ist stimmlos (die Stimmbänder schwingen nicht mit und [v] stimmhaft (man hört die Stimmbänder schwingen).
Für die Verschriftung und die Wortposition von [f] und [v] gelten folgende Regeln: [f] wird verschriftet als *F/f, Ph/ph, ff, V/v*. [v] wird verschriftet als *W/w, V/v*. Eine Schwierigkeit bildet hier die unterschiedliche Aussprache des Buchstaben *V* (*Vogel* und *Vase*), doch wird in den meisten Fällen der stimmlose Konsonant gesprochen. [f] kommt in allen drei Positionen vor, [v] kommt vorwiegend im Anlaut, nur selten im Inlaut (*Möwe*) vor.

Bilderrätsel, S. 146
Es liefert Illustrationen für Wörter mit dem Anfangsbuchstaben *W* (erste Reihe), *V* (zweite Reihe) und *F* (dritte Reihe). (Vorgehen wie bei 2B Bilderrätsel, S. 19)

Lautsituation, S. 146
Sie zeigt, wie der Konsonant [f] klingt: wie wenn Luft aus einem Ballon entweicht.

10B1 Übung 1–2, S. 147
(Vorgehen wie bei 2B Übung 1–2, S. 18)

10B1 Übung 3, S. 148 📱
(Vorgehen wie bei 9B1 Übung 3, S. 29 + 19)

10B1 Übung 4, S. 148 📱
(Vorgehen wie bei 9B1 Übung 4, S. 29)

10B1 Übung 5, S. 148
(Vorgehen wie bei 9B1 Übung 5, S. 29)

10B1 Übung 6, S. 148
(Vorgehen wie bei 2B Übung 2, S. 18)

10B1 Übung 7, S. 149
Projizieren Sie dieses Arbeitsblatt mit Fragen aus einer Führerscheinprüfung zunächst über OHP an die Wand und erklären Sie die Verkehrssituation an den Kreuzungen. Die Lösung bleibt zunächst abgedeckt. Dann lösen die KT einzeln oder in Partnerarbeit die Fragen. Korrektur wieder gemeinsam über OHP.

10B2 Übung 1–2, S. 150
(Vorgehen wie bei 2B Übung 1–2, S. 18)

10B2 Übung 3, S. 151 📱
(Vorgehen wie bei 9B1 Übung 3, S. 29 + 19)

10B2 Übung 4, S. 151
(Vorgehen wie bei 2B Übung 3, S. 19)

10B3 Übung 1–2, S. 152
(Vorgehen wie bei 2B Übung 1–2, S. 18)

10B3 Übung 3, S. 153
(Vorgehen wie bei 2B Übung 2, S. 18)

10B3 Übung 4, S. 153
1. Projizieren Sie die Übung auf OHP und ergänzen Sie die Lücken. Lösung: schon in Übung 2 auf S. 152 angegeben.

10B3 Übung 5, S. 153
(Vorgehen wie bei 2B Übung 3, S. 19)

10B3 Übung 6, S. 153 📱
Diese Hörübung zur Unterscheidung zwischen den Konsonanten [f] (*fahren*) und [v] (*waren*) wird in zwei Phasen durchgeführt. (Vorgehen wie bei 2B Übung 4, S. 19)

*Fach, Fach, wach
fahren, waren, fahren
volle, Wolle, Wolle
Vetter, Wetter, Wetter
Wein, fein, Wein
fischen, fischen, wischen
fühlen, wühlen, fühlen
Fass, was, was*

10B3 Übung 7–8, S. 154 liefern die Regeln für die Verschriftung.
(Vorgehen wie bei 2B Turner, S. 19)

10B3 Übung 9–11, S. 154/155
(Vorgehen wie bei 2B Übung 2, S. 18)

10B3 Übung 12, S. 155
Die KL löst auch hier die erste Aufgabe über OHP mit den KT gemeinsam. Dann Einzel- oder Partnerarbeit. Die KL kontrolliert.

10B3 Übung 13, S. 156/157
liefert die Legende für die Wetterkarte. Auch diese Übung sollte zuerst mündlich vorbereitet werden. Die Karte soll als Sprechimpuls für die Übung dienen. Wiederholung der Himmelsrichtungen mündlich und schriftlich.

10B3 Übung 14, S. 157
schließt das Kapitel ab. Hier soll zuerst mündlich, dann schriftlich über Wetter und klimatische Verhältnisse der verschiedenen Kontinente, vor allem der der Herkunftsländer und des Ziellandes, gesprochen und Sätze geschrieben werden. Zunächst die Sätze gemeinsam an der Tafel oder auf OHP erarbeiten. Dann auf die kopierten Arbeitsblätter abschreiben lassen.

Methodische Hinweise zu Kapitel 11

Lernziel:
Die Sprechimpulse und Redemittel in Kapitel 11A sollen die KT dazu befähigen, erste Angaben zu Zeitpunkten und Zeitdauer zu machen und diese zu erfragen. Außerdem geht es um die Buchstaben *J/j*, *L/l* und *R/r*.

11A, S. 158: Wie lange noch?
Mündlicher Einstieg:
1. Projizieren Sie das Arbeitsblatt über OHP und besprechen Sie mit den KT die einzelnen Szenen. Stellen Sie dazu Fragen, zum Beispiel: *1. Wo spielt die Situation?* (Mögliche Antworten: *Im Gefängnis, an der Bushaltestelle, im Unterricht, zu Hause, unter der Laterne, in der Toilette*). *2. Worauf warten die Personen?* (*Auf die Freiheit, auf den Bus, auf das Ende des Unterrichts/der Stunde, auf die Pause, auf ein Kind/Baby, auf eine Frau, auf die freie Toilette.*) *3. Wie lange müssen die Personen warten?* Lassen Sie Ihre KT raten.
2. Mögliche Ergänzung: Teilen Sie das Arbeitsblatt aus und schreiben Sie die Fragen in eine linke Spalte an die Tafel, dazu passende Antworten in eine rechte Spalte.
3. Lassen Sie Ihre KT in Partnerarbeit nun die drei Fragen für die einzelnen Situationen der Illustration beantworten: Die KT wählen die von ihnen gewünschte aus den verschiedenen Alternativen aus und schreiben sie für sich auf bzw. ab. Zum Abschluss kontrolliert die KL das Ergebnis der Zweiergruppen.

11A, S. 159
Die KL projiziert das Arbeitsblatt 11A (bzw. einen Kalender des aktuellen Jahres mit Feiertagsübersicht) über OHP an die Wand. Markieren Sie das aktuelle Datum. Lesen Sie das Datum vor, zum Beispiel: *Heute ist Montag, der fünfte Juli, zweitausendvier.* Die KT wiederholen im Chor und einzeln. Dann lesen Sie die Überschrift, jeden Wochentag und Monatsnamen einzeln vor und zeigen dabei, wo Sie lesen. Die KT wiederholen im Chor und einzeln. Unterstreichen Sie nun das erste Wort mit/*J/* (*Jahr*) auf dem Blatt, lesen das Wort und den Laut einzeln und lassen beides im Chor und einzeln wiederholen.

11A Übung 1 und 2, S. 159
Teilen Sie nun das kopierte Arbeitsblatt aus und lassen Sie die Übungen durchführen. Dann sollen die KT alle Wochenenden (Samstag/Sonntag) farbig markieren. Die KL markiert vorher als Beispiel das erste Wochenende.

11A Übung 3, S. 159
Die KT arbeiten zunächst in Kleingruppen und sammeln Daten ihrer religiösen Feiertage. Erfragen Sie die wichtigsten religiösen Feiertage der KT und vermerken Sie (oder ein KT) die Daten auf dem OHP. Jede/r KT entscheidet, welche religiösen Feiertage für ihn/sie relevant sind und trägt sie dann auf dem eigenen Arbeitsblatt ein.

11B Übungen zum Alphabet: Buchstaben J/j, L/l, R/r und die Konsonanten [j], [l], [r]

Phonetik:
Kapitel 11B behandelt die Konsonanten [j], [l], [r]. Eine direkte Unterscheidung zwischen diesen Konsonanten ist nicht sinnvoll, da es kaum Vergleichsmöglichkeiten gibt.

[j] ist ein stimmhafter Reibelaut (frikativ), die Zunge ist an den Gaumen gewölbt; [l] ist ein stimmhafter Dauerlaut (lateral), die Zungenspitze ist am Zahndamm.
Im Deutschen gibt es zwei Varianten des Lautes /r/: [r] (alveolar) ist ein stimmhafter Schwinglaut, die Zungenspitze vibriert am Zahndamm oder [R] (uvular) das Gaumenzäpfchen vibriert gegen die hintere Zunge (Trill). Diese Varianten können beliebig verwendet werden. Im Folgenden wird der Einfachheit halber [r] geschrieben.
Für die Verschriftung und die Wortposition der drei Konsonanten gelten folgende Regeln: [j] wird verschriftet mit *J/j, i.* Doppelschreibung kommt nicht vor. [j] steht vorwiegend im Anlaut, im Inlaut nur bei ie-Konstruktionen (*Familie, Albanien, Karriere*).
[l] wird verschriftet mit *L/l, ll.* [l] kommt in allen drei Wortpositionen vor (*Liebe, alle, alt, viel*).
[r] wird verschriftet mit *R/r, rr.* [r] kommt in allen drei Wortpositionen vor, im Inlaut intervokalisch (*Herren*), vor und nach Konsonanten (*tragen* und *Wörter*). In Endpositionen wie *-(e)r* (*Lehrer, wir, nur, vor*) wird [r] meistens zu [å] vokalisiert, in Wörtern wie *Gefahr* oder *klar* kann [r] auch als langes [ə:] gesprochen werden.

11B1 Übung 1–2, S. 160
(Vorgehen wie bei 2B Übung 1–2, S. 18)

11B1 Übung 3, S. 161
Die Übung sollte zunächst auf dem OHP beginnen und die erste Lösung gemeinsam erarbeitet werden. Dann schreiben die KT einzeln, still oder zu zweit, wobei ihnen der Kalender als Vorlage dient.

11B1 Übung 4, S. 161
(Vorgehen wie bei 11 B1, Übung 3.)

11B1 Übung 5, S. 161
Zunächst tauschen sich die KT zu zweit über das Wetter in ihrem Land aus. Dann tragen einzelne KT nach dem Satzbauplan von Übung 4 ihre Informationen im Plenum vor. Dann einige Mustersätze an der Tafel oder auf OHP erarbeiten. Die KT schreiben die für sie passende Lösung auf ihr Arbeitsblatt.

11B1 Übung 6, S. 162/163
(Vorgehen wie in 11B1 Übung 3, siehe oben)
Die KT tragen zunächst den zur Zeit gültigen Kalender ein und orientieren sich am Modell von S. 159. Verdeutlichen Sie dann farblich, an welchen Tagen Unterricht (bzw. kein Unterricht) ist und wie lange der Sprachkurs dauert.

11B1 Übung 7, S. 164
(Vorgehen wie bei 8B Übung 8, S. 28)

11B1 Übung 8 + 9, S. 164
Übung 9 auf Kassette/CD.
(Vorgehen wie in 2B Übung 10 + 11, S. 19)

11B2 Übung 1–2, S. 165
(Vorgehen wie bei 2B Übung 1–2, S. 18)

11B2 Übung 3, S. 166
(Vorgehen wie bei 2B Übung 3, S. 19)

11B2 Übung 4, S. 166 📢
(Vorgehen wie bei 9B1 Übung 3, S. 29)

11B2 Übung 5, S. 166 📢
(Vorgehen wie bei 9B1 Übung 4, S. 29)

11B2 Übung 6, S. 167
(Vorgehen wie bei 9B1 Übung 5, S. 29)

11B2 Übung 7, S. 167
(Vorgehen wie bei 2B Übung 2, S. 18)

11B3, S. 168
(Vorgehen wie bei 9A, S. 28)

11B3 Übung 1–2, S. 169
(Vorgehen wie bei 2B Übung 1–2, S. 18)

11B3 Übung 3, S. 170
(Vorgehen wie bei 2B Übung 3, S. 19)

Die Lautsituation S. 170
zeigt unterschiedliche Geräusche, die wir in deutschsprachigen Ländern mit dem Laut [r] verbinden: Schnarchen, das Rasseln des Weckers, Knurren des Hundes und um auszudrücken, dass man vor Kälte schlottert. (Vorgehen wie bei 2B: Lautsituationen, S. 19)

11B3 Übung 4, S. 170 📢
(Vorgehen wie bei 2B Übung 4, S. 19)

Mieter, Mieter, Miete
Lehrer, Lehre, Lehrer

Arbeiter, arbeite, arbeite
meiner, meiner, meiner
dieser, diese, dieser
meine, meiner, meine
guter, gute, gute
unserer, unserer, unsere
keine, keiner, keine

11B3 Übung 5, S. 171
(Vorgehen wie bei 2B Übung 2, S. 18)

11B3 Übung 6, S. 171 📢
(Vorgehen wie bei 9B1 Übungen 4, S. 133)

11B3 Übung 7, S. 171
(Vorgehen wie bei 9B1 Übung 5, S. 29)

11B3 Übung 8, S. 171
Die KL spricht jeweils ein Wortpaar (*ja* und *Jahr*) vor. Die KT sprechen zuerst im Chor, dann einzeln nach.

11B3 Übung 9, S. 171
Hier liest die KL zunächst alle Wörter vor, dann versuchen die KT zuerst im Chor, dann einzeln vorzulesen. Die KL korrigiert, wo nötig.

11B3 Übung 10, S. 172
(Vorgehen wie bei 2B Übung 2, S. 18)

11B3 Übung 11, S. 172
Die Übung sollte zunächst auf dem OHP beginnen und die ersten beiden Lösungen gemeinsam erarbeitet werden. Dann schreiben die KT die Sätze einzeln in Stillarbeit oder zu zweit. Gemeinsame Korrektur.

Methodische Hinweise zu Kapitel 12

Lernziel:
Die Sprechimpulse und Redemittel sollen die KT befähigen, bestimmte Tätigkeiten auszuführen (*hier*: Telefonieren). Außerdem geht es um die Buchstaben *T/t* und *D/d*.

12 A, S. 173 + 174
Mündlicher Einstieg:
1. Die Kl projiziert zwei Arbeitsblätter zu 12A (Bildgeschichte) über OHP an die Wand. Fragen Sie Ihre KT: *Was (welchen Ton) hört der Mann? Was hören die anderen Personen? Was sagen die zwei Personen am Ende?* Mögliche Antwort: *Guten Tag, Peter. Ich bin es: Ali.- Hallo, Ali, wie geht es?* usw. Sammeln Sie mehrere Möglichkeiten und lassen Sie die Situation in verschiedenen Variationen spielen. (Vorgehen wie in 9A Bildgeschichte, S. 28)
2. Verteilen Sie dann Telefonbücher oder kopierte Seiten aus einem Telefonbuch und üben Sie mit den KT:
a) Die KT suchen bestimmte von Ihnen vorgegebene Namen und Telefonnummern aus dem Telefonbuch.
b) Die KT finden den Namen, nach dem ihr eigener Name im Telefon erscheinen müsste, wenn er auch abgedruckt würde.
Es muss deutlich werden, dass das Telefonbuch wie auch das Lexikon, Glossare usw., alphabetisch aufgebaut sind. Deshalb ist es unerlässlich, dass man das Alphabet kennt.

Phonetik:
Abschnitt 12B behandelt die (alveolaren) Verschlusslaute [t], [d] (d.h. die Zungenspitze löst sich beim Aussprechen der Verschlusslaute vom Zahndamm).
Von der Aussprache her gesehen unterscheiden sich die beiden Konsonanten dadurch, dass [t] stimmlos ist und der Atemstrom stark. [d] ist stimmhaft, der Atemstrom ist schwach.
Für die Verschriftung und Wortposition gelten folgende Regeln: [t] wird verschriftet mit *T/t, tt, Th/th, d*. [d] wird verschriftet mit *D/d, dd*.
[t] kommt in allen drei Positionen vor, [d] kommt nur im Anlaut und Inlaut vor, im Auslaut wird [d] zu einem [t] (Auslautverhärtung).

12B1 Übung 1–2, S. 175
(Vorgehen wie bei 2B Übung 1–2, S. 18)

12B1 Übung 3–6, S. 175/176 📢
(Vorgehen wie in 9B1 Übung 3–6, S. 29)
Übungen 3 und 4 auf Kassette/CD.

12B1 Übung 7, S. 177
Der Text zur Bildgeschichte auf S. 173 + 174 wird zunächst über OHP projiziert. Sie lesen den Text abschnittsweise vor und zeigen, wo Sie lesen. Die KT sprechen ihn dann im Chor und einzeln nach. Teilen Sie dann das ko-

pierte Arbeitsblatt aus. Die KT führen die Übung in Partnerarbeit oder in Stillarbeit durch. Die Korrektur erfolgt über OHP. Lesen Sie die Wörter, in denen *T/t* vorkommt und lassen Sie die KT im Chor und einzeln die Wörter wiederholen.

12B1 Übung 8, S. 177
Hier am besten die Übung auf dem OHP beginnen und die erste Lösung gemeinsam erarbeiten. Danach arbeiten die KT zu zweit oder einzeln.

12B2 Übung 1–2, S. 178
(Vorgehen wie in 2B Übung 2, S. 18)

12B2 Übung 3–5, S. 178–179 🖼
(Vorgehen wie in 9B1 Übung 3, 5, 6, S. 29 + 19)
Übung 3 auf Kassette/CD.

12B2 Übung 6, S. 179 🖼
(Vorgehen wie bei 2B Übung 4, S. 19)

Tanken, danken, danken
Leiten, leiten, leiden
Mieter, Mieder, Mieter
Taten, Daten, Daten
dir, dir, Tier
Seide, Seite, Seite
Boden, Boten, Boden
Teer, der, der

12B2 Übung 7, S. 180
(Vorgehen wie in 2B Übung 2, S. 18)

12B2 Übung 8, S. 180
Hier müssen Sie den KT die Auslautverhärtung (siehe oben: Phonetik) verdeutlichen. Lesen Sie die Wörter: *Geld, David, Freund* und lassen sie im Chor und einzeln nachsprechen.

12B2 Übung 9, S. 181
(Vorgehen wie bei 2B Übung 3, S. 19)

Methodische Hinweise zu Kapitel 13

Lernziel:
Die Sprechimpulse und Redemittel sollen die KT befähigen, sich in ihrem Rahmen zu informieren (Thema: „Zeitung") und Informationen weiterzugeben. Außerdem geht es um den Buchstaben *z/Z*.

13A, S. 182
Mündlicher Einstieg:
1. Zur Vorbereitung: Die KL kauft zwei oder drei der gängigen Tages- bzw. Wochenzeitungen am Ort und bringt diese zum Unterricht mit. Lesen Sie vor, wie die Zeitung heißt, wo sie erscheint und wie viel sie kostet. Zeigen Sie dabei, wo Sie lesen. Beispiel: *Das ist die Süddeutsche Zeitung, sie kommt aus München und kostet 1.40 Euro.* Usw. Die KT wiederholen den Satz abschnittweise im Chor und einzeln. Verfahren Sie mit den anderen Zeitungen analog.
2. Die KL projiziert dann das Arbeitsblatt 13A über OHP an die Wand und lesen die Namen der Zeitungen vor. Weisen Sie auf die verschiedenen Schrifttypen hin. Die KT wiederholen wie oben. Nun teilen Sie das kopierte Arbeitsblatt aus und bitten Ihre KT, in Partnerarbeit zu ermitteln und zu markieren, wo die Zeitung erscheint. Korrektur im Plenum über OHP.

13B Übungen zum Alphabet: der Buchstabe Z/z, der Konsonant [ts].

Phonetik:
Teil 13B behandelt die Aussprache von [ts] und die Unterscheidung zwischen [t] und [ts]. Die Affrikate (angeriebener Laut in enger Verbindung mit einem Verschlusslaut an der gleichen Artikulationsstelle) [ts] wird mit der Zunge am Zahndamm gebildet. Für die Verschriftung und die Wortposition gelten folgende Regeln: [ts] wird verschriftet mit Z/z, tz. [ts] steht im Anlaut vor Vokalen (*Zahn*), vor [v] (*zwanzig*), im Inlaut intervokalisch (*Heizung*), vor und nach Konsonanten (*Arzt*), im Auslaut nach Vokalen (*Witz*) und Konsonanten (*ganz*).

13B Übung 1–2, S. 183
(Vorgehen wie in 2B Übung 1–2, S. 18)

13B Übung 3, S. 183 🖼
(Vorgehen wie in 9B1 Übung 3, S. 29)

13B Übung 4, S. 184 🖼
(Vorgehen wie in 2B Übung 4, S. 19)

Tal, Tal, Zahl
Zopf, Topf, Zopf
reiten, reizen, reizen
tanzen, tanzen, Tanten
hart, Harz, Harz
tanken, zanken, tanken

13B Übung 5, S. 184
(Vorgehen wie bei 2B Übung 2, S. 18)

13B Übung 6, S. 184
(Vorgehen wie bei 9B1 Übung 5, S. 29)

13B Übung 7, S. 185
(Vorgehen wie bei 2B Übung 2, S. 18)

Bilderrätsel, S. 185
(Vorgehen wie bei 2B Bilderrätsel, S. 19)

Lautsituation, S. 19
Der Laut [ts] ist dem Zischen einer Schlange ähnlich. In der vorgestellten Situation verschwindet die Schlange wieder in ihrem Korb. Offenbar hat ihr der Schlangenbeschwörer zu falsch gespielt, deshalb zeigt sie ihm die richtigen Noten. Fragen Sie Ihre KT, wie das Zischen einer Schlange in ihrer Sprache zum Ausdruck gebracht wird.

13B Übung 8, S. 186
(Vorgehen wie in 2B Übung 3, S. 19)

13B Übung 9, S. 186–188

Hier empfiehlt es sich, die Übung zunächst auf dem OHP zu beginnen und die erste Lösung gemeinsam zu erarbeiten. Sie lesen die Zahlen vor und lassen nachsprechen. Teilen Sie dann die kopierten Arbeitsblätter aus, auf denen die KT schließlich die Übung in Partnerarbeit oder in Stillarbeit zu Ende führen: im ersten Teil werden die in Schrift ausgeschriebenen Zahlen in Ziffern übersetzt, im zweiten Teil die Ziffern in Schrift.

Methodische Hinweise zu Kapitel 14

Lernziel:

Die Sprechimpulse und Redemittel sollen die KT befähigen, im Zusammenhang mit dem Thema „Post" die Konsonanten [p] und [b] zu bilden, zu unterscheiden und auszusprechen und die Buchstaben *B/b und P/p* zu schreiben.

14A, S. 189
Mündlicher Einstieg:

Die KL projiziert das Arbeitsblatt 14A über OHP an die Wand und stellt Fragen zur Bildgeschichte: Beispiel: a) *Wer sind die Personen?* (Mögliche Antwort: *ein Mann, ein Postbeamter*) b) *Was trägt der Mann?* (Mögliche Antwort: *ein Paket*) c) *Wohin geht er?* (Mögliche Antwort: *Post*) usw. Verwenden Sie die Wörter: *Paket, Packpapier, Brief, Postkarte, Briefkasten, Bahn, Postbeamter, Briefumschlag*. Vorgehen wie in 9A Bildgeschichte, S. 28 beschrieben).

14B Übungen zum Alphabet: die Buchstaben B/b, P/p, die Konsonanten [p], [b]

Phonetik:

Teil 14 B behandelt die Bildung, Aussprache, und Unterscheidung von [b] wie in *backen*, einem stimmhaften Verschlusslaut, der mit beiden Lippen (bilabial) gebildet wird und [p] wie in *packen*, einem stimmlosen, bilabialen Verschlusslaut.

Von der Aussprache her gesehen unterscheiden sich die beiden Verschlusslaute, wie wir es bei [t] und [d] bereits gesehen haben, im Merkmal: stimmlos, starker Luftstrom / stimmhaft, schwacher Luftstrom. Für die Verschriftung und die Wortposition von [t] und [d] gelten folgende Regeln: [p] wird verschriftet mit *P/p, pp, b* (am Wortende = Auslautverhärtung). [b] wird verschriftet mit *B/b, bb*. [p] steht im Anlaut vor Vokalen (*Post*) und Konsonanten (*Pfeil*), im Inlaut intervokalisch (*Treppe*), vor Konsonanten (*Apfel*) und nach Konsonanten (*Tulpe*), im Auslaut nach Vokalen (*knapp*), sowie als entstimmtes [b] nach Vokalen und Konsonanten (*grob, gelb*). [b] steht im Anlaut vor Vokalen und stimmhaften Konsonanten (*bei, blau*), im Inlaut intervokalisch (*geben*) und nach Konsonanten (*gelbe*). Die Doppelkonsonanz gibt die Kürze des vorausgehenden Vokals an (*wabbeln, doppelt*).

14B1 Übung 1–2, S. 190
(Vorgehen wie bei 2B Übung 1–2, S. 18)

14B1 Übung 3–4, S. 191 🖵
(Vorgehen wie bei 9B1 Übung 3–4, S. 29)

Das Gebäck – das Gepäck
(Vorgehen wie bei 0 Übung 1, S. 15)

14B2 Übung 1–2, S. 192
(Vorgehen wie bei 2B Übung 1–2, S. 18)

14B2 Übung 3, S. 193 🖵
(Vorgehen wie bei 9B1 Übung 3, S. 18)

14B2 Übung 4, S. 193
(Vorgehen wie bei 9B1 Übung 5, S. 18)

14B2 Übung 5, S. 193 🖵
Diese Hörübung wird in zwei Phasen durchgeführt: (Vorgehen wie in 2B Übung 4, S. 19)

Bar, Bar, Paar
Bein, Pein, Bein
Bass, Pass, Pass
backen, packen, backen
Raupen, Raupen, rauben
Ober, Oper, Ober
Gepäck, Gepäck, Gebäck
Alpen, Alben, Alpen

14B2 Übung 6–7, S. 193/194
(Vorgehen wie bei 2B Übung 2, S. 18)

14B2 Übung 8, S. 194
Bei den zu unterstreichenden Wörtern wird das *b* am Ende des Wortes wie [p] ausgesprochen (= Auslautverhärtung, vergleiche **Phonetik** oben).

14B2 Übung 9, S. 195
(Vorgehen wie bei 2B Übung 3, S. 19)

Lautsituation, S. 195
(Vorgehen wie bei 2B Lautsituation, S. 19) Normalerweise „blubbert" ein Objekt, wenn es unter die Wasseroberfläche taucht, da die Luft entweicht. Wenn die Sonne „im Meer versinkt", ist das natürlich nicht so. Hier lässt uns der Graphiker schmunzeln.

14B3 Übung 1, S. 196
(Vorgehen wie in 9B1 Übung 5, S. 30)

14B3 Übung 2. S. 196 🖵
Diese Hörübung wird in zwei Phasen durchgeführt: (Vorgehen wie in 2B Übung 4, S. 19)

Pfand, Pfand, fand
Fahl. Pfahl, fahl
Pfund, Fund, Pfund
fehlen, empfehlen, fehlen
empfinden, finden, empfinden
Pfirsich, Fisch, Pfirsich

14B3 Übung 3, S. 196
(Vorgehen wie bei 2B Übung 2, S. 18)

Methodische Hinweise zu Kapitel 15

Lernziel:
Die Sprechimpulse und Redemittel in diesem Kapitel sollen die KT befähigen, die Währung, Maße und Gewichte in Deutschland kennen zu lernen und den Preis von Dingen beim Einkaufen zu erfragen. Außerdem geht es um die Buchstaben K/k, G/g und QU/qu.

15A, S. 197
Mündlicher Einstieg:
Die KL projiziert das Arbeitsblatt 15A über OHP an die Wand und fragt: *Was sehen Sie in dem Einkaufswagen?* Mögliche Antwort: *Brot, Bananen, Wein* usw. Weitere mögliche Fragen: *Wie viel kostet eine Banane in Deutschland? Wo ist der Mann?* (Mögliche Antwort: *(Im) Supermarkt.*) *Und was macht er?* (Mögliche Antwort: *kauft ein.*) *Was passiert an der Kasse? Was sagt die Frau? Was tut er?* (Vorgehen wie bei 9A Bildgeschichte, S. 29)

15A Übung 1, S. 198
1. Zur Vorbereitung des Kapitels haben wir in der Erprobungsphase unsere KT mit einer Liste in verschiedene Geschäfte geschickt und Preisvergleiche anstellen lassen. Andernfalls bereitet die KL eine Liste der aktuellen Preise für die aufgeführten Lebensmittel vor.
2. Die KL projiziert nun das Arbeitsblatt über OHP und liest die Preisschilder vor. Die KT wiederholen im Chor und einzeln.
3. Dann teilt die KL das kopierte Arbeitsblatt aus. Nun lesen die KT bzw. die KL die aktuellen Preise vor, die KT fügen die Preise in die Liste.

15A Übung 2, S. 199
1. Die KT messen in Gruppen oder zu zweit an Hand von Linealen bzw. Zollstöcken oder Metermaßen die Höhe, Breite und Länge von Dingen in ihrem Klassenraum: Tische, Fenster, Türen usw. Die KL hilft und erklärt dabei die Maße.
2. Die KL schreibt an der Tafel (oder auf OHP bzw. auf eine Pinwand) eine Liste auf, in der die vermessenen Dinge (Beispiel: Tisch=…m, Fenster=…m) aufgeführt sind. Dort tragen die KT die Maße ein.

15A Übung 3, S. 200
Hier empfiehlt es sich, die Übung zunächst auf dem OHP zu beginnen und die Zuordnungen gemeinsam mündlich zu erarbeiten. Dann arbeiten die KT zu zweit oder in Einzelarbeit.

15A Übung 4, S. 201
Auch diese Übung sollte zunächst auf OHP mündlich bearbeitet werden. Dann schreiben die KT ihre Sätze in Partnerarbeit in die vorgesehenen Linien.

15A Übung 5, S. 202
1. Die KL projiziert das Arbeitsblatt mit der Übung 5 über OHP bzw. zeigt die Münzen und kleinen Scheine im Original.
2. Sie beginnt die Zuordnungsübung auf OHP und löst mit den KT die erste Aufgabe gemeinsam.
3. Nach der mündlichen Besprechung der Übung werden die kopierten Arbeitsblätter ausgeteilt. Die KT ergänzen die Wörter in Einzelarbeit.

15B Übungen zum Alphabet: die Buchstaben K/k, G/g und Qu/qu, die Konsonanten [k] und [g]

Phonetik:
Teil 15B behandelt die Unterscheidung zwischen dem stimmlosen, mit starkem Atemstrom ausgesprochenen Verschlusslaut [k] und dem stimmhaften, schwachen Verschlusslaut [g]. Bei der Bildung beider Konsonanten ist die Hinterzunge am Hartgaumen (velar). Von der Aussprache her gesehen unterscheiden sich die beiden Konsonanten also im Merkmal: stimmlos/stark und stimmhaft/schwach. Für die Verschriftung und die Wortposition gelten folgende Regeln: [k] wird verschriftet mit K/k, ck, g am Wortende (= Auslautverhärtung). [g] wird verschriftet mit G/g, gg. [k] steht im Anlaut vor Vokalen und Konsonanten (*kann, klein*), im Inlaut intervokalisch (*Luke*) bzw. in den meisten Fällen nach kurzen Vokalen: *Decke*. Die Schreibung ck entspricht *kk*, der Doppelkonsonanz bei [t] und [p]. Im Inlaut steht [k] ferner nach Konsonanten (*Onkel*), im Auslaut nach Vokalen (*Rock*) und Konsonanten (*krank*) sowie in (*Tag*). [g] steht im Anlaut vor Vokalen (*gelb*) und vor stimmhaften Konsonanten (*grau*), im Inlaut intervokalisch (*Regen* bzw. nach kurzen Konsonanten wie in *Roggen* mit doppelter Schreibung) und nach stimmhaften Konsonanten (*Ärger*).

In 15B3 geht es um die Unterscheidung zwischen dem velaren (siehe oben) Nasal [ŋ] und [ŋk] velarer Nasal + velarer Verschlusslaut wie in *Engel* und *Enkel*. Für die Verschriftung und Wortposition gelten folgende Regeln und Feststellungen: [ŋ] wird verschriftet mit ng. [ŋk] wird verschriftet mit nk. [ŋ] und [ŋk] kommen nicht im Anlaut vor. [ŋ] steht im Inlaut intervokalisch *singen* und vor stimmhaften Konsonanten (*Engel*), im Auslaut nach Vokalen (*eng*). [ŋk] steht im Inlaut intervokalisch (*denken*), im Auslaut nach Vokalen (*krank*).

Bilderrätsel, S. 203
Wörter mit dem Anfangsbuchstaben *G* (1. Zeile) und *K* (2. Zeile)
(Vorgehen wie bei 2B Bilderrätsel, S. 18)

Lautsituation, S. 203
Hier gibt es Beispiele für *klein* und *groß*. (Vorgehen wie bei 2B Lautsituation, S. 19)

15B1 Übung 1–2, S. 204
(Vorgehen wie bei 2B Übung 1–2, S. 18)

15B1 Übung 3–5, S. 205
(Vorgehen wie bei 9B1 Übung 3–5, S. 29)
Übung 3 und 4 auf Kassette/CD.

15B1 Übung 6, S. 206
(Vorgehen wie bei 2B Übung 2, S. 18)

15B2 Übung 1–2, S. 207
(Vorgehen wie bei 2B Übung 1–2, S. 18)

15B2 Übung 3–5, S. 208 ✍
(Vorgehen wie bei 9B1 Übung 3–5, S. 29)
Übung 3 auf Kassette/CD.

15B2 Übung 6, S. 209
(Vorgehen wie bei 2B Übung 3, S. 18)

15B2 Übung 7, S. 219
(Vorgehen ähnlich wie in 2B Übung 4, S. 19). Aber in dieser Übung muss die KL selbst die Wörter vorlesen, sie sind nicht auf Kassette oder CD.

Gabel, Gabel, Kabel
Egge, Ecke, Ecke
Organ, Orkan, Organ
gern, Kern, gern
Karten, Karten, Garten
Gasse, Kasse, Kasse

15B2 Übung 8, S. 210
(Vorgehen wie bei 2B Übung 2, S. 18)

15B2 Übung 9, S. 210
Bei den zu unterstreichenden Wörtern wird das *g* am Ende des Wortes wie [k] ausgesprochen (=Auslautverhärtung, vergleiche Informationen zur Phonetik oben).

15B2 Übung 10, S. 211
(Vorgehen wie bei 2B Übung 2, S. 18)

15B2 Übung 11, S. 211
Die KT arbeiten zu zweit oder in Einzelarbeit und ergänzen die Wörter.

15B3 Übung 1, S. 212
(Vorgehen wie in 15B2 Übung 7, siehe oben.)

singen, sinken, singen
sang, sank, sank
Anger, Anker, Anker
Fink, fing, fing
bang, Bank, bang
Engel, Enkel, Engel
Klinge, Klinke, Klinge
rank, Rang, Rang

15B3 Übung 2, S. 212
(Vorgehen wie in 2B Übung 2, S. 18)

15B3 Übung 3, S. 212
Vorgehen wie in 15B2 Übung 7, vgl. linke Spalte.

Zeiten, Zeiten, Zeitung
Übung, Übung, üben
wohnen, Wohnung, wohnen
Entschuldigung, entschuldigen, Entschuldigung
Richtung, richten, Richtung
bewegen, Bewegung, bewegen
Ordnung, ordnen, Ordnung
ausbilden, Ausbildung, Ausbildung

15B3 Übung 4–5, S. 212/213
(Vorgehen wie in 2B Übung 2, S. 18)

15B4 Übung 1–2, S. 214
(Vorgehen wie in 2B Übung 1–2, S. 18)

15B4 Übung 3, S. 215
(Vorgehen wie in 15B2 Übung 7, vgl. linke Spalte)

kahl, kahl, Qual
Kasten, Quasten, Kasten
Quader, Kader, Quader
verquer, Verkehr, Verkehr
Kelle, Quelle, Quelle
Quitt, Kitt, quitt
Quark, karg, Quark
Quere, Kehre, Kehre

15B4 Übung 4, S. 215
(Vorgehen wie in 2B Übung 2, S. 18)

15B4 Übung 5, S. 215
Hier soll wieder der Umgang mit dem Lexikon geübt werden.
Projizieren Sie die Übung auf OHP und lösen Sie die ersten Fragen durch Unterstreichen der ersten Wörter mit *Qu/qu*. Danach bearbeiten die KT zu zweit die restlichen Wörter. Korrektur über OHP im Plenum.

Methodische Hinweise zu Kapitel 16

Lernziel:
Die Sprechimpulse und Redemittel dieses Kapitels sollen die KT dazu befähigen, sich über Vorlieben und Abneigungen beim Essen zu äußern und andere dazu zu befragen. Außerdem geht es um die Buchstaben *S/s*, *ß*, *Sch/sch*.

16 A, S. 216
Mündlicher Einstieg:
1. Die KL projiziert das Arbeitsblatt 16A über OHP an die Wand. Fragen Sie: (Beispiel) *Wo sind die Leute?* (Mögliche Antwort: *(In der) Mensa, Kantine*) *Worauf warten sie?* (Mögliche Antwort: *Essen*) *Wovon träumen sie? Was bekommen sie?* Die KL bittet dann die KT, am OHP zu zeigen, was sie gerne essen. Geben Sie selbst ein Beispiel vor: *Ich esse gerne Torte und trinke gerne Champagner.*

Zeigen Sie dabei auf die Illustrationen. Dann fragen Sie Ihre KT: *Fatima, was essen und trinken Sie gerne?* Da die KT wahrscheinlich die Wörter nicht kennen, zeigen sie zunächst auf die Illustrationen. Die KL liefert das deutsche Vokabular auf vorbereiteten Kärtchen. Dann fragen Sie der Reihe nach Ihre KT. (Vorgehen wie in 9B Bildgeschichte, S. 29)
2. Verteilen Sie nun eine Illustrierte oder Werbung mit Abbildungen über Lebensmittel. Die KT schneiden sie aus und teilen sie auf in Dinge, die sie gerne essen und solche, die sie nicht gerne essen. Sie arbeiten dabei in Gruppen. Danach finden sie die passenden Wortkärtchen und legen beides zusammen. Die KL geht von Gruppe zu Gruppe und hilft. Schließlich präsentiert jeder das, was er/sie am liebsten isst.

16A Übung 1, S. 217

Zunächst wird die gesamte Übung mit den KT mündlich über OHP erarbeitet. Erst dann können die kopierten Arbeitsblätter ausgeteilt werden. Die KT arbeiten dann zu zweit oder in Einzelarbeit. Korrektur im Plenum über OHP.

16A Übung 2–11, S. 218–224 (Gleiches Vorgehen wie oben)

16B Übungen zum Alphabet: die Buchstaben S/s, ß, Sch/sch, die Konsonanten [s], [z], [ʃ].

Phonetik:

Teil 16B behandelt die Aussprache und Unterscheidung von [s], [z], [ʃ]. Der stimmhafte Reibelaut, bei dem die Luft durch die sich berührenden Schneidezähne strömt [z] unterscheidet sich von dem genauso gebildeten stimmlosen Reibelaut [s] nur durch die unterschiedliche Stimmhaftigkeit. Für die Verschriftung und die Wortposition gelten folgende Regeln: [z] wird verschriftet mit S/s. [s] wird verschriftet mit S/s, ß, ss.
Beide Laute kommen im Anlaut vor und sind in dieser Position (vor Vokalen) nicht bedeutungsunterscheidend: *Sieben* kann also sowohl als [ziːbm] als auch als [siːbm] gesprochen werden. [z] steht im Inlaut intervokalisch und nach stimmhaften Konsonanten (*diese, also*), im Auslaut kommt [z] nicht vor. [s] steht im Inlaut intervokalisch, und hier gilt die Regel, dass nach kurzen Vokalen ss geschrieben wird (*Masse*), nach langen Vokalen ß (*Maße*). Im Inlaut steht [s] auch vor und nach stimmlosen Konsonanten (primär Verschlusslauten: *Wüste, wechseln*), im Auslaut steht [s] nach kurzen und langen Vokalen.

In 16B2 geht es um die Unterscheidung zwischen [ʃ] und [s] wie in *Tasche und Tasse*. Die beiden Reibelaute unterscheiden sich allein dadurch, dass die Vorderzunge bei [ʃ] den harten Gaumen berührt, während [s] mit beiden Schneidezähnen gebildet wird (siehe oben); beide sind stimmlos. [ʃ] wird verschriftet mit Sch/sch, S/s (vor t und p). [ʃ] steht im Anlaut vor Vokalen (*schön*) und Konsonanten. Vor den Verschlusslauten [t] und [p] wird [ʃ] als s geschrieben (*Stein, Spiel*), vor anderen Konsonanten als sch (*schlank*). Im Inlaut steht [ʃ] intervokalisch (*Tasche*), nach Konsonanten (*herrschen*) und vor Konsonanten (*wischte*). Im Inlaut wird st als [ʃt] gesprochen. Im Auslaut steht [ʃ] vor allem nach kurzen Vokalen (*Tisch*) sowie nach Konsonanten (*Mensch*).

16B1 Bilderrätsel, S. 225: (Vorgehen wie bei 2B Bilderrätsel, S. 18)

Lautsituation, S. 225

(Vorgehen wie bei 2B Lautsituation, S. 19)
Hier wird das Geräusch des Wassers beschrieben: Zuerst tropft es, weil der Wasserhahn undicht ist, dann kommt der Installateur und schraubt den Hahn auf. Das Wasser zischt hervor, schließlich rauscht das Wasser mit voller Wucht aus dem Wasserhahn.

16B1 Übung 1–2, S. 226/227
(Vorgehen wie bei 2B Übung 1–2, S. 18)

16B1 Übung 3–4, S. 227 🖨
(Vorgehen wie in 9B1 Übung 3, S. 29)

16B1 Übung 5, S. 228
(Vorgehen wie in 9B1 Übung 5, S. 29)

16B1 Übung 6, S. 228
(Vorgehen wie in 15B2 Übung 7, S. 37)

reißen, reißen, reisen
weiße, Weise, weiße
Muse, Muße, Muße
Hasen, hassen, Hasen
heißer, heiser, heiser
Bußen, Busen, Bußen
weisen, weisen, weißen
wessen, Wesen, Wesen

16B1 Übung 7–8, S. 228/229
Vorgehen wie bei 2B Übung 2, S. 18)

16B1 Übung 9, S. 229 🖨
(Vorgehen wie bei 9B1 Übung 4, S. 29)

16B1 Übung 10, S. 229
(Vorgehen wie in 15B2 Übung 7, S. 37)

Saal, Saal, Zahl
zählen, Seelen, zählen
Zeh, See, See
sieht, zieht, sieht
Zauber, sauber, Zauber
soll, Zoll, soll
reisen, reizen, reisen
kurz, Kurs, Kurs

16B1 Übung 11, S. 229
(Vorgehen wie bei 2B Übung 2, S. 18)

16B2 Übung 1, S. 230 🖨
(Vorgehen wie bei 9B Übung 3, S. 29)

16B2 Übung 2, S. 230
(Vorgehen wie in 15B2 Übung 7, S. 37)

Masse, Masse, Masche
Tasche, Tasche, Tasse
Bus, Busch, Bus
wissen, wischen, wissen
sein, Schein, sein
sieben, sieben, schieben
Asche, Asse, Asche
Sohn, schon, schon

16B2 Übung 3, S. 230
(Vorgehen wie bei 2B Übung 2, S. 18)

16B2 Übung 4, S. 230
(Vorgehen wie bei 9B1 Übung 5, S. 29)

16B2 Übung 5, S. 231
(Vorgehen wie in 2B Übung 3, S. 19)

16B2 Übung 6, S. 232
(Vorgehen wie in 16A Übung 1, S. 37/38)

16B2 Übung 7, S. 232
Die KL liest den Text vor und zeigt auf OHP, wo er/sie liest.

Die KT wiederholen im Chor und einzeln. Zur Erklärung der Wörter ist es am besten, dass die KL die Suppe mit den Zutaten vorbereitet. Dann ist es auch einfach, mit den KT den Einkaufszettel zusammenzustellen.

16B2 Übung 8, S. 233
Die KL lässt die einzelnen Zutaten in dem Rezept unterstreichen und auf Kärtchen schreiben und ordnen. Danach können die KT die Zutaten auf den Einkaufszettel übertragen.

16B2 Übung 9, S. 234
(Vorgehen analog zu 6A Übung 1, S. 24)

16B2 Übung 10-12, S. 233/234
(Vorgehen wie bei 2B Übung 2, S. 18)

16B2 Übung 13, S. 234
Die KL liest die Wörter, die KT lesen nach und wiederholen.

16B2 Übung 14, S. 244
Sie erarbeiten gemeinsam die erste Reihe, dann Partnerarbeit.

16B2 Übung 15, S. 234
(Vorgehen wie in Übungen 13 + 14)

16B2 Übung 16–17, S. 235
(Vorgehen ebenso)

16B2 Übung 18, S. 236
(Vorgehen wie in 2B Übung 2, S. 18)

Methodische Hinweise zu Kapitel 17

Lernziel:
Sprechimpulse und Redemittel in diesem Kapitel sollen die KT befähigen, sich über das eigene Befinden zu äußern und andere danach zu fragen. Außerdem geht es um die Buchstaben *X/x, H/h.*

17 A S. 237
Mündlicher Einstieg:
Die KL projiziert das Arbeitsblatt zu 17A über OHP an die Wand. Stellen Sie Fragen zur Bildgeschichte: (Beispiel) *Wo ist der Mann?* (Mögliche Antwort: *Beim Arzt.*) – *Wie geht es ihm?* (Mögliche Antwort: *Schlecht.*)- *Was tut ihm weh?* (Mögliche Antwort: *Der Hals, der Kopf* usw.) – *Was macht er in Bild zwei?* (Mögliche Antwort: *Er geht zur Apotheke.*) *Was kauft er da?* (Mögliche Antwort: *Medizin, Tabletten, gegen seine Schmerzen, gegen die Erkältung.*) *Was macht er dann* (Bild 3)? (Mögliche Antwort: *Er geht nach Hause, ins Bett.*) – *Wie geht es ihm jetzt? Was träumt er?*

17A Übung 1, S. 238
1. Die KL fragt die KT einzeln, wie es ihnen geht. Wenn es jemandem nicht so gut geht, fragt sie weiter: (Beispiel) *Salima, wie geht es Ihnen heute?* Mögliche Antwort KT: *Nicht gut.* KL: *Haben Sie Schmerzen? Kopfschmerzen, Halsschmerzen* usw. – *Haben Sie Tabletten?*
2. Teilen Sie das kopierte Arbeitsblatt aus, lesen Sie die Sätze in der Übung vor und zeigen dabei, wo Sie lesen. Die KT wiederholen die Sätze im Chor und einzeln. Schließlich bilden die KT Sätze nach gleichem Muster.
3. Eine Reihenübung schließt sich an: *Hanna, hast du Schmerzen?*

17A Übung 2, S. 238
Gleiches Vorgehen wie oben: Die KL liest die Sätze vor usw.
Schließlich schreiben die KT ihre Sätze in Partnerarbeit oder in Einzelarbeit auf die vorgegebenen Zeilen. Korrektur im Plenum über OHP oder durch Einzelüberprüfung der KL.

17B Übungen zum Alphabet: Die Buchstaben X/x, H/h die Konsonanten(-verbindungen) [ɛ], [x], [ks] und [h].

Phonetik
Teil **17B1** behandelt die Unterscheidung zwischen den Reibelauten [ç] und [x] wie in *ich und ach*. Von der Aussprache her gesehen unterscheiden sich die beiden Konsonanten durch die unterschiedliche Zungenstellung: bei [ç] ist die Zunge am Gaumen und bei [x] weiter hinten am Gaumensegel.
Für die Verschriftung und die Wortposition gelten folgende Regeln: Beide Reibelaute werden mit Ch/ch verschriftet. Beide Konsonanten stehen nur im Inlaut und Auslaut. [ç] steht nach den Vokalen [ɪ], [ɛ] (*ich, rechnen*), [x] steht nach den Vokalen [a], [u], [ɔ] (*mach, Buch, doch*) .
17B2 Die Affrikate [ks] (Verbindung eines Verschlusslautes mit einem Reibelaut, der an der gleichen bzw. unmittelbar benachbarten Stelle gebildet wird). [ks] wird verschriftet mit *X/x, ch* (vor Konsonanten) und *ks* wie *Xaver, Hexe, wechseln* und *Keks*. [ks] steht nur im Inlaut und Auslaut.
17B3 Der Konsonant [h] wird verschriftet mit *H/h*. [h] steht vor allem im Anlaut vor Vokalen (*Hand*), selten intervokalisch (*aha*), abgesehen von Komposita wie *anhalten*. Achtung! Der Buchstabe *h* zeigt im Wortinneren in den meisten Fällen die Dehnung von Vokalen an.

17B1 Übung 1–2, S. 239 ✏
(Vorgehen wie bei 9B1 Übung 3, S. 29)

17B1 Übung 3, S. 239
(Vorgehen wie bei 9B1 Übung 5, S. 29)

17B1 Übung 4, S. 240
(Vorgehen wie in 2B Übung 4, S. 19)

wichen, wischen, wichen
Löscher, Löcher, Löcher
Kirsche, Kirche, Kirsche
Menschen, Männchen, Menschen
herrschen, Herrchen, herrschen
Gicht, Gischt, Gischt

17B1 Übung 5, S. 240
(Vorgehen wie bei 2B Übung 2, S. 18)

17B1 Übung 6–8, S. 240/241
Diese Übungen sollten zunächst auf OHP mündlich bearbeitet werden. Dann ergänzen die KT die Wörter zu zweit oder in Einzelarbeit in den vorgesehenen Linien.

17B1 Übung 9, S. 242
(Vorgehen wie in 2B Übung 2, S. 18)

17B1 Übung 10, S. 243
Auch diese Übung sollte zunächst auf OHP mündlich bearbeitet werden. Dann werden die kopierten Arbeitblätter ausgeteilt und die KT ergänzen die Wörter zu zweit oder still in den vorgesehenen Linien. Korrektur über OHP im Plenum.

17B2 Übung 1–2, S. 244
(Vorgehen wie bei 2B Übung 1–2, S. 18)

17B2 Übung 3–4, S. 245 📻
(Vorgehen wie bei 9B1 Übung 3 und 5, S. 29)
Übung 3 auf Kassette/CD.

17B3 Übung 1–2, S. 246
(Vorgehen wie bei 2B Übung 1–2, S. 18)

17B3 Übung 3, S. 247 📻
(Vorgehen wie bei 9B1 Übung 3, S. 29)

17B3 Übung 4, S. 247
(Vorgehen wie bei 2B Übung 3, S. 19)

Lautsituation, S. 245
(Vorgehen wie bei 2B Lautsituation, S. 19) Hier können Sie mit Ihren KT das Lachen in Varianten ausprobieren.

17B3 Übung 5–6, S. 248
(Vorgehen wie bei 9B1 Übung 5, S. 29)

17B3 Übung 7, S. 248
(Vorgehen wie bei 2B Übung 2, S. 18)

17B3 Übung 8, S. 249
1. Vorbereitung zunächst über OHP mündlich. Die KT bereiten die Szenen in Gruppen vor und spielen sie schließlich vor der Klasse.
2. Die Texte werden dann gemeinsam mit dem KL an der Tafel zusammengefasst.
3. Die kopierten Arbeitblätter werden ausgeteilt und die KT schreiben ihren eigenen Text auf der Grundlage der Beispiele an der Tafel.

Methodische Hinweise zu Kapitel 18

Lernziel:
Sprechimpulse und Redemittel sollen die KT mit verschiedenen Versionen der lateinischen Schrift bekannt machen und deren Funktionen zeigen.

18A, S. 250 + 251
Mündlicher Einstieg:
1. Die KL projiziert das Arbeitsblatt 18A über OHP an die Wand. Fragen Sie Ihre KT, ob sie die Schriften kennen und sagen können, woher die Schriften kommen: *Wer kann lesen, was auf den Ausschnitten steht?* Vielleicht können die KT die Abschnitte langsam vorlesen und dabei zeigen, wo sie lesen. Alle anderen versuchen im Chor und einzeln die Abschnitte nachzusprechen. Eine Diskussion über die Verbindung von Aussprache und Schreibweise schließt sich an. Wird jeder Laut als Buchstabe in der Schrift repräsentiert?

18A, S. 252
2. Sie projizieren das nächste Arbeitsblatt mit verschiedenen lateinischen Schriften über OHP. Lesen Sie die Texte in Abschnitten langsam vor und zeigen Sie, wo Sie lesen.

18B Übung 1, S. 253
Hier empfiehlt es sich, das Formular zunächst auf den OHP zu legen und die Lösung gemeinsam mündlich zu erarbeiten. Erst danach teilen Sie das kopierte Arbeitsblatt

aus. Die KT füllen das Formular mit ihren individuellen Informationen in Partnerarbeit aus. Kontrolle einzeln durch KL.

18B Übung 2, S. 254 (Verfahren wie oben beschrieben)

18B Übung 3, S. 254
Die KT lesen die Postkarte zuerst in Partnerarbeit und stellen Fragen, wenn sie etwas nicht verstehen. Dann übertragen sie den Text in den Postkartenvordruck. Als Hausaufgabe schreiben die KT ihre eigene Postkarte (ggf. echte Karten oder nochmalige Kopie des Arbeitsblatts.)

18B Übung 4, S. 255
Der handschriftliche Brief dient als Vorlage für die Abschreibübung. Zunächst soll der Brief, wenn möglich von den KT still gelesen werden. Wenn der Inhalt verstanden wurde, können die KT den Brief auf ein Extrablatt abschreiben. Fortgeschrittene Gruppen können hier einen frei verfassten Brief als Hausaufgabe schreiben. Die Briefe werden vom KL eingesammelt und korrigiert.

S. 256
Dieses letzte Arbeitsblatt zeigt, dass das Lernziel des vorliegenden Materials erreicht ist, wenn aus der Person mit dem Fragezeichen im Kopf ein kommunikativer Zeitgenosse geworden ist, der anderen den Weg zeigen kann.

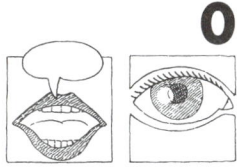

Teil 2: Kopiervorlagen für Arbeitsblätter

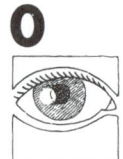

1 Was ist anders?

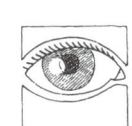 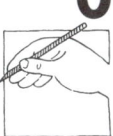

2 Finden Sie den Weg:

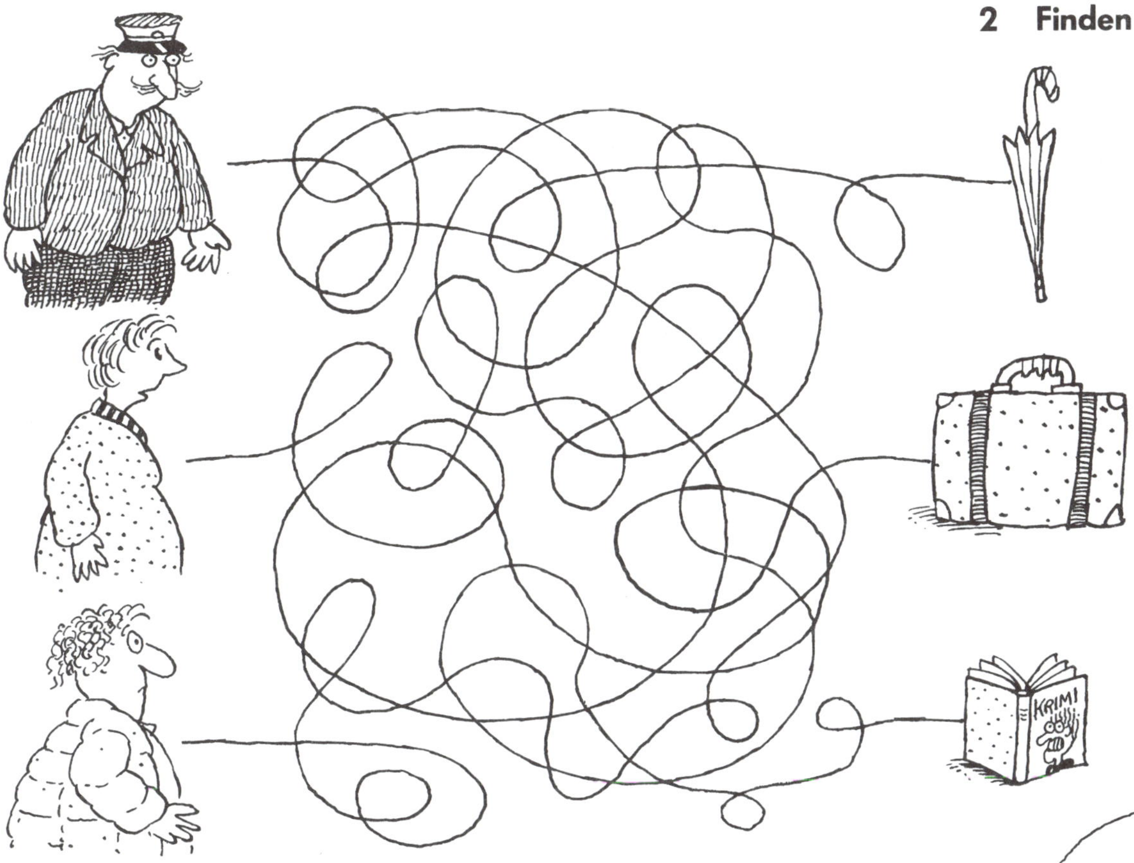

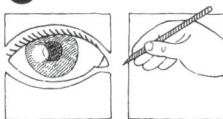

3 Die Zahlen

Die Zahlen in Ihrer Schrift?

Die Zahlen

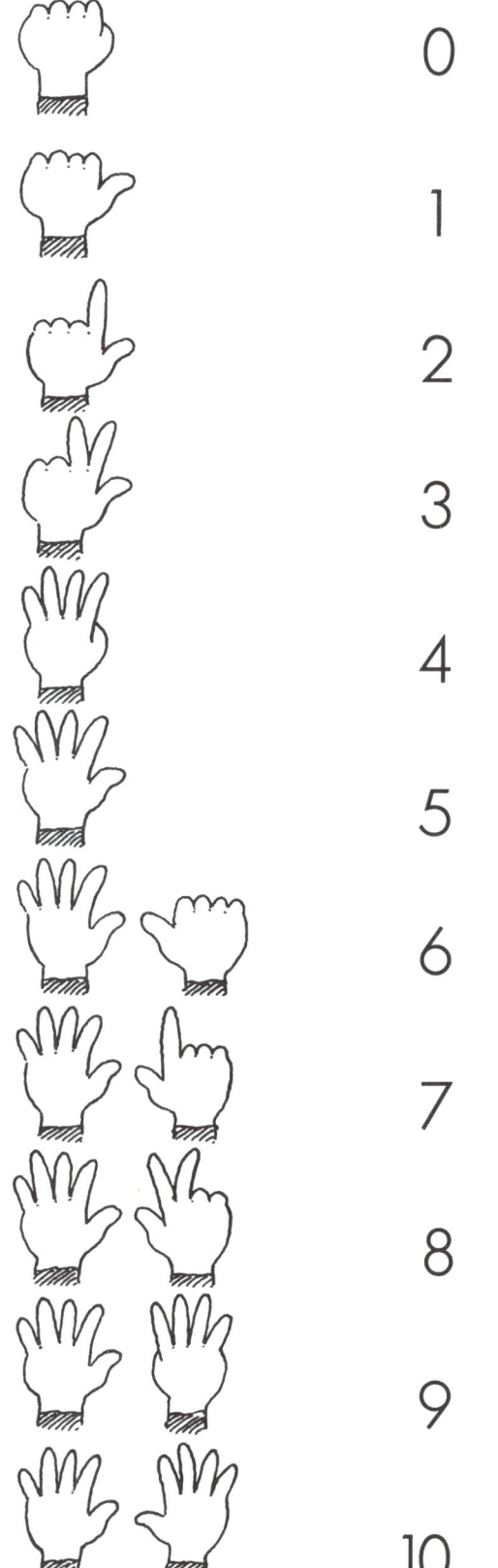

0

1

2

3

4

5

6

7

8

9

10

1 1 1 1 1 1 1 1 1 1 1 1 1 1 1 1 1 1 1 1 1 1 **4 Ergänzen Sie:**

1 ―――――――――――――――――――――

2 2 2 2 2 2 2 2 2 2 2 2 2 2 2 2 2 2 2 2 2

2 ―――――――――――――――――――――

3 3 3 3 3 3 3 3 3 3 3 3 3 3 3 3 3 3 3 3 3

3 ―――――――――――――――――――――

4 4 4 4 4 4 4 4 4 4 4 4 4 4 4 4 4 4 4 4 4

4 ―――――――――――――――――――――

5 5 5 5 5 5 5 5 5 5 5 5 5 5 5 5 5 5 5 5 5

5 ―――――――――――――――――――――

6 6 6 6 6 6 6 6 6 6 6 6 6 6 6 6 6 6 6 6 6

6 ―――――――――――――――――――――

7 7 7 7 7 7 7 7 7 7 7 7 7 7 7 7 7 7 7 7 7

7 ―――――――――――――――――――――

0

8 8888888888888888888

8 ———————————————————

9 999999999999999999

9 ———————————————————

0 0000000000000000000

1 2 3 4 5 6 7 8 9 10

1 ———————————————————

10 9 8 7 6 5 4 3 2 1

———————————————————

———————————————————

———————————————————

———————————————————

———————————————————

———————————————————

———————————————————

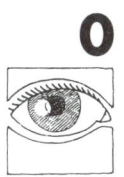

5 Ordnen Sie die Zahlen den verschiedenen Mengen zu:

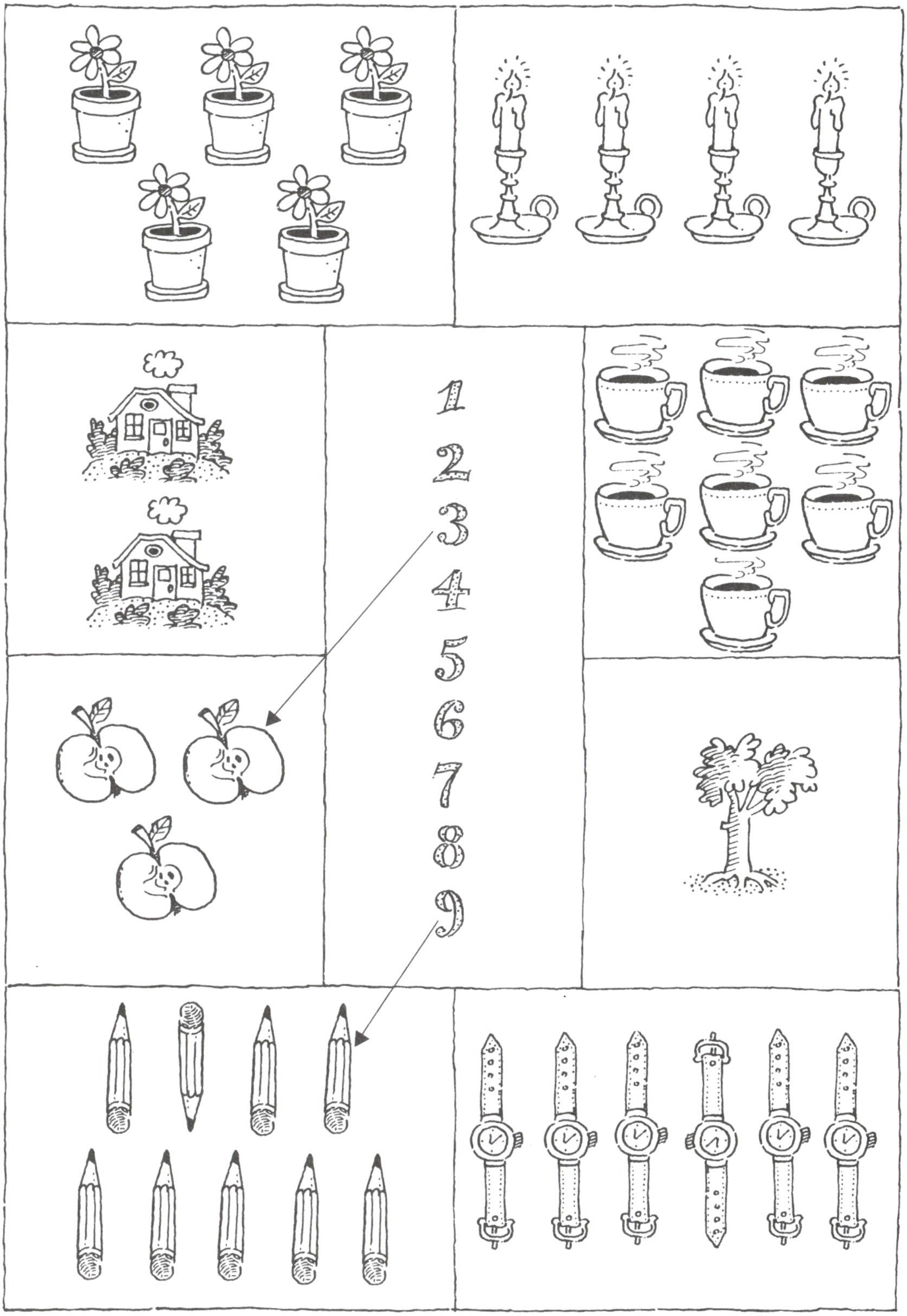

1
2
3
4
5
6
7
8
9

0

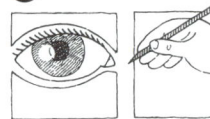

6 Wie viele?

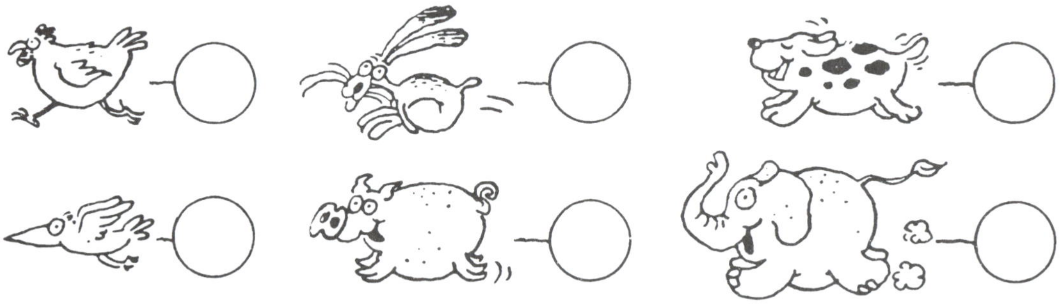

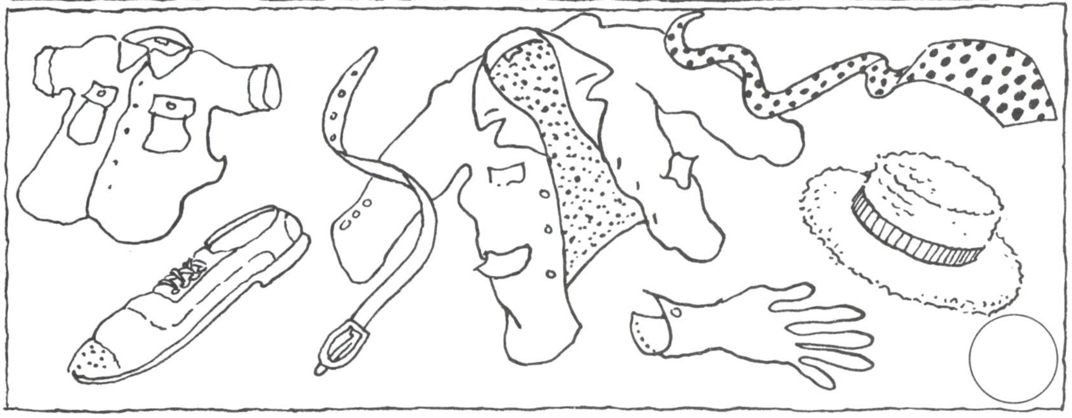

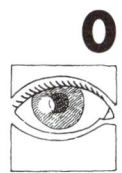

7 Zählen Sie!
Wo sind gleich viele
Dinge?

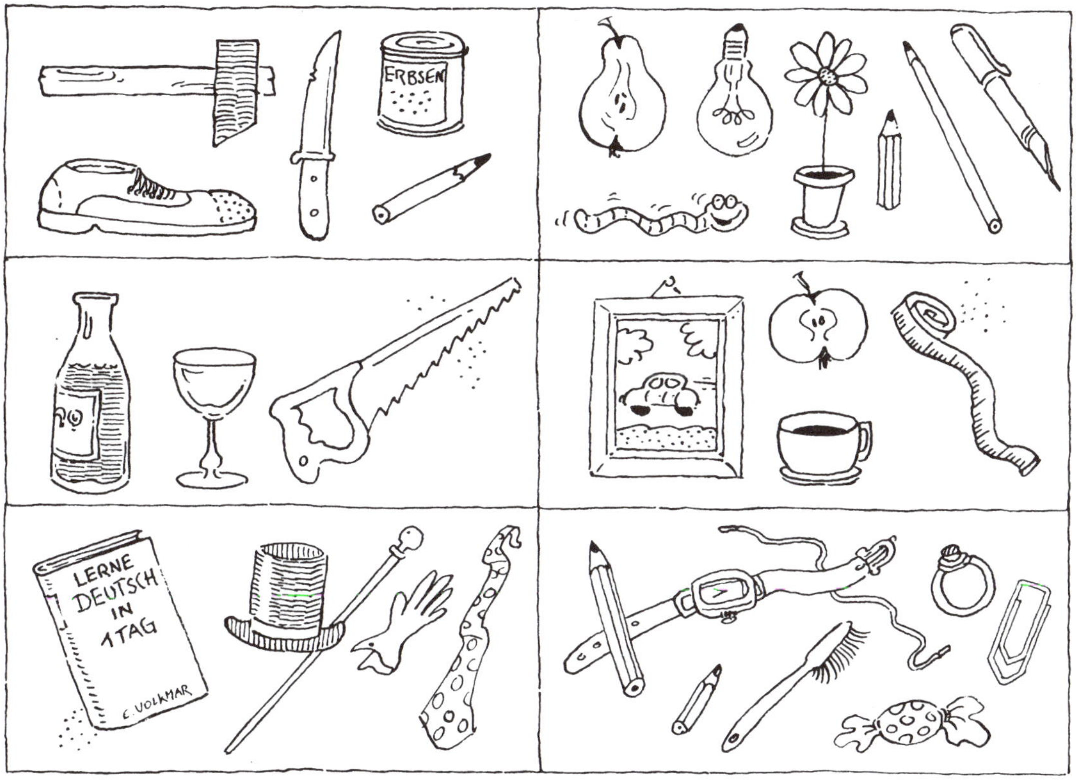

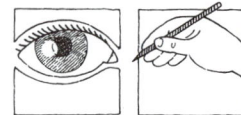

8 Ergänzen Sie:

0	1	2	3	4	5	6	7	8	9
10	11	12		14		16		18	
20	21		23				27		
30					35				
40									
50					55				
		62							
							76		
									89
	91								
100									

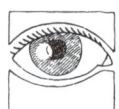

9 Was ist gleich?

12	21 72	(12) 13	22 19	12 12	21 21	21 12	27 12	12 21
345	435 345	345 453	543 534	345 345	435 346			534 345
678	768 876	768 678	678 876	876 886	678 678			768 786
9876	9876 9876	8679 9876	7689 6987	9876 8769				8769 9879

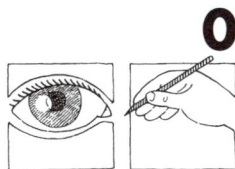

10 Schreiben Sie in Zahlen:

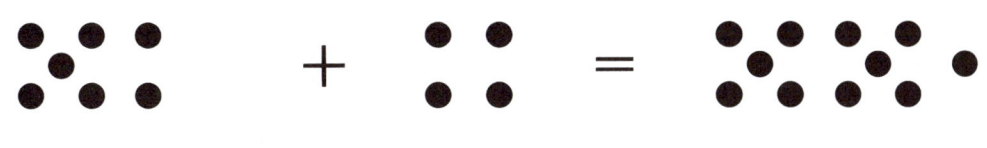

$$6 + 4 = 10$$

___

___

___

___

___

___

___

___

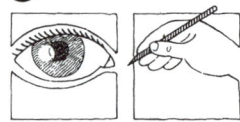

11 Ergänzen Sie die Reihen:

3	6	9	12	15	<u>18</u>	<u>21</u>
1	8	15	22	29	___	___
73	64	55	46	37	___	___
1	2	4	8	16	___	___
3	4	6	9	13	___	___
29	31	30	32	31	___	___
6	1	8	3	10	___	___
2	3	6	7	14	___	___
90	88	84	78	70	___	___
2	15	28	41	54	___	___
4	16	8	32	16	___	___

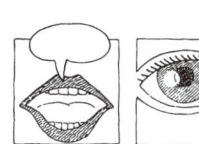
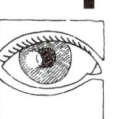

Das Alphabet

Die Buchstaben in unserer Schrift			Die Namen der Buchstaben	Die Buchstaben in Ihrer Schrift?
A	a		A	
		Ä ä	Ä	
B	b		Be	
C	c		Tse	
		Ch ch	Tse Ha	
D	d		De	
E	e		E	
F	f		Eff	
G	g		Ge	
H	h		Ha	
I	i		I	
J	j		Jott	
K	k		Ka	
L	l		Ell	
M	m		Emm	
N	n		Enn	
O	o		O	
		Ö ö	Ö	
P	p		Pe	
Qu	qu		Ku	
R	r		Err	
S	s	ß	Ess Ess Tsett	
		Sch sch	Ess Tse Ha	
T	t		Te	
U	u		U	
		Ü ü	Ü	
V	v		Fau	
W	w		We	
X	x		Iks	
Y	y		Üpsilon	
Z	z		Tsett	
Ai	ai		Ai	
Au	au		Ao	
Äu	äu		Oi	
Ei	ei		Ai	
Eu	eu		Oi	

Die Vokale:
A a E e I i O o U u

Die Diphthonge:
Ai ai Au au Ei ei Eu eu
Äu äu

Die Umlaute:
Ä ä Ö ö Ü ü

Die Konsonanten:
B b C c D d F f G g
H h J j K k L l M m
N n P p Q q R r S s ß
T t V v W w X x Y y
Z z

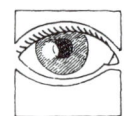

Das Alphabet

Die Buchstaben:	Die Lautschrift und Beispielwörter:
A a	[aː] lang (Aal); [a] kurz (All)
Ä ä	[ɛː] lang (Väter); [ɛ] kurz (Männer)
B b	[b] (Ball)
C c	
ch	[x] (ach); [ç] (ich)
D d	[d] (du)
E e	[eː] lang, geschlossen (Beet); [ɛ] kurz, offen (Bett); [ə] (bitte)
F f	[f] (Fisch)
G g	[g] (gut)
H h	[h] (Hand)
I i	[iː] lang (ihm); [ɪ] kurz (im)
J j	[j] (ja)
K k	[k] (kommen)
L l	[l] (lang)
M m	[m] (Mutter)
N n	[n] (Name)
O o	[oː] lang (Ofen); [ɔ] kurz (offen)
Ö ö	[øː] lang (Löwe); [œ] kurz (Löffel)
P p	[p] (Post)
Qu qu	[kv] (Quadrat)
R r	[r] (rot)
S s ß	[s] stimmlos (Tasse); [z] stimmhaft (Nase)
Sch sch	[ʃ] (schon)
T t	[t] (Tag)
U u	[uː] lang (Uhr); [ʊ] kurz (und)
Ü ü	[yː] lang (Hüte); [ʏ] kurz (Hütte)
V v	[v] stimmhaft (Vase); [f] stimmlos (Vater)
W w	[v] (wie)
X x	[ks] (Taxi)
Y y	[y] (Typ)
Z z	[ts] (Zahl)
Ai ai	[aɪ] (Mai)
Au au	[aɔ] (Auto)
Äu äu	[ɔɪ] (Häuser)
Ei ei	[aɪ] (bei)
Eu eu	[ɔɪ] (neu)

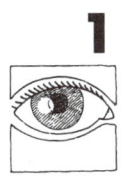

A B C D E F G H I J K L M N O P Q R S T U V W X Y Z

a b c d e f g h i j k l m n o p q r s t u v w x y z

2 Welcher große Buchstabe gehört zu welchem kleinen Buchstaben?

Guten Tag, ich heiße Schmitt. Wie ist Ihr Name?
Ich bin Ibrahim Fadli. Auf Wiedersehen.

3 Unterstreichen Sie bitte alle großen Buchstaben:

an	am	im	im	ge	ge	be	de	ab	aß	**4**	Welche Buchstaben-
st	st	ab	da	qu	gu	ai	al	an	au		gruppen sind gleich?
au	au	eu	en	ab	äb	kl	kl	zu	zu		

sch	sch	aus	ans	zum	zun	ein	in
was	was	als	ais	der	der	dir	dir
die	dei	das	das	ihm	imh	nun	um

AWD	AVD	ABR	ABR	DSG	DSG	WDR	WDR
MVV	MVV	MDB	DBM	AOK	OAK	FDP	FPD
CDG	CDG	SPD	SPD	CDU	CSU	KLM	KLM

sind	sind	seit	seid	sing	sing	will	wilt
aufs	auls	raus	raus	mach	nach	kann	kann
rund	runb	hast	habt	zoll	soll	bist	bitt

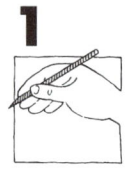

5 Bitte schreiben Sie
nach:

Quelle: Lehrplan für die Grundschule, 1. bis 4. Jahrgangsstufe,
Verlag J. Maiß, München, S. 49 (Maiß-Verlagsnr. 4331)

6 Bitte schreiben Sie
alle großen
Buchstaben in die
Kästchen:

A								

7 Bitte schreiben Sie
alle kleinen
Buchstaben in die
Kästchen:

a				f			
	ß						

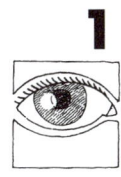

E E F T T T E E F F F T E E

E T T T F F T E T F F T T E E

F F F E E T E T T T E E F F F **8**

Schreiben Sie die Buchstaben farbig nach.
z. B. E = rot, F = blau, T = grün

Wie viele E? _____   Wie viele F? _____
Wie viele T? _____

V V W W W M M N N N U U V U U **9**

U U M M N M W W V U N W M U W

N N N M W U V U U W N M V W U

Wie viele U? _____   Wie viele V? _____
Wie viele W? _____   Wie viele M? _____
Wie viele N? _____

B B D D B R R P P D B R R P P P **10**

P P R B D D B B P R B P D P P B

D R B B R D P P B R D B B P P R

Wie viele B? _____   Wie viele D? _____
Wie viele P? _____   Wie viele R? _____

H H K K K X X X X H H K K H H **11**

H K X X H K K K H H X X X H H H

K K K H X H K K K H X K K H X X

Wie viele H? _____   Wie viele K? _____
Wie viele X? _____

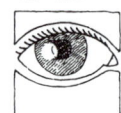

12

S S Z Z S Z S Z Z Z S S S S Z

S Z Z S Z Z S Z Z S S S S Z Z S

2 5 2 2 S Z 2 5 2 S Z Z 2 S 5 Z

Wie viele S? _____ Wie viele Z? _____
Wie viele 2? _____ Wie viele 5? _____

13

b q d d p q q b b b p q b q b

q q d p p d b b d p q b d d p

b b d q p q q d d p d b b d p

Wie viele q? _____ Wie viele d? _____
Wie viele p? _____ Wie viele b? _____

14

v v m m n u u n w n w v m m

v m w n n u w v w w m m n u

u u w n u m w w w v m u n n w

Wie viele m? _____ Wie viele n? _____
Wie viele u? _____ Wie viele v? _____
Wie viele w? _____

15

t l f t t l f f l l t t j

l f j f t l t t j f j l l

l f f j t t t l l j f l f f

Wie viele f? _____ Wie viele j? _____
Wie viele l? _____ Wie viele t? _____

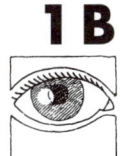

S Z Z S Z S S Z Z Z S Z S S S **16**

Z S S Z Z S Z S Z S Z S S S Z Z

S S Z Z Z S Z S S S Z S S S S Z

Wie viele s? _____ Wie viele z? _____

ABDEGHIKLMOPRSTUWXYZ

17 Welche Buchstaben fehlen?

abcedfgihjknmloqprtsuwvxyz

18 Welche Buchstaben stehen falsch?

1 abcd	4 mnpo	7 wxyz
2 efgh	5 qrst	8 bced
3 jikl	6 vwux	9 fghi

19 In welcher Gruppe stehen die Buchstaben in falscher Reihenfolge?

__ B C D __ F G H __ J K L M

N __ P Q R S T __ V W X Y Z

20 Ergänzen Sie die fehlenden Buchstaben:

Wie heißen die unterstrichenen Buchstaben?

_____

_____

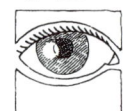

21 Ergänzen Sie die fehlenden Buchstaben:

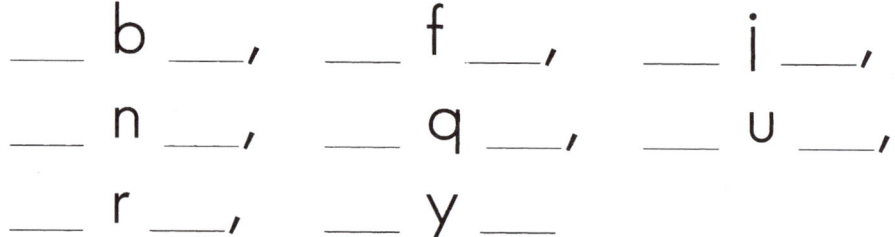

A __ __ __ E __ __ __ I __ __ __ __

__ O __ __ __ __ U __ __ __ __

Wie heißen die unterstrichenen Buchstaben?

_____

_____

22 Welche Buchstaben stehen vor und hinter den angegebenen Buchstaben?

__ b __, __ f __, __ j __,

__ n __, __ q __, __ u __,

__ r __, __ y __

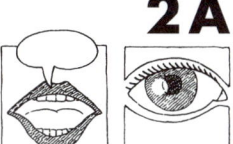

Sind Sie Ibrahim Fadli?
Guten Tag, ich bin Frau Schmitt.
Irmi Schmitt.

Mein Name ist Irmi Schmitt.
Ich buchstabiere: I-r-m-i S-c-h-m-i-t-t.

Wie ist Ihr Name?
Wie heißen Sie?
Heißen Sie Ibrahim Fadli?
Ich buchstabiere: I-b-r-a-h-i-m F-a-d-l-i.
Ist das richtig?

 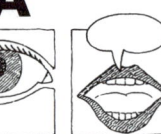
Name (bei Ehefrauen auch Geburtsname). Nom (pour les femmes, indiquer aussi le nom de jeune fille) Name (in the case of married women state also maiden name) Schmitt	
Vornamen / Prénoms / Christian names Irmi	
Geburtstag / Date de naissance / Date of birth 07.08.1948	
Geburtsort (Land, Kreis) / Lieu de naissance / Place of birth Berlin	
Größe / Taille / Height 170 cm	
Farbe der Augen / Couleur des yeux / Colour of eyes braun	
Unveränderliche Kennzeichen Signes particuliers / Unchanging marks keine	
Nr. G 8116888	

Irmi Schmitt

Unterschrift des Inhabers / Signature du titulaire / Signature of bearer

Nr. G 8116888

Ich heiße Ich bin Mein Name ist	Schmitt. Irmi Schmitt. Frau Schmitt. Fadli. Ibrahim Fadli. Herr Fadli.
Sind Sie	Ibrahim Fadli? Ibrahim? Herr Fadli? 24 Jahre alt? ledig? verheiratet?
Ja, ich bin	Ibrahim Fadli. 24 Jahre alt. ledig.
Nein, ich bin nicht	Ali. 20 Jahre alt. verheiratet.

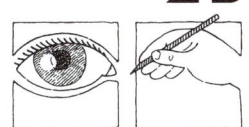

↓

ABCDEFGHIJKLMNOPQRSTUVWXYZ

abcdefghijklmnopqrstuvwxyz

↑

I

HJIDEIFHJKILMINJKITUYKLIMINTJ

IDEIPÜVIXYIPJHJIDEIFHJKILMINJKI

1 Schreiben Sie den Buchstaben I und i nach.

i

öijbfilhijqrüvtinjhliefgijefikjirsüvimlikj

hähikjöiöijbfilhijqrüvtinjhliefgijefikjir

Ibrahim   ich

Irmi   bin

Institut   Irmi

Das große I steht nur am Anfang eines Wortes. Das kleine i kann am Anfang, im Innern und am Ende eines Wortes stehen.

I _____

_____

i • • _____

_____

I oder i

Sᵢnd Sᵢe ᵢbrahᵢm Fadlᵢ

aus Trᵢpolᵢs?

ᵢch bᵢn Frau ᵢrmᵢ Schmᵢtt.

2 Ergänzen Sie:

Lösung

Sind Sie Ibrahim Fadli

aus Tripolis?

Ich bin Frau Irmi Schmitt.

2B

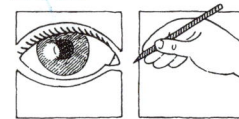

3 Schreiben Sie die
Wörter in die
Kästchen:

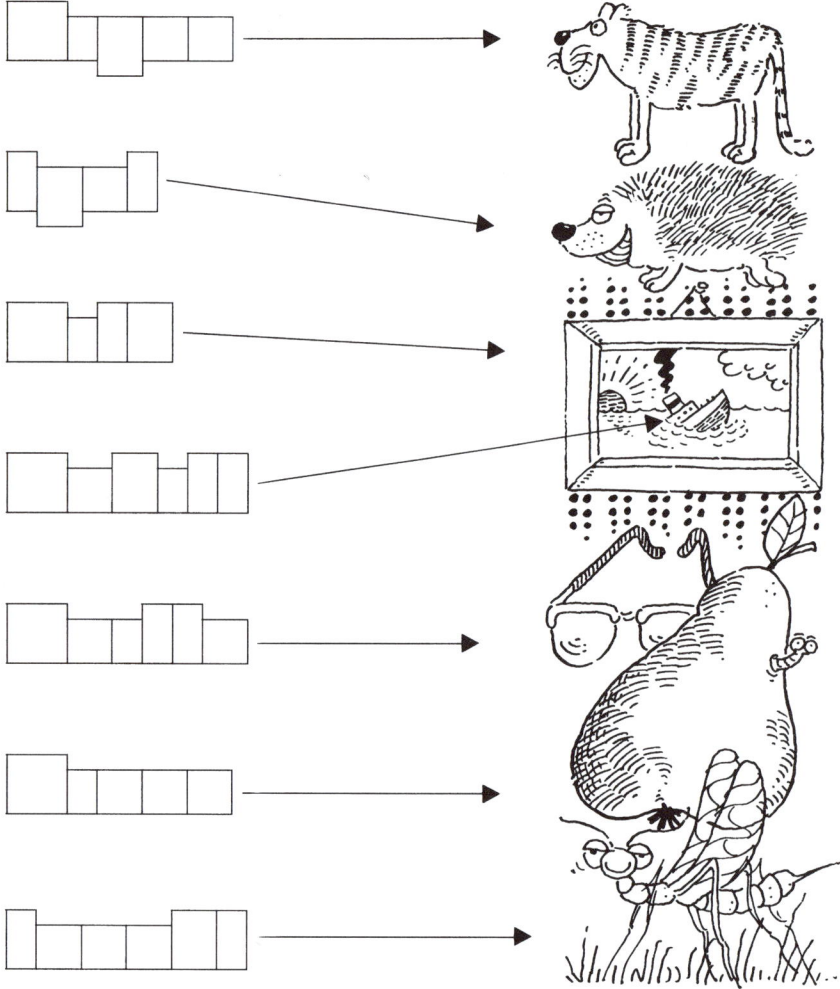

das Bild (3)
die Birne (6)
die Brille (5)
der Igel (2)
das Insekt (7)
das Schiff (4)
der Tiger (1)

 *Index 2 + 3*

4 **Hörübung:**
langes [iː] (ihm) oder
kurzes [ɪ] (im)?

a) Welche Wörter sind gleich?
b) Wann hören Sie langes [iː] (ihm)?
c) Wann hören Sie kurzes [ɪ] (im)?

 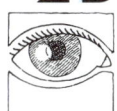

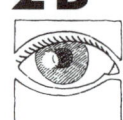

Biene, hier, Igel, ihn, ihr, sie,
Tiger, Vieh, viel, wie, wieder

langes $[\text{i:}]$ **I/i**
             ie
             Ih/ih
             ieh

kurzes $[\text{ɪ}]$ **I/i**

Bild, Birne, bitte, Brille, in,
Insekt, ist, mit, nicht, sind

5   Bitte ergänzen Sie:
Lösung

Sind Sie Irmi?

Wie bitte?

Ich bin nicht Frau Schmitt.

I/i oder ie?

S_nd S_ _rm_?
W_ b_tte?
_ch b_n n_cht Frau Schm_tt.

6
Lösung

Ihr, bitte, in, ihn, ledig

I/i oder Ih/ih?

_r, b_tte, _n, _n, led_g

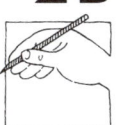

I/i oder ie oder Ih/ih?

W_ _st _r Name b_tte?
_ch b_n _rm_ Schm_tt.
Das _st r_cht_g.

7
Lösung

Wie ist Ihr Name bitte?

Ich bin Irmi Schmitt.

Das ist richtig.

Index 4

Welche Äußerungen sind gleich?

O   O   O
O   O   O
O   O   O
O   O   O

8
Lösung

Ja?   Ja!   Ja?

Nein!   Nein?   Nein?

Bitte?   Bitte!   Bitte!

Richtig! Richtig? Richtig?

Index 5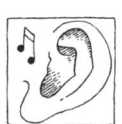

Wann hören Sie eine Frage?

O   O   O
O   O   O
O   O   O
O   O   O

9
Lösung

Ja?   Ja?   Ja!

Nein!   Nein?   Nein?

Bitte?   Bitte!   Bitte?

Richtig? Richtig? Richtig!

2 B

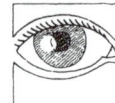 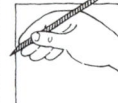

10 Unterstreichen Sie die Vokale und schreiben Sie sie ab:

 *Index 6*

11 Welcher Vokal ist am stärksten betont?

N(a)me
⎯(a)⎯–⎯e⎯

Name   a – e

Nachname

Vorname

Institut

Alphabet

Buchstabe

buchstabieren

Vokal

Konsonant

bitte

ledig

richtig

12 Schreiben Sie Ihren Namen in lateinischer Schrift.

13 Schreiben Sie den Namen Ihrer Lehrer und Lehrerinnen in lateinischer Schrift von der Tafel ab.

Ich komme aus Deutschland.
Woher kommen Sie?

Ich komme aus _____

Ich wohne in Bonn.
Wo wohnen Sie?

Ich wohne in _____

Ich wohne in der Bahnhofstraße 35.
Wo wohnen Sie?

Ich wohne in der _____
Ich wohne am _____

Herr Fadli,
bitte kommen Sie mit.
Bitte kommen Sie mit zum Bus.
Bitte kommen Sie mit zum Institut.

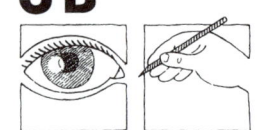

A B C D E F G H I J K L M N O P Q R S T U V W X Y Z

a b c d e f g h i j k l m n o p q r s t u v w x y z

1 **Schreiben Sie den Buchstaben O/o nach.**

O OBDOQRUOPSDOGJOÖBÖC
B680CQÖOURGDAOBOCOD

o opöcaosdogojöoureoqaöoeaop
qoduhobqoösaocopöcaosdogoj

Wo steht der große Buchstabe O?

Wo steht der kleine Buchstabe o?

Ofen

Ohr

oft

wohnen

kommen

Marokko

wo

O oder o

Ich k⬚mme aus Deutschland.
W⬚her k⬚mmen Sie?
Ich k⬚mme aus Mar⬚kk⬚.
Ich w⬚hne in B⬚nn.
W⬚ w⬚hnen Sie?
Ich w⬚hne in W⬚lfsburg.

2 Bitte ergänzen Sie:

Lösung

Ich komme aus Deutschland.

Woher kommen Sie?

Ich komme aus Marokko.

Ich wohne in Bonn.

Wo wohnen Sie?

Ich wohne in Wolfsburg.

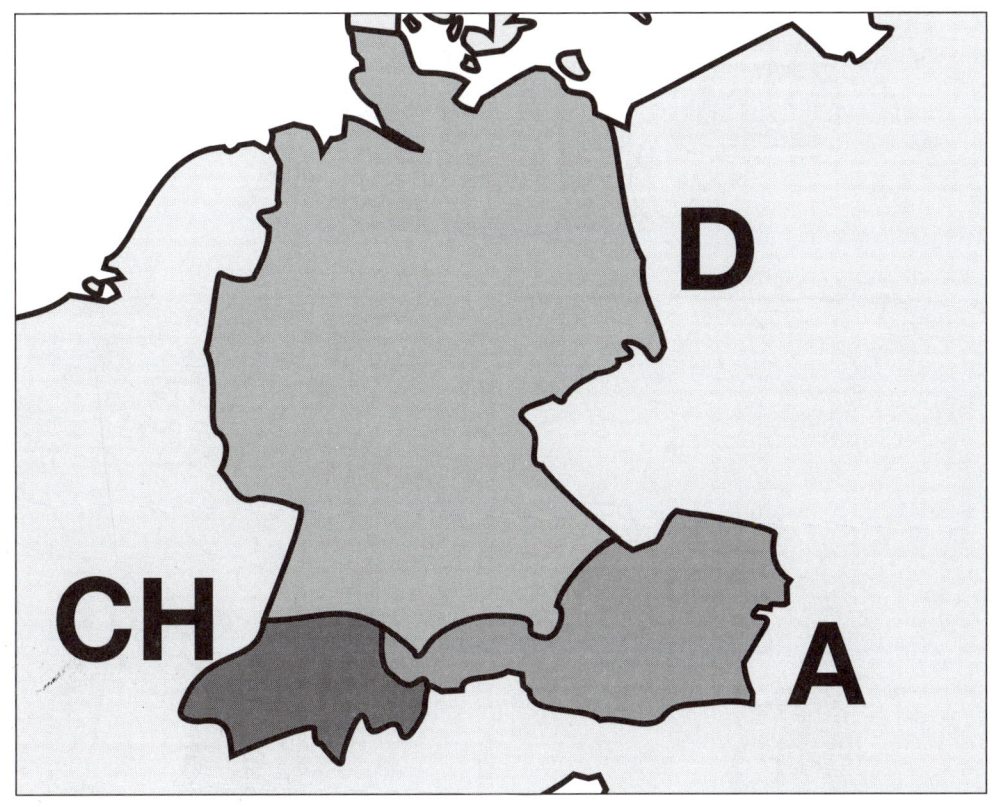

 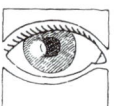

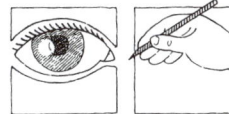

3 Schreiben Sie die Wörter in die Kästchen:

das Boot
der Fotoapparat
die Hose
der Koffer
die Noten
der Ofen
das Ohr
die Rose
die Sonne
die Wolke

Index 7 + 8

a) Welche Wörter sind gleich?
b) Wann hören Sie langes [o:] (Ofen)?
c) Wann hören Sie kurzes [ɔ] (offen)?

4 Hörübung:
Langes [o:] (Ofen)
oder kurzes [ɔ] (offen)

3 B

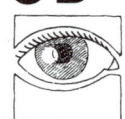

Bahnhof, Boot, Fotoapparat, Hose, Noten,
Ofen, Ohr, Rose, wo, wohnen

langes [oː]	**O/o** **Oh/oh** **oo**
kurzes [ɔ]	**O/o**

Bonn, Koffer, kommen, Marokko, Sonne,
Wolfsburg, Wolke

5

Lösung

Koffer, Ohr, Sonne, wohnen,

Bonn, Marokko

O/o oder Oh/oh?

K__ffer, __r, S__nne, w__nen,
B__nn, Mar__kk__

6

Lösung

Ich heiße Schmitt,

und wie heißen Sie?

Ich heiße Fadli.

Ich komme aus Deutschland.

I/i – ie – ih – o – oh?

__ch heiße Schm__tt,
und w__ heißen S__?
__ch heiße Fadli.
__ch k__mme aus Deutschland.

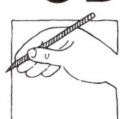

Woher kommen Sie?	W__her k__mmen S__?
Ich komme aus Marokko.	__ch k__mme aus Mar__kk__.
Wo wohnen Sie	W__ w__nen S__
in Deutschland?	__n Deutschland?
Ich wohne in Bonn.	__ch w__ne in B__nn.
Wo wohnen Sie?	W__ w__nen S__?
Ich wohne in Wolfsburg.	__ch w__ne in W__lfsburg.
Wo wohnen Sie	W__ w__nen S__
in Wolfsburg?	__n W__lfsburg?
In Wolfsburg in	__n W__lfsburg __n
der Sonnenstraße 10.	der S__nnenstraße 10.

Wohnen	o – e
kommen	
Marokko	
Wolfsburg	
Dortmund	
Straße	
Bahnhof	
Bahnhofstraße	
Sonnenstraße	

7 Unterstreichen Sie die Vokale und schreiben Sie sie ab:

Index 9

8 Umkreisen Sie den Vokal, der am stärksten betont ist.

wohnen ⊙ – e

9 **Schreiben Sie Ihre Adresse ab.**

Wo wohnen Sie?

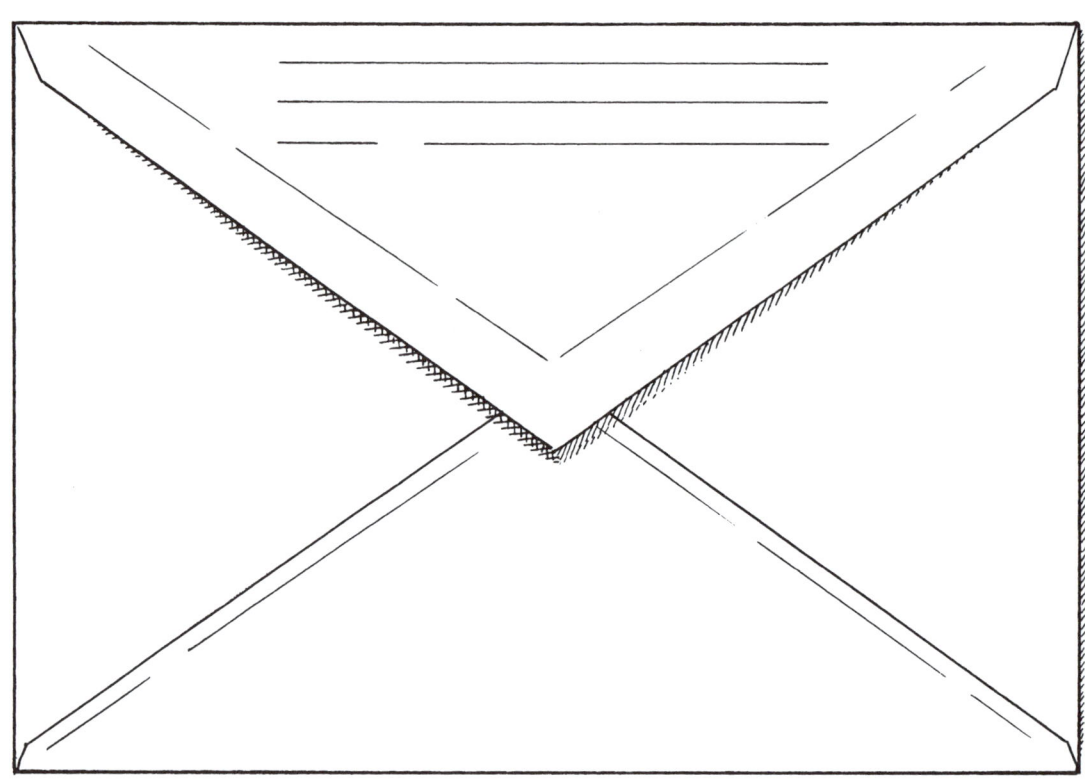

10 **Schreiben Sie die Adresse Ihres Sprachinstituts ab.**

Wo lernen Sie Deutsch?

Adressenverzeichnis

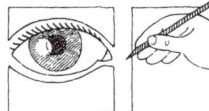

11 Tragen Sie Adressen, die Sie kennen, alphabetisch in das Verzeichnis ein.

Name: Straße: Wohnort: ☎	A B C
Name: Straße: Wohnort: ☎	D E F
Name: Straße: Wohnort: ☎	G H I J
Name: Straße: Wohnort: ☎	K L
Name: Straße: Wohnort: ☎	M N O P Q
Name: Straße: Wohnort: ☎	R S T U
Name: Straße: Wohnort: ☎	V W X Y Z

4A

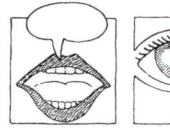 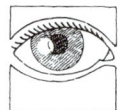

1 **Unterstreichen Sie jedes U/u im Text.**

Guten Morgen.
Wie viel Uhr ist es?

Es ist 7.00 Uhr.

Wann beginnt der
Unterricht?

Um 8.30 Uhr, in einer Stunde und 30 Minuten.

2 **Wie viel Uhr ist es?**

Diese Seite darf für Unterrichtszwecke kopiert werden. Aus: *Projekt Alphabet Neu* © Langenscheidt, Berlin und München 2004

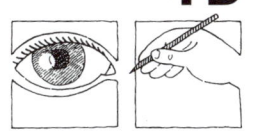

ABCDEFGHIJKLMNOPQRSTUVWXYZ

abcdefghijklmnopqrstuvwxyz

U UVWOUAHNUVUOHAÜUVOA
HUVÜWOUNVWUXVÜUUVW

1 **Schreiben Sie den Buchstaben U/u nach.**

u uvwxyuaehnumüouvanuhuvüwno
uabhuvwutyüvuvwxyuaehnumüo

Uhr   und

Unterricht   Minute

                   Stunde

                   Kurs

                   zu

Der große Buchstabe U steht nur am Anfang eines Wortes. Wo steht der kleine Buchstabe u?

U _____

_____

_____

U _____

_____

_____

 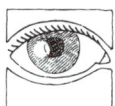

Ergänzen Sie: U oder u

G☐ten Morgen.

Wie viel ☐hr ist es?

Es ist 7.00 ☐hr.

Wann beginnt der ☐nterricht?

☐m 8.30 ☐hr,

in einer St☐nde ☐nd 30 Min☐ten.

a) Welche Wörter sind gleich?
b) Wann hören Sie langes [uː] (Uhr)?
c) Wann hören Sie kurzes [ʊ] (und)?

a) Welche Wörter sind gleich?
b) Wann hören Sie [uː] (Uhr), [ʊ] (und)?
c) Wann hören Sie [oː] (Ohr), [ɔ] (Ort)?

2

Lösung

Guten Morgen.

Wie viel Uhr ist es?

Es ist 7.00 Uhr.

Wann beginnt
der Unterricht?

Um 8.30 Uhr,

in einer Stunde und
30 Minuten.

Index 10 + 11

**3 Hörübung:
langes [uː] (Uhr) oder
kurzes [ʊ] (und)?**

Index 12 + 13

**4 Hörübung:
[uː] (Uhr), [ʊ] (und)
oder
[oː] (Ohr), [ɔ] (Ort)?**

4 B

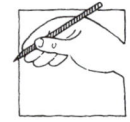 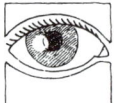

5 Schreiben Sie die Wörter in die Kästchen:

die Burg
das Huhn
der Hund
hundert
die Puppe
der Stuhl
der Schuh
das U-Boot
die Uhr

langes [uː] $\begin{cases} \textbf{U/u} \\ \textbf{Uh/uh} \end{cases}$ gut, Huhn, Minute, Schuh, Stuhl, Uhr, zu

kurzes [ʊ] { **U/u** Burg, Hund, Puppe, um, Unterricht, Stunde

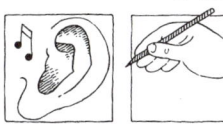
6   Bitte schreiben Sie:

langes [uː] (Uhr)   oder   kurzes [ʊ] (und)?

Hut   Hut

Hund

Uhr

Buch

Schuh

Huhn

Mund

Puppe

Stuhl

Burg

4 B

7
Lösung

Huhn, Hohn, Kohle, Kuhle,

Uhr, Ohr, Ruhm, Rom, Tun,

Ton, Huf, Hof, tut, tot,

Brot, Brut, Schuss, schoss,

nur, noch, Wohnung,

Ordnung, Bochum,

Bockwurst, umsonst

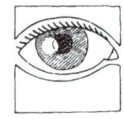 

8

U/u oder O/o?

H__hn, H__hn, K__hle, K__hle,
__hr, __hr, R__hm, R__m, T__n,
T__n, H__f, H__f, t__t, t__t,
Br__t, Br__t, Sch__ss, sch__ss,
n__r, n__ch, W__hn__ng,
__rdn__ng, B__ch__m,
B__ckw__rst, __ms__nst

Ist das Buch   zu   oder   offen?

Die Augen sind _____

Die Tür ist _____

Die Augen sind _____

Das Fenster ist _____

Die Schachtel ist _____

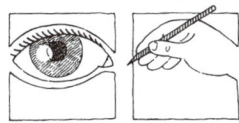

Stunde _____ u – e _____

Stundenplan _____

Minute _____

unterrichten _____

Unterricht _____

Sprachunterricht _____

Sprachkurs _____

sprechen _____

Mitte _____

Ende _____

Morgen _____

Mittag _____

Nachmittag _____

Abend _____

Mitternacht _____

Woche _____

Montag _____

Dienstag _____

Mittwoch _____

Donnerstag _____

Freitag _____

Samstag _____

Sonntag _____

9 Unterstreichen Sie die Vokale und schreiben Sie sie ab:

Index 15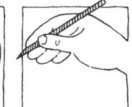

10 Welcher Vokal ist am stärksten betont?

Stunde _____ u – e _____

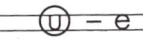

11
Lösung

Ich komme aus Marokko.

Ich wohne jetzt in

Wolfsburg.

Meine Wohnung ist in

der Sonnenstraße.

Ich lerne hier Deutsch.

Mein Unterricht beginnt

um 8.30 Uhr und endet

um 13.00 Uhr am Montag,

Dienstag, Mittwoch,

Donnerstag, Freitag.

Am Samstag und Sonntag

ist das Institut zu.

<u>I</u>/i, <u>ie</u>, <u>o</u>, <u>oh</u>, <u>U</u>/u, <u>Uh</u>

__ch k__mme aus Mar__kk__.

__ch w__ne jetzt __n

W__lfsb__rg.

Meine W__n__ng __st __n

der S__nnenstraße.

__ch lerne h__r Deutsch.

Mein __nterr__cht beg__nnt

__m 8.30 __r __nd endet

__m 13.00 __r am M__ntag,

D__nstag, M__ttw__ch,

D__nnerstag, Freitag.

Am Samstag __nd S__nntag

__st das __nst__t__t z__.

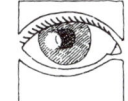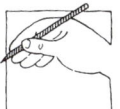

12 Tragen Sie die Stunden Ihres Sprach- kurses in den Stundenplan ein.

STUNDENPLAN

Zeit	Montag	Dienstag	Mittwoch	Donnerstag	Freitag	Samstag	Sonntag				

5 A

1 Unterstreichen Sie jedes A/a.

Mein N<u>a</u>me ist Mustafa.

☐ Ich komme aus Afrika.

☐ Ich wohne jetzt in Deutschland.

☐ Ich lerne Deutsch.

☐ Ich lerne das Alphabet.

☐ Ich lese.

☐ Ich schreibe Buchstaben.

☐ Ich höre Radio.

☐ Ich spreche Deutsch.

☐ Ich esse.

☐ Ich trinke Wasser.

☐ Ich schlafe.

Welcher Text gehört zu welchem Bild?

Und was machen Sie?

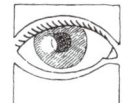

Sprachkurs

ABCDEFGHIJKLMNOPQRSTUVWXYZ

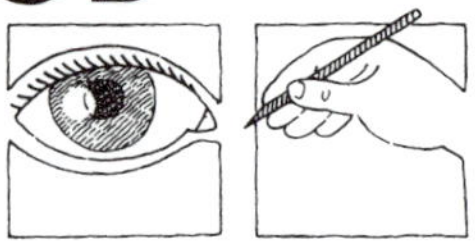

a b c d e f g h i j k l m n o p q r s t u v w x y z

1 Schreiben Sie den Buchstaben A/a nach.

A ⒶHKLAVWAHKRAHKHKAVWXY
ABHAEHAADEHJKLAMNAHKLIH

a @bcdeghaopqauabcaopqabde
aopqacdedeghmnoapqasuabia

Der große Buchstabe A steht nur am Anfang eines Wortes.

Wo steht der kleine Buchstabe a?

Ast	an
Aal	Anna
Affe	Ananas
Ananas	Haar

A _____

a _____

A oder a

Mein N**a**me ist Must☐f☐.

Ich komme aus ☐frik☐ und wohne

jetzt in Deutschl☐nd. Ich lerne

die Buchst☐ben des ☐lph☐bets.

Ich höre R☐dio und schl☐fe.

Ich trinke W☐sser. W☐s m☐chen

Sie? ☐rbeiten Sie?

2

Lösung

Mein Name ist Mustafa.

Ich komme aus Afrika und wohne

jetzt in Deutschland. Ich lerne

die Buchstaben des Alphabets.

Ich höre Radio und schlafe.

Ich trinke Wasser. Was machen

Sie? Arbeiten Sie?

Index 16 + 17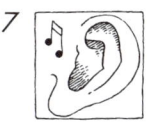

a) Welche Wörter sind gleich?
b) Wann hören Sie langes [a:] (Aal)?
c) Wann hören Sie kurzes [a] (All)?

3   Hörübung:
langes [a:] (Aal)
oder kurzes [a] (All)?

Haar, ja, Jahr, Radio, schlafen, Waage, Wahl

	A/a
langes [a:]	**Ah/ah**
	Aa/aa

kurzes [a]	**A/a**

Affe, Anker, Apfel, Arzt, Deutschland,
machen, Wasser

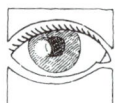

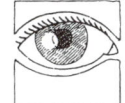

4 Schreiben Sie die Wörter in die Kästchen:

acht
der Affe
die Ananas
der Anker
der Arzt
der Ast
die Banane
das Blatt
das Haar
die Hand
der Mann
der Mantel
die Tasche
die Waage
das Wasser

<u>A</u>/<u>a</u> oder <u>Aa</u>/<u>aa</u>

W__sser, __l, W__ge, __ll,
__rzt, H__r, __nker

<u>A</u>/<u>a</u> oder <u>Ah</u>/<u>ah</u>?

__ffe, J__r, W__l, W__ll,
m__chen, __pfel

5

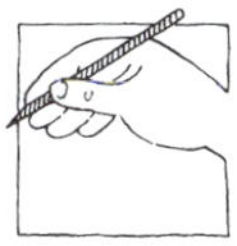

Lösung

Wasser, Aal, Waage, All,

Arzt, Haar, Anker

6

Lösung

Affe, Jahr, Wahl, Wall,

machen, Apfel

7 Hörübung:
kurzes [a] (Affen) oder
kurzes [ɔ] (offen)?

a) Welche Wörter sind gleich?
b) Wann hören Sie kurzes [a] (Affen)?
c) Wann hören Sie kurzes [ɔ] (offen)?

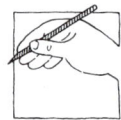

8

Lösung

Affen, Bonn, Dach, Fall,

Gosse, Most, Mast, Matte,

Kamm, Motte, Rosse, Rasse,

Gasse, Bann

A/a oder O/o?

__ffen, B__nn, D__ch, F__ll,
G__sse, M__st, M__st, M__tte,
K__mm, M__tte, R__sse, R__sse,
G__sse, B__nn

9

Lösung

Mein Name ist Mustafa.

Ich komme aus Afrika.

Ich wohne jetzt in

Deutschland.

Ich lerne Deutsch:

das Alphabet.

Ich lese, schreibe

Buchstaben, höre Radio.

Und was machen Sie?

Arbeiten Sie?

A/a, I/i, ie, o, oh, U/u?

Mein N__me __st M__st__f__.
__ch k__mme aus __fr__k__.
__ch w__ne jetzt __n
Deutschl__nd.
__ch lerne Deutsch:
d__s __lph__bet.
__ch lese, schreibe
B__chst__ben, höre R__d__.
__nd w__s m__chen S__?
__rbeiten S__?

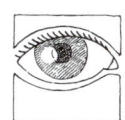

10 Bitte ordnen Sie zu.

Ich heiße
komme
wohne
lerne
lese
schreibe
höre
spreche
esse
trinke
schlafe
mache

aus Afrika.
Mustafa.
Deutsch.
das Alphabet.
in Deutschland.

Buchstaben.
Radio.
Wasser.
Hausaufgaben.
Brot.

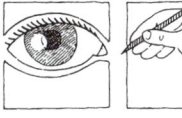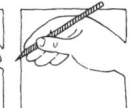

11 Unterstreichen Sie die Vokale und schreiben Sie sie ab.

Wasser ——— a – e

Radio ———

Hausaufgabe ———

lernen ———

lesen ———

schreiben ———

hören ———

sprechen ———

essen ———

trinken ———

schlafen ———

machen ———

Index 20

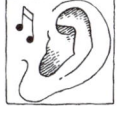

12 Umkreisen Sie den Vokal, der am stärksten betont ist.

W(a)sser ——— (a) – e ———

5 B

13 Welche Sätze sind gleich?

Lösung

Kommen Sie?
Kommen Sie!
Kommen Sie?

⊗ ◯ ◯

Lernen Sie?
Lernen Sie?
Lernen Sie!

◯ ◯ ◯

Lesen Sie?
Lesen Sie!
Lesen Sie!

◯ ◯ ◯

Index 22

14 Wann hören Sie eine Frage?

Lösung

Hören Sie!
Hören Sie?
Hören Sie?

◯ ◯ ◯

Sprechen Sie?
Sprechen Sie!
Sprechen Sie?

◯ ◯ ◯

Essen Sie!
Essen Sie?
Essen Sie?

◯ ◯ ◯

Trinken Sie?
Trinken Sie?
Trinken Sie?

◯ ◯ ◯

Schlafen Sie?
Schlafen Sie?
Schlafen Sie?

◯ ◯ ◯

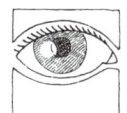 

Au, mein Zeh!

Entschuldigen Sie bitte.
Tut es weh?

Ja, sehr.
Das sehen Sie doch.

Es tut mir Leid.
Entschuldigung.
Wie geht es Ihnen jetzt?

Schlecht.

1 **Unterstreichen Sie jedes E/e im Text.**

2 **Wie geht es Ihnen?**

Es geht mir
sehr gut.   gut.   nicht gut.
nicht schlecht.   schlecht.   sehr schlecht.

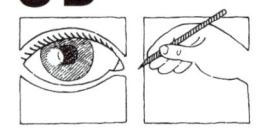

A B C D E F G H I J K L M N O P Q R S T U V W X Y Z

a b c d e f g h i j k l m n o p q r s t u v w x y z

1 **Schreiben Sie den Buchstaben E/e nach.**

E
EFHKEMFEPTZEEHKLBAEHFKLEPR
ETUEHFTEEFHKEMFEPTZEEHKLBA

e
eacegoepqoedceabegceabegc
deopequzepogeieeacegoepqoe

Wo steht der große
Buchstabe E?

Wo steht der kleine
Buchstabe e?

Ente   er

Esel   es

Erdbeere   Schere

Entschuldigung   Segel

Tee

Kaffee

bitte

E _____
   _____
   _____
   _____

e _____
   _____
   _____

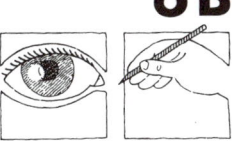

E oder e

Mein Z☐h!

☐ntschuldig☐n Sie bitt☐.

Tut ☐s w☐h?

Ja, s☐hr. Das s☐h☐n Sie doch.

☐s tut mir Leid. ☐ntschuldigung.

Wie g☐ht ☐s Ihn☐n j☐tzt?

Schl☐cht.

Gut☐ B☐ss☐rung.

N☐hm☐n Sie ein☐ Tabl☐tt☐

mit ☐twas T☐☐.

Dank☐.

J☐tzt g☐ht ☐s Ihn☐n

nicht m☐hr schl☐cht.

Nein, j☐tzt g☐ht ☐s

mir b☐ss☐r.

2
Lösung

Mein Zeh!

Entschuldigen Sie bitte.

Tut es weh?

Ja, sehr. Das sehen Sie doch.

Es tut mir Leid. Entschuldigung.

Wie geht es Ihnen jetzt?

Schlecht.

Gute Besserung.

Nehmen Sie eine

Tablette mit etwas Tee.

Danke.

Jetzt geht es Ihnen

nicht mehr schlecht.

Nein, jetzt geht es

mir besser.

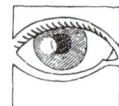

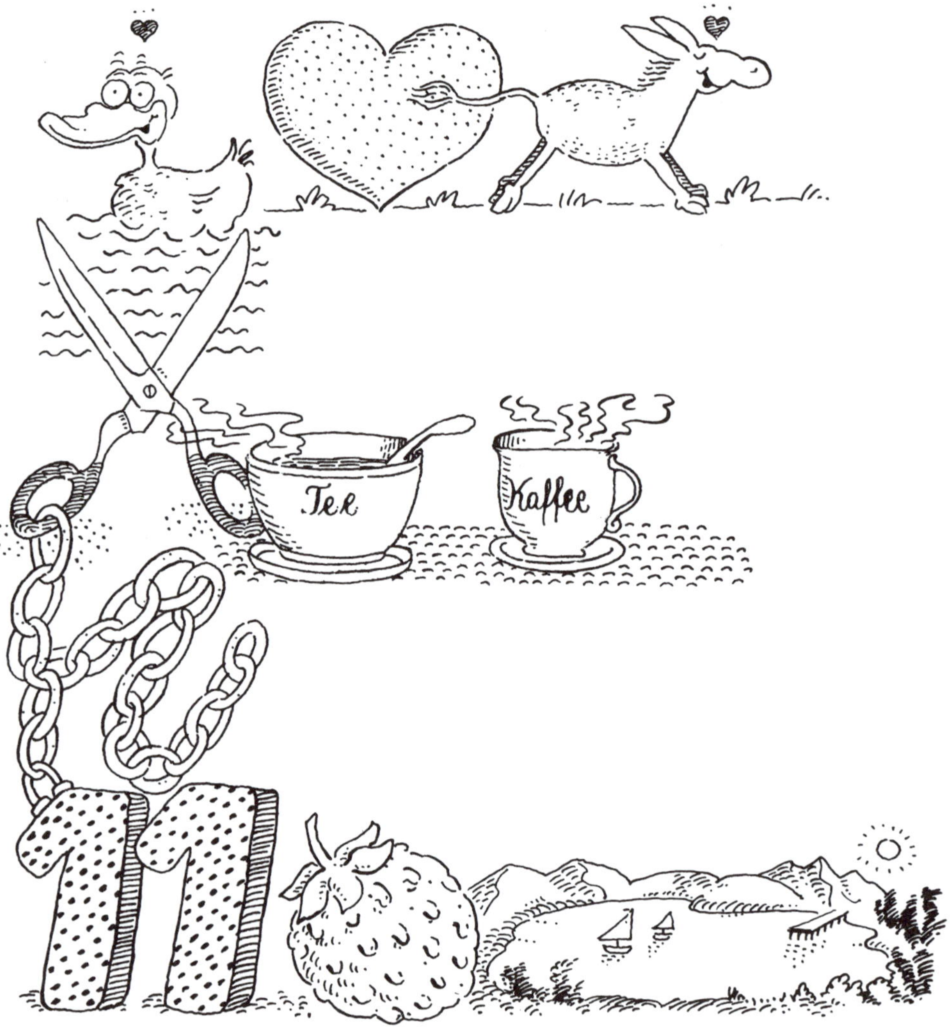

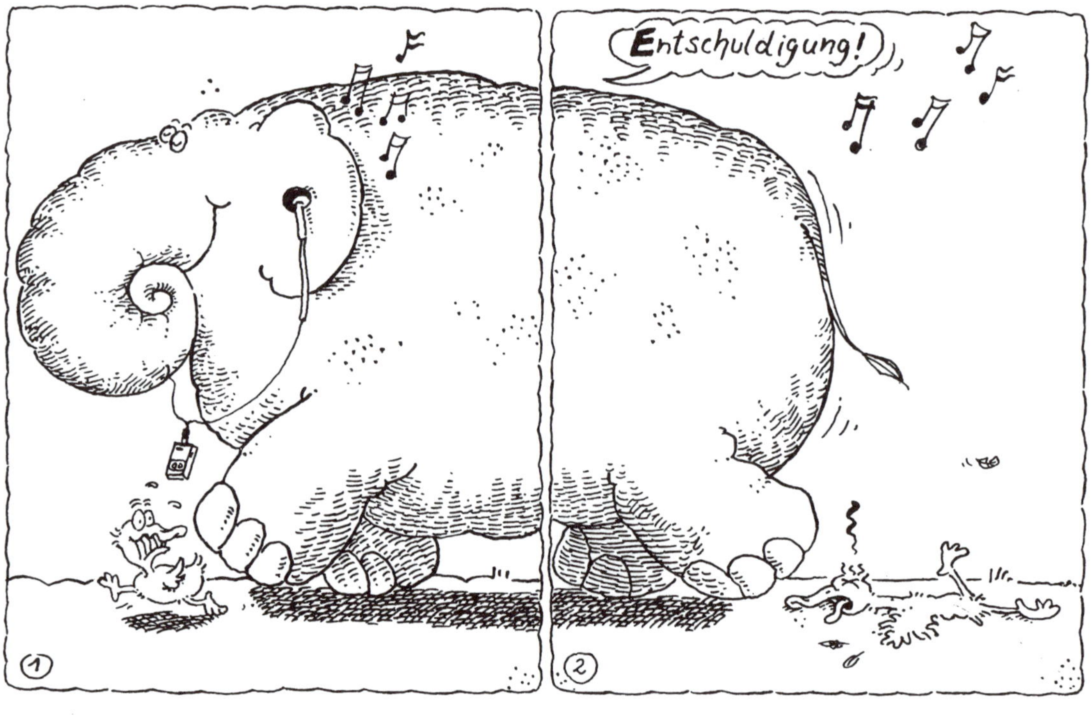

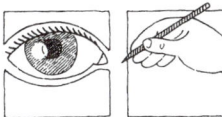

3 **Schreiben Sie die Wörter in die Kästchen:**

der Berg
elf
die Ente
die Erdbeere
der Esel
das Herz
der Kaffee
die Kette
die Schere
der See
das Segel
der Steg
die Sonne
der Tee

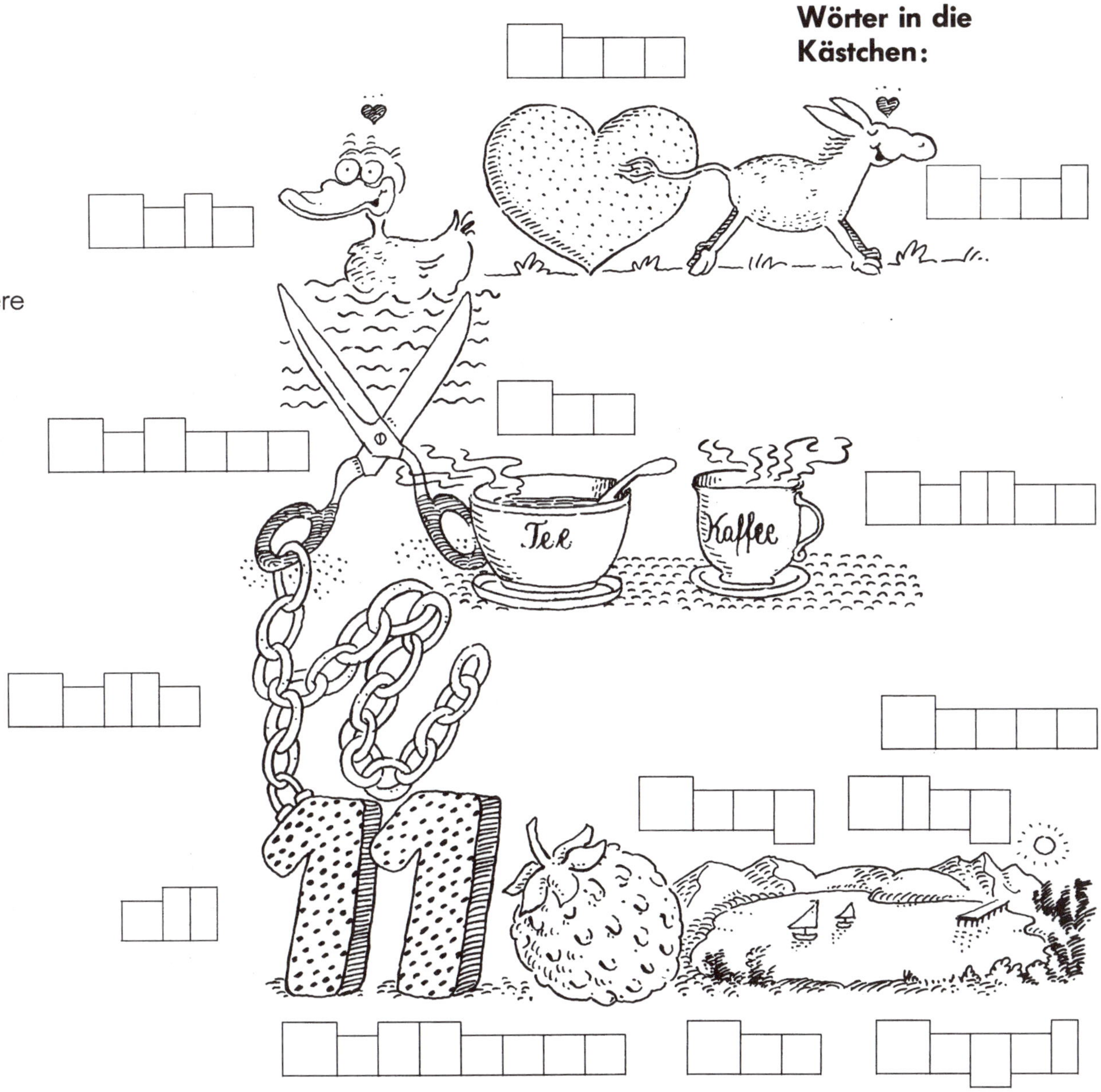

Index 23 + 24

a) Welche Wörter sind gleich?
b) Wann hören Sie langes, geschlossenes [eː] (Beet)?
c) Wann hören Sie kurzes, offenes [ɛ] (Bett)?

4 **Hörübung:**
Langes, geschlossenes [eː] (Beet) oder kurzes, offenes [ɛ] (Bett)?

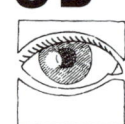

Beere, geht, Kaffee, Schere, See,
Segel, sehen, sehr, Steg, Tee, weh, Zeh

langes, geschlossenes [eː]

E/e
ee
Eh/eh

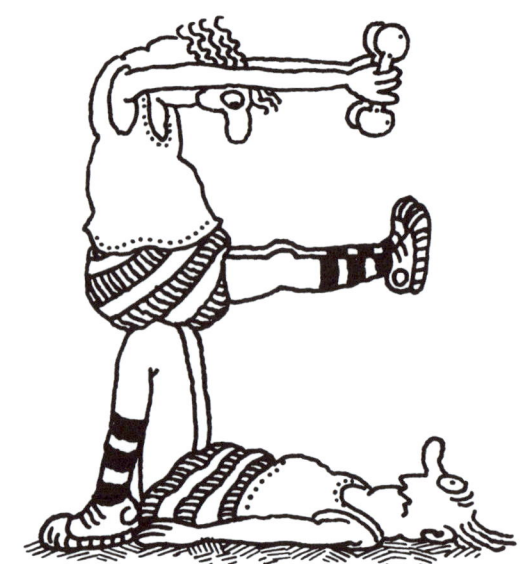

Berg, Ente, Entschuldigung, Herz,
jetzt, Kette, schlecht, Wäsche

kurzes, offenes [ɛ]

E/e
Ä/ä

Bär, Käse, Mädchen, Zähne

langes, offenes [ɛː]

Ä/ä
Äh/äh

bitte, Ente, entschuldigen, Ihnen,
Schere, sehen, Sonne

kurzes, schwaches [ə]

e

5

Lösung

Ente, Tee, Herz, Pferd, Teer,

Kaffee, Elefant, See, Meer

E/e oder ee?

__nte, T__, H__rz, Pf__rd, T__r,
Kaff__, __l__fant, S__, M__r

6

Lösung

Zeh, Kette, Sonne,

sehr, weh, schlecht

e oder eh?

Z__, K__tt__, Sonn__,
s__r, w__, schl__cht

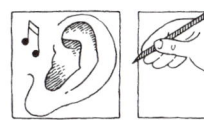

a) Welche Wörter sind gleich?
b) Wann hören Sie langes [i:] (Biere)?
c) Wann hören Sie langes [e:] (Beere)?

**7 Hörübung:
langes [i:] (Biere) oder
langes [e:] (Beere)?**

ie oder ee?

B__re, B__re, b__ten,
R__gel, K__l, M__ter,
s__, S__, T__r, T__r,
w__gen

8

Lösung

Biere, Beere, bieten,

Riegel, Kiel, Mieter,

sie, See, Tier, Teer,

wiegen

I/i oder E/e?

d__r, d__r, m__r, m__hr,
__re, __hre, Prof__t, Proph__t,
R__gel, S__gel,
w__hren, l__bt

9

Lösung

dir, der, mir, mehr,

Ire, Ehre, Profit, Prophet,

Regel, Segel,

wehren, lebt .

a) Welche Wörter sind gleich?
b) Wann hören Sie [a:] (Bad), [a] (dann)?
c) Wann hören Sie [e:] (heben), [ɛ] (denn)?

Index 27 + 28

**10 Hörübung:
[a:] (Bad), [a] (dann)
oder [e:] (heben),
[ɛ] (denn)?**

11

Lösung

dann, denn, wegen, Wagen,

haben, heben, sagen, Segen,

Bett, Tablette, Fahrgeld,

Handwerk, Bargeld,

Bamberg, Bergbahn, Bad

a oder e?

d__nn, d__nn, w__gen, W__gen,

h__ben, h__ben, s__gen, S__gen,

B__tt, T__bl__tt__, F__hrg__ld,

H__ndw__rk, B__rg__ld,

B__mb__rg, B__rgb__hn, B__d

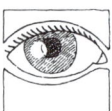 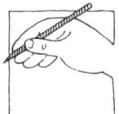

12 Unterstreichen Sie die Vokale:
Ergänzen Sie die Vokale:

heißen	ich heiß_e_
kommen	ich k__mm__
wohnen	ich w__hn__
essen	ich __ss__
trinken	ich tr__nk__
schlafen	ich schl__f__
gehen	ich g__h__
lesen	ich l__s__
schreiben	ich schreib__
hören	ich hör__
sprechen	ich spr__ch__
lernen	ich l__rn__

e oder en?

Lösung

14 Ergänzen Sie die Vokale:

A/a, E/e, I/i, ie, O/o, U/u

Lösung

Hallo, Frau Schmitt.	H__ll__, Frau Schm__tt.
Wie geht es Ihnen?	W__ g__ht __s __hn__n?
Guten Tag, Herr Fadli.	G__t__n T__g, H__rr F__dl__.
Es geht mir gut.	__s g__ht m__r g__t.
Was machen Sie am	W__s m__ch__n S__ __m
Bahnhof?	B__hnh__f?
Ich fahre nach Wien.	__ch f__hr__ n__ch W__n.
Wie viel Uhr ist es,	W__ v__l __hr __st __s,
bitte?	b__tt__?
15.30 Uhr. Wann fährt	15.30 __hr. W__nn fährt
Ihr Zug?	__hr Z__g?
In 10 Minuten.	__n 10 M__n__t__n.
Gute Fahrt.	G__t__ F__hrt.
Danke,	D__nk__,
auf Wiedersehen.	auf W__d__rs__h__n.

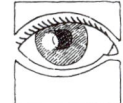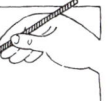

Ka · mel

Kak

Son · Ele · ger

Wol

ne

Pal · fant · ke

Vo

me

Ti · gel

tus

**15 Setzen Sie die Teile zusammen.
Schreiben Sie die Wörter ab.**

Kamel

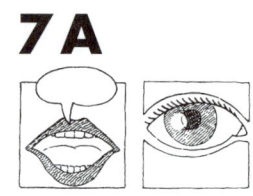

Was möchten Sie zum Frühstück?

FRÜHSTÜCK

Kleines Frühstück
Tasse Kaffee, Tee oder Schokolade
1 Semmel, Butter, Konfitüre oder Honig   3,20

Hinterhof Frühstück
Haferl Kaffee, Milchkaffee oder Tee,
2 Semmeln, Butter, Konfitüre oder Honig,
1 weich gekochtes Ei   5,50

Grosses Frühstück
Portion Kaffee, Tee oder Schokolade,
Brotkörberl, Butter, Konfitüre und Honig,
1 weiches Ei, Wurst-Käse-Schinken-Platte,
Glas frischgepresster Orangensaft 0,1 l   8,20

Sportler Frühstück
1 Haferl Kaffee, Milchkaffee oder Tee,
Müsli mit frischen Früchten, wahlweise mit Milch oder
Joghurt, Brotkörberl, Butter, Käse, Honig und Konfitüre,
Glas frisch gepresster Orangensaft 0,1 l   8,20

American Breakfast
Portion Kaffee, Tee oder Schokolade,
Brotkörberl, Butter, Honig und Konfitüre,
2 Spiegeleier mit Schinken oder Speck,
Glas frischgepresster Orangensaft 0,1 l   9,20

Franzosen Frühstück
Haferl Milchkaffee, Tee oder Schokolade
2 Croissants, Butter, Konfitüre u. Nutella   5,50

Murnauer Frühstück
1 Karg Weissbier 0,5 l,
2 Stück Murnauer Weisswürste
mit Händlmeier Senf und Breze   6,80

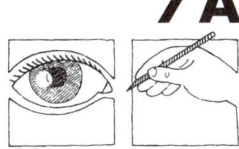

**2   Was ist das?
Wie heißt das auf
deutsch?**

Das ist ein Apfel.
Wie heißt das auf Deutsch?   Apfel

Das ist ein Ball.
Wie heißt das auf Deutsch? _____

Das ist ein Brötchen.
Wie heißt das auf Deutsch? _____

Das ist ein Buch.
Wie heißt das auf Deutsch? _____

Das ist eine Bürste.
Wie heißt das auf Deutsch? _____

Das ist ein Glas.
Wie heißt das auf Deutsch? _____

Das ist ein Hut.
Wie heißt das auf Deutsch? _____

Das ist ein Huhn.
Wie heißt das auf Deutsch? _____

Das ist ein Kamm.
Wie heißt das auf Deutsch? _____

Das ist ein Kopfhörer.
Wie heißt das auf Deutsch? _____

Das ist ein Kübel.
Wie heißt das auf Deutsch? _____

Das ist ein Löffel.
Wie heißt das auf Deutsch? _____

Das ist ein Nagel.
Wie heißt das auf Deutsch? _____

Das ist ein Würfel.
Wie heißt das auf Deutsch? _____

Das ist ein Zündholz.
Wie heißt das auf Deutsch? _____

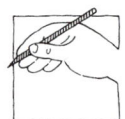

3 **Bitte zählen Sie:**

Wie viele Äpfel sehen Sie?
Wie viele Kämme sehen Sie?
Wie viele Bälle sehen Sie?
Wie viele Gläser sehen Sie?
Wie viele Nägel sehen Sie?

Wie viele Löffel sehen Sie?
Wie viele Brötchen sehen Sie?
Wie viele Kopfhörer sehen Sie?
Wie viele Zündhölzer sehen Sie?

Wie viele Bücher sehen Sie?
Wie viele Hüte sehen Sie?
Wie viele Bürsten sehen Sie?
Wie viele Hühner sehen Sie?
Wie viele Kübel sehen Sie?
Wie viele Würfel sehen Sie?

4

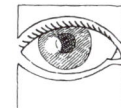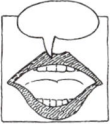

113

 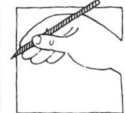

7 B 1

1 Bitte schreiben Sie den Buchstaben Ä/ä nach:

Ä ÄKÖÜVAXÄIÄAÄÜOÖÄHMÄ
NAHMÄUAIWÄAMUAÄÜÄKHÄ

ä äeahijäaöüäöaoäuüäagaäaüoä
uüaöuäädijäaööäüoäaäeahijäa

Ä _____
_____
_____

ä _____
_____
_____

2

Lösung

Ägäis, Ägypten, Ätna, Äther,

Äthiopien, Dänemark,

Äpfel, Bälle, Gläser, Käse,

Kämme, Nägel, Säbel

Ä oder ä

☐g☐is, ☐gypten, ☐tna, ☐ther,
☐thiopien, D☐nemark,
☐pfel, B☐lle, Gl☐ser, K☐se,
K☐mme, N☐gel, S☐bel

Index 29 + 30

**3 Hörübung:
Langes, offenes
[ɛ:] (Väter) oder
kurzes, offenes
[ɛ] (Vetter)**

a) Welche Wörter sind gleich?
b) Wann hören Sie ein langes, offenes [ɛ:] (Väter)?
c) Wann hören Sie ein kurzes, offenes [ɛ] (Vetter)?

ä oder e?

B___tten, b__ten, V___tter, V___ter,
K___hne, k___nne, T___ller, T___ler

a) Welche Wörter sind gleich?
b) Wann hören Sie [aː]?
c) Wann hören Sie [ɛː]?

4

Lösung

Betten, bäten, Vetter, Väter,

Kähne, kenne, Teller, Täler

Index 31 + 32

5 **Hörübung:**
langes [aː] (Nagel)
oder langes, offenes
[ɛː] (Nägel)

a oder ä?

N___gel, N___gel,
s___gen, s___gen, H___nd, H___nde,
B___d, B___der, R___d, R___der,
K___hn, K___hne, H___hn, H___hne

a) Welche Wörter sind gleich?
b) Wann hören Sie [a]?
c) Wann hören Sie [ɛ]?

6

Lösung

Nägel, Nagel,

sagen, sägen, Hand, Hände,

Bad, Bäder, Rad, Räder,

Kahn, Kähne, Hahn, Hähne

Index 33 + 34

7 **Hörübung:**
kurzes [a] (Apfel)
oder kurzes, offenes
[ɛ] (Äpfel)

8

Lösung

Apfel, Säcke, Gans, Stadt,

Kamm, Äpfel, Gärten,

Gänse, Garten, Kämme,

Städte, Mann, Sack,

Männer

<u>A</u>/a oder <u>Ä</u>/ä?

__pfel, S__cke, G__ns, St__dt,
K__mm, __pfel, G__rten,
G__nse, G__rten, K__mme,
St__dte, M__nn, S__ck,
M__nner

Index 35 + 36

9   Hörübung:
kurzes [ɪ] (bitten)
oder kurzes, offenes
[ɛ] (Betten)

a) Welche Wörter sind gleich?
b) Wann hören Sie [ɪ]?
c) Wann hören Sie [ɛ]?

1   Bitte schreiben Sie
den Buchstaben Ö/ö
nach:

Ö   ÖDQÜVÄGÖPORÜÖOQPÜXD
ÄBÖDOPSUÖUGÖQÜVGHÖ

ö   süpögäbcödegömöqorsüvöijpöq
sühgäbceövüdäikostösüpögäbcö

Ö   _____

ö   _____

Ö oder ö

Wie viele Br☐tchen m☐chten Sie?
Bitte zw☐lf. H☐ren Sie mich?

a) Welche Wörter sind gleich?
b) Wann hören Sie [ø:]?
c) Wann hören Sie [œ]?

a) Welche Wörter sind gleich?
b) Wann hören Sie [ø:] (Öfen)?
c) Wann hören Sie [o:] (Ofen)?

O/o oder Ö/ö?

__fen, __fen, Br__t,
Br__tchen, T__n, T__ne,
S__hn, S__hne, R__ck, R__cke,
K__pf, K__pfe, L__hn, L__hne,
B__den, B__den, V__gel, V__gel,
Fl__h, Fl__he, G__tter, G__tt

2

Lösung

Wie viele Brötchen
möchten Sie?

Bitte zwölf. Hören Sie mich?

Index 37 + 38

**3 Hörübung:
langes [ø:] (Löwe)
oder kurzes [œ]
(Löffel)**

Index 39 + 40

**4 Hörübung:
langes [o:] (Ofen)
oder langes [ø:]
(Öfen)**

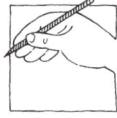

5

Lösung

Ofen, Öfen, Brot,

Brötchen, Ton, Töne,

Sohn, Söhne, Rock, Röcke,

Kopf, Köpfe, Lohn, Löhne,

Boden, Böden, Vogel,
Vögel,

Floh, Flöhe, Götter, Gott

Index 41 + 42

6 Hörübung:
langes [eː] (Hefe) oder
langes [øː] (Höfe)

a) Welche Wörter sind gleich?
b) Wann hören Sie [eː]?
c) Wann hören Sie [øː]?

7

Lösung

Hefe, Höfe, Flöte, flehte,

her, hör, Lehne, Löhne,

lesen, lösen, Söhne, Sehne,

Herd, hört, beten, Böden

e oder ö?

H__fe, H__fe, Fl__te, fl__hte,
h__r, h__r, L__hne, L__hne,
l__sen, l__sen, S__hne, S__hne,
H__rd, h__rt, b__ten, B__den

Index 43 + 44

8 Hörübung:
kurzes, offenes [ε]
(kennen) oder
kurzes [œ] (können)

a) Welche Wörter sind gleich?
b) Wann hören Sie [ε]?
c) Wann hören Sie [œ]?

9

Lösung

Helle, Hölle, Kellner, Kölner,

kennen, können, Kerbe,

Körbe,

stecken, Stöcke, Zelle, Zölle

e oder ö?

H__lle, H__lle, K__llner, K__lner,
k__nnen, k__nnen, K__rbe,
K__rbe,
st__cken, St__cke, Z__lle, Z__lle

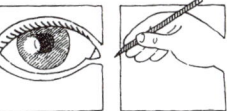

Ü | ÜUVÖAÜÄWNÜUÜYUÖÜUUÄ AÜÖOUÜÄHWÜÜÄAUÖÜHÜ

Ü | üaöuünüiöyüwiiöüäüauüuwüayn üuüuäoüöiüwuüuüüaöuünüiöyüw

Ü | _____

Ü | _____

Ü oder ü

Wünschen Sie zum Frühstück
Konfitüre?
5 = fünf,
55 = fünfundfünfzig
555 = fünfhundertfünfund-fünfzig
Üben Sie. Die Übung ist
nicht überflüssig.

2

Lösung

Wünschen Sie zum Frühstück

Konfitüre?

5 = fünf

55 = fünfundfünfzig

555 = fünfhundertfünfund-
fünfzig

Üben Sie. Die Übung ist

nicht überflüssig.

7 B 3

Index 45 + 46

3 Hörübung:
langes [uː] (Bruder)
oder langes [Yː]
(Brüder)

4

Lösung

Blüten, bluten, Bruder,

Brüder, büßen, Bußen,

für, fuhr, Kur, Kür,

spülen, spulen, Buch,

Bücher, Flug, Flüge, Gruß,

Grüße, Hut, Hüte

Index 47 + 48

5 Hörübung:
kurzes [ʊ] (drucken)
oder kurzes [Y]
(drücken)

6

Lösung

drucken, drücken, futtern,

füttern, musste, müsste,

nutzen, nützen, rucken,

Rücken, Grund, Gründe,

Küsse, Kuss, Luft, Lüfte

---

a) Welche Wörter sind gleich?
b) Wann hören Sie langes [uː]?
c) Wann hören Sie langes [Yː]?

<u>u</u> oder <u>ü</u>?

Bl__ten, bl__ten, Br__der,
Br__der, b__ßen, B__ßen,
f__r, f__hr, K__r, K__r,
sp__len, sp__len, B__ch,
B__cher, Fl__g, Fl__ge, Gr__ß,
Gr__ße, H__t, H__te

a) Welche Wörter sind gleich?
b) Wann hören Sie kurzes [ʊ]?
c) Wann hören Sie kurzes [Y]?

<u>u</u> oder <u>ü</u>?

dr__cken, dr__cken, f__ttern,
f__ttern, m__sste, m__sste,
n__tzen, n__tzen, r__cken,
R__cken, Gr__nd, Gr__nde,
K__sse, K__ss, L__ft, L__fte

a) Welche Wörter sind gleich?
b) Wann hören Sie langes [yː]?
c) Wann hören Sie kurzes [Y]?

**7 Hörübung:
langes [yː] (Hüte)
oder kurzes [Y]
(Hütte)?**

**8 Schreiben Sie die
Wörter in die
Kästchen:**

Ä/ä

die Äpfel
der Käfer
der Käse
die Räder
der Säbel

Ö/ö

das Brötchen
die Höhle
der Löffel
der Löwe

Ü/ü

der Bügel
die Bürste
der Gürtel
die Münze
die Schürze
der Würfel

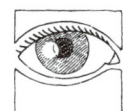

1 **Bitte malen Sie das Bild bunt an:**

rot – gelb – grün – blau – schwarz – weiß – grau – braun

Malen Sie den Hut weiß.
Malen Sie den Hund braun.
Malen Sie den Mantel blau.
Malen Sie die Schuhe grau.

Welche Farbe	hat	der Mantel des Mannes?
		der Hund der Frau?
	haben	die Schuhe der Frau?
		die Haare der Frau?
		die Haare des Mannes?

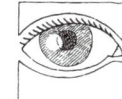

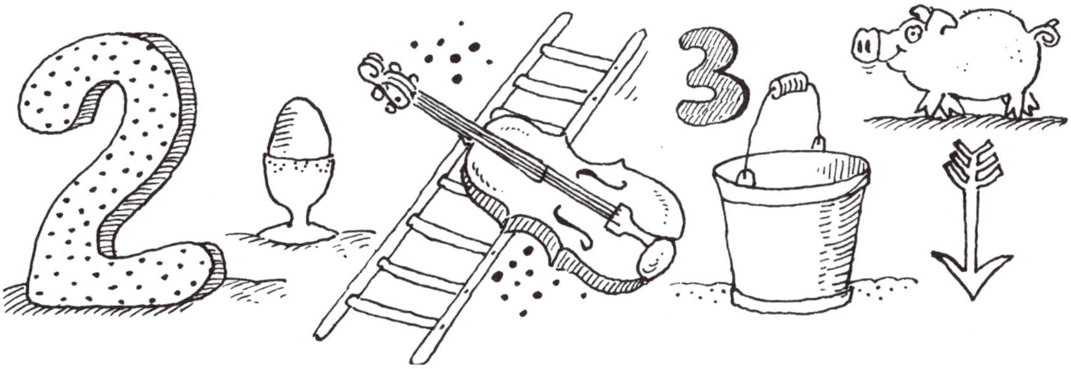

123

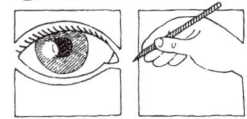

1 Schreiben Sie die Wörter in die Kästchen:

Ei/ei

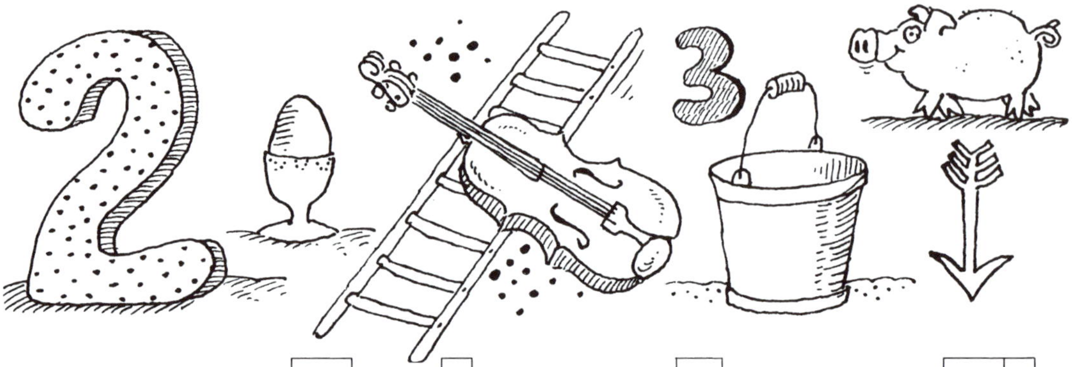

drei
das Ei
der Eimer
die Geige
die Leiter
der Pfeil
das Schwein
zwei

Au/au

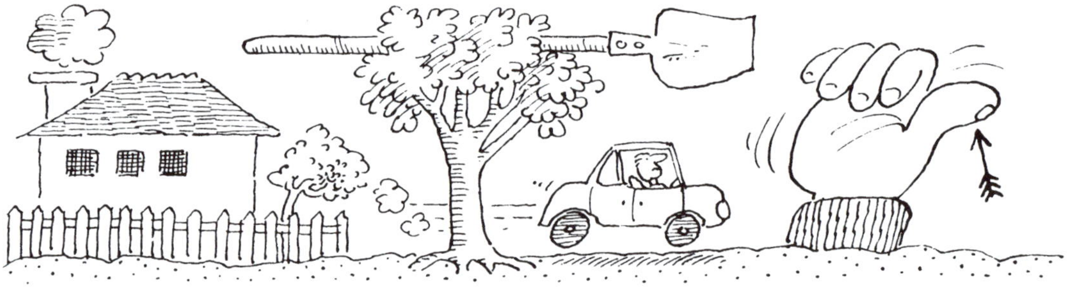

das Auto
der Baum
der Daumen
das Haus
die Schaufel
der Zaun

Eu/eu

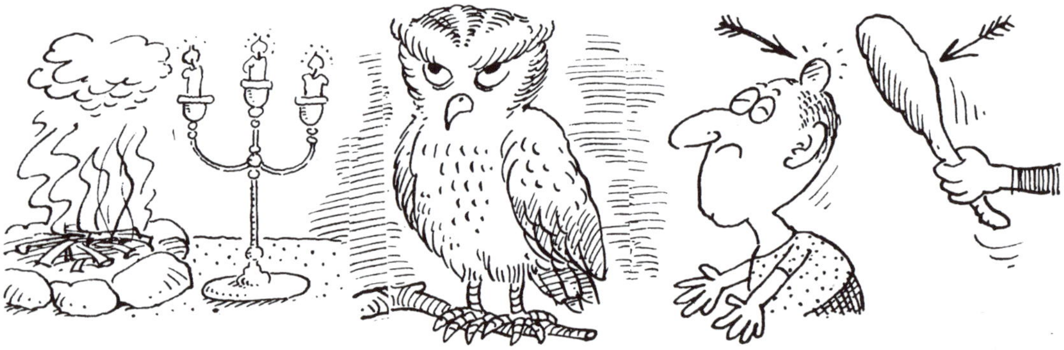

die Beule
die Eule
das Feuer
die Keule
der Leuchter

a) Welche Wörter sind gleich?
b) Wann hören Sie [aɪ]?
c) Wann hören Sie [ɔɪ]?

2 Hörübung:
[aɪ] (**nein**) oder
[ɔɪ] (**neun**)

Ei/ei oder Eu/eu?

Sch___n, Sch___ne, L___ter,
L___te, n___n, n___n, F___er, F___er,
B___l, B___le, h___len, h___len,
___er, ___er

3

Lösung

Schein, Scheune, Leiter,

Leute, nein, neun, Feier, Feuer,

Beil, Beule, heulen, heilen,

Eier, euer

4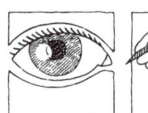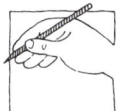

Ist das Licht aus oder an?

Das Radio ist _____

Das Bügeleisen ist _____

Die Lampe ist _____

Der Fernsehapparat ist _____

Die Lampe ist _____

8 B

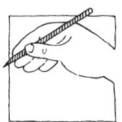

Index 53 + 54

5 **Hörübung:**
[aɪ] (heiß) oder
[aɔ] (Haus)?

a) Welche Wörter sind gleich?
b) Wo hören Sie [aɪ]?
c) Wo hören Sie [aɔ]?

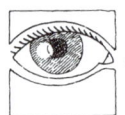

6

Lösung

Haus, heiß, bei, Bau,

reichen, rauchen,

reifen, raufen,

Seifen, saufen

ei oder au?

H___s, h___ß, b___, B___,

r___chen, r___chen,

r___fen, r___fen,

S___fen, s___fen

7 **Bitte schreiben Sie ab:**

		einatmen	ausatmen
	atmen		
	gießen		
ein-	laden		
	packen		
	schalten		
	steigen		
	atmen		
	gießen		
aus-	laden		
	packen		
	schalten		
	steigen		

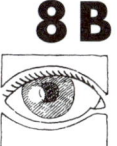

Freiburg oder Wien?

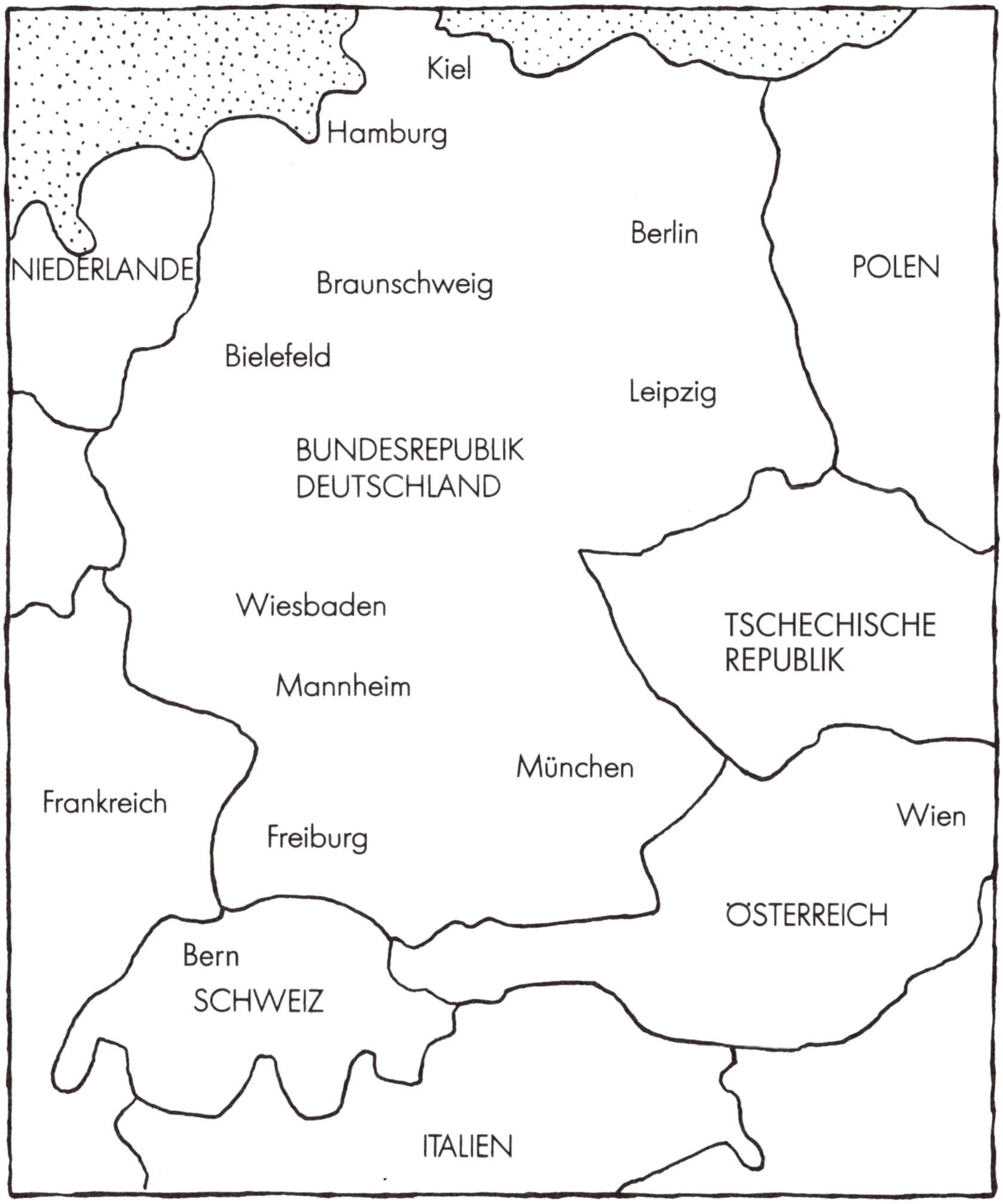

Kiel

Hamburg

Berlin

NIEDERLANDE

POLEN

Braunschweig

Bielefeld

Leipzig

BUNDESREPUBLIK
DEUTSCHLAND

Wiesbaden

TSCHECHISCHE
REPUBLIK

Mannheim

München

Frankreich

Wien

Freiburg

ÖSTERREICH

Bern

SCHWEIZ

ITALIEN

**8 Unterstreichen Sie alle
Namen mit „ei" oder
„ie".**

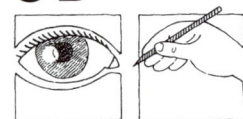

9

ei oder ie?

B___lefeld   Mannh___m
Braunschw___g   N___derlande
Fr___burg   Österr___ch
Frankr___ch   Schw___z
K___l   Slowak___
L___pzig   W___n
                        W___sbaden

Index 55 + 56

10 Hörübung:
[aɪ] (heiß) oder
langes [iː] (hieß)

a) Welche Wörter sind gleich?
b) Wo hören Sie [aɪ]?
c) Wo hören Sie [iː]?

11

Lösung

heiß, hieß, hier, heiraten,

Lied, Leid, Miene, meine,

sie, sei, Reise, Riese,

Wiese, weise, Wien, Wein

ei oder ie?

h___ß, h___ß, h___r, h___raten,

L___d, L___d, M___ne, m___ne,

s___, s___, R___se, R___se,

W___se, w___se, W___n, W___n

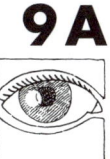

Familien

Wie groß sind diese Familien?
Wie groß ist Ihre eigene Familie?

Großvater
Großmutter

Großeltern

Vater
Mutter

Eltern

Sohn
Tochter

Kinder

9A

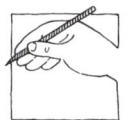

Meine Familie

Meine Familie	lebt in …		
Mein Vater	heißt …		
Meine Mutter	…		
Mein Bruder	ist … Jahre alt.		
Meine Schwester	wohnt in …		
Mein Sohn	arbeitet in …		
Meine Tochter	spricht	nicht	Deutsch.
Mein Mann	lernt		
Meine Frau			

2   Bilden Sie Sätze:

Meine Familie spricht nicht Deutsch.

_____

_____

_____

_____

_____

_____

_____

_____

_____

_____

_____

_____

_____

Einladung zum Geburtstag

3   Unterstreichen Sie den Buchstaben M/m.

München, den 2. Mai

Liebe Moni!

Bitte komm zu meinem Geburtstag am 4. Mai um
15.30 Uhr. Max und Marko kommen auch. Maria
kommt mit ihrer Mutter.

Bis übermorgen

Momo

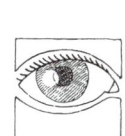

Familienfest

A B C D E F G H I J K L M N O P Q R S T U V W X Y Z

a b c d e f g h i j k l m n o p q r s t u v w x y z

1 **Schreiben Sie den Buchstaben M/m nach:**

M MNHMKMMWMHNWMUHM WMNMNNMWHFMUMVNW

m mnurmwumhyvmmnmvmwnmm nuwmnwvymwmnhmunmwmnmn

M M _____

m m _____

2

Lösung

München, den 2. Mai

Liebe Moni!

Bitte komm zu meinem Geburtstag

am 4. Mai um 15.30 Uhr.

Max und Marko kommen auch.

Maria kommt mit ihrer Mutter.

Bis übermorgen.

M oder m

☐ünchen, den 2. ☐ai

Liebe ☐oni!

Bitte ko☐☐ zu ☐eine☐ Geburtstag

a☐ 4. ☐ai u☐ 15.30 Uhr.

☐ax und ☐arko ko☐☐en auch.

☐aria ko☐☐t ☐it ihrer ☐utter.

Bis über☐orgen.

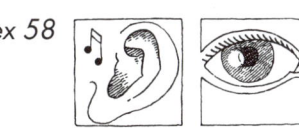

(A = am Anfang, I = im Innern, E = am Ende)

1	A	I	Ⓔ		6	A	I	E
2	A	I	E		7	A	I	E
3	A	I	E		8	A	I	E
4	A	I	E		9	A	I	E
5	A	I	E		10	A	I	E

3 Wo hören Sie den Laut [m]?

am	warum
im	kommen
mit	Mutter
man	immer
Kamel	Nummer

nahm	wem	stimmt
kam	dem	nimmt
Kamm	Atem	spinnt
komm	um	Raum
stumm	zum	Zaun
dumm	warum	kaum

4 Was reimt sich?

Mann	Mama	Name	am
man	Matte	Familie	im
mein	Messer	Nummer	ihm
Meer	Mutter	immer	um
mehr	Muschel	kommen	kam
mir		zusammen	Kamm
mit			komm
Maus			dem
Moor			Lehm
Mut			wem
Mund			Dom
			Rom

5 Bitte lesen Sie:

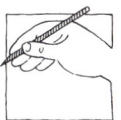

6

m oder mm?

lah___, La___, ka___, ko___en,

Ka___, Leh___, Nu___er, Ro___,

Na___e, i___er, ih___, zusa___en

Lösung

lahm, Lamm, kam, kommen,

Kamm, Lehm, Nummer, Rom,

Name, immer, ihm, zusammen

 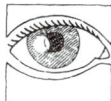

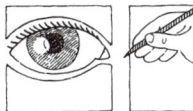

A B C D E F G H I J K L M N O P Q R S T U V W X Y Z

a b c d e f g h i j k l m n o p q r s t u v w x y z

N NMLKMAENOMHWNNHMW
XNMNVNXMNWUNHMNMN

n nuvumnwnunnrmnwnhndbnhnnm
wvumunvwmvnnmhmnnnuvumnw

N N _____

_____

n n _____

_____

1 **Schreiben Sie den Buchstaben N/n nach:**

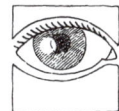

Antwort

Unterstreichen Sie den Buchstaben N/n.

München, den 3.5.

Liebe Momo!

Vielen Dank für deine Einladung. Ich kann aber nicht kommen. Ich bin morgen in Nürnberg. Ich wünsche Dir alles Gute.

Deine Moni

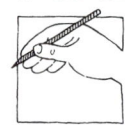

2

Lösung

München, den 3.5.

Liebe Momo!

Vielen Dank für deine

Einladung.

Ich kann aber nicht
kommen.

Ich bin morgen in Nürnberg.

Ich wünsche dir alles Gute.

Deine Moni.

N oder n

Mü☐che☐, de☐ 3.5.

Liebe Momo!

Viele☐ Da☐k für dei☐e

Ei☐ladu☐g.

Ich ka☐☐ aber ☐icht komme☐.

Ich bi☐ morge☐ i☐ ☐ür☐berg.

Ich wü☐sche dir alles Gute.

Dei☐e Mo☐i.

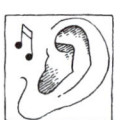 *Index 59*

**3   Wo hören Sie den
       Laut [n]?**

an	Name
na	nein
nun	wohnen
Sonne	nennen
Sohn	man

(A = am Anfang, I = im Innern, E = am Ende)

1	A	I	E	6	A	I	E
2	A	I	E	7	A	I	E
3	A	I	E	8	A	I	E
4	A	I	E	9	A	I	E
5	A	I	E	10	A	I	E

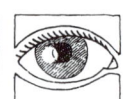 *Index 60*

4   Was reimt sich?

an	denn	ihn
man	den	bin
Mann	wenn	Sinn
Sohn	und	ein
Lohn	Mond	mein
Bonn	Mund	keine

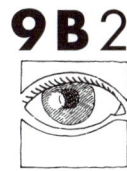

n	a			a	n		tu	n		woh	n	en		La	n	d
n	ach		ma	n			schö	n		Söh	n	e		Ha	n	d
N	acht		Wah	n			nei	n		wei	n	en		Wi	n	d
N	ie		we	n			Wei	n		A	nn	e		Mo	n	d
n	icht		de	n			mei	n		Ta	nn	e		ga	n	z
n	och		Wie	n			kei	n		ne	nn	en		Wu	n	sch
N	ord		hi	n			neu	n		Pfe	nn	ig		Ki	n	d
n	ur		bi	n			ei	n		So	nn	e		ei	n	s

n oder **nn** ?

wa__, Wah__, de__, de__,
Wie__, Si__, Ki__, Soh__,
So__e, woh__en, wei__en

ich heiße   heißen

wohne   _____

komme   _____

lerne   _____

höre   _____

spreche   _____

schreibe   _____

lese   _____

wiederhole   _____

arbeite   _____

5 **Bitte lesen Sie:**

6

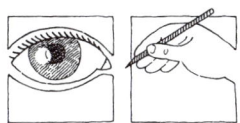

Lösung

wann, Wahn, denn, den,

Wien, Sinn, Kinn, Sohn,

Sonne, wohnen, weinen

7 **Bitte ergänzen Sie:**

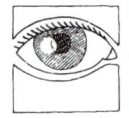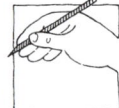

8 Freund, Freundin, Freundinnen

Freund	Freundin	Freundinnen
Student		
Schüler		
Lehrer		
Arzt	Ä	Ä
Kellner		
Italiener		
Spanier		
Perser		
Araber		
Afrikaner		
Amerikaner		
Argentinier		
Australier		
Europäer		
Brasilianer		
Iraner		
Iraker		
Inder		
Kenianer		
Japaner		

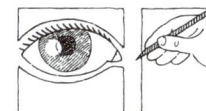

9 Schreiben Sie die Wörter in die Kästchen:

M

der Mann
der Mantel
die Maus
das Meer
das Messer
das Metermaß
die Million
der Mond
der Mund
die Muschel

N

die Nadel
der Nagel
die Nase
das Nashorn
die Noten
die Null
die Nuss

Index 61 + 62

a. Welche Wörter sind gleich?
b. Wann hören Sie [m]?
c. Wann hören Sie [n]?

**10 Hörübung: [m] (mein)
oder
[n] (nein)**

11

Lösung

M/m oder N/n?

Lösung	
Heute ist mein Geburtstag.	Heute ist __ei__ Geburtstag.
Ich bin jetzt 18 Jahre alt.	Ich bi__ jetzt 18 Jahre alt.
Mein Geburtstag ist ein	__ei__ Geburtstag ist ei__
Familienfest.	Fa__ilie__fest.
Die ganze Familie kommt.	Die ga__ze Fa__ilie ko__t.
Zuerst kommt mein Vater.	Zuerst ko__t __ei__ Vater.
Er sagt: „Alles Gute zum	Er sagt: „Alles Gute zu__
Geburtstag, mein Sohn."	Geburtstag, __ei__ Soh__."
Dann kommt meine Schwester.	Da__ ko__t __ei__e Schwester.
Sie sagt: „Mein Bruder, ich	Sie sagt: „__ei__ Bruder, ich
wünsche dir alles Gute zum	wü__sche dir alles Gute zu__
Geburtstag."	Geburtstag."
Dann kommt der Mann	Da__ ko__t der __a__
meiner Schwester.	__ei__er Schwester.
Er sagt: „Herzlichen Glück-	Er sagt: „Herzliche__ Glück-
wunsch zum Geburtstag,	wu__sch zu__ Geburtstag,
mein Schwager."	__ei__ Schwager."
Und dann kommt das Kind.	U__d da__ ko__t das Ki__d.
Es weint.	Es wei__t.

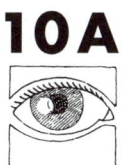

Deutschland, Österreich und die Schweiz

Deutschland, Österreich
und die Schweiz liegen
in Mitteleuropa.

Die Hauptstadt Deutschlands
heißt Berlin.

Die Hauptstadt Österreichs
heißt Wien.

Die Hauptstadt der Schweiz
heißt Bern.

Im Norden Deutschlands
gibt es zwei Meere.

Im Osten Österreichs
liegt Ungarn.

Im Westen der Schweiz
liegt Frankreich.

Der Rhein fließt durch die
Schweiz und Deutschland.

Die Donau fließt durch
Deutschland und Österreich.

Die Alpen sind in
allen drei Ländern.

In Mitteleuropa sind
viele Wälder.

Im Norden Deutschlands
sind Nord- und Ostsee.

10A

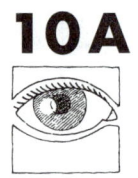

**1   Bitte unterstreichen
Sie die richtigen
Antworten.**

Wo? Wie? Was?

Wo liegt Deutschland?	Im Osten von Österreich Im Westen von Polen Im Süden von Italien
Wo liegt die Schweiz?	Im Westen von Frankreich Im Osten von Frankreich Im Süden von Deutschland
Wo liegt Österreich?	Im Norden von Deutschland Im Süden von Italien Im Westen von Ungarn
Wie heißt die Hauptstadt: von Deutschland? von Österreich? von der Schweiz?	Bonn, München, Berlin Wien, Graz, Innsbruck Genf, Bern, Zürich
Wie heißen die Meere im Norden von Deutschland?	Nordsee Ostsee Bodensee
Wo liegen die Alpen?	In Deutschland In der Schweiz In Österreich
Wo fließt die Donau?	In Deutschland In der Schweiz In Österreich
Was ist Europa?	Eine Stadt Ein Staat Ein Kontinent

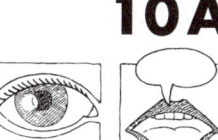
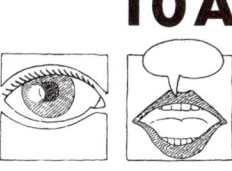

Im Süden	Deutschlands	liegt	Österreich
Im Norden	der Schweiz		die Schweiz
Im Osten	Österreichs		Deutschland
Im Westen			Frankreich
			Dänemark
			Luxemburg
			Holland
			Belgien
			die Tschechische Republik
			Polen
			die Slowakische Republik
			Ungarn
			Slowenien
			Italien

2   Bilden Sie Sätze:

3   Bilden Sie Sätze:

_____
_____
_____
_____
_____
_____
_____
_____
_____
_____
_____
_____
_____
_____
_____
_____
_____
_____
_____
_____

10A

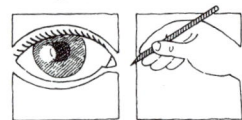

4   Bitte antworten Sie:

Wie heißen die Länder im Süden,
Norden, Westen, Osten Ihres Landes?

Im Süden liegt   . . . .

. . . .

. . . .

. . . .

Im Norden liegt   . . . .

. . . .

. . . .

. . . .

Im Westen liegt   . . . .

. . . .

. . . .

. . . .

Im Osten liegt   . . . .

. . . .

. . . .

. . . .

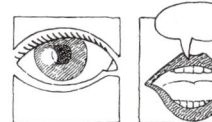
Mein Land

1. Wie heißt Ihr Land? Mein Land heißt _____

2. Wo liegt Ihr Land? Der Kontinent heißt _____

3. Wie heißt die Hauptstadt
Ihres Landes? Die Hauptstadt heißt _____

4. Wie heißt der größte
Fluss Ihres Landes? Der größte Fluss heißt _____

5. Wo sind Berge, Wälder, Meere?

Berge sind im _____

Wälder sind _____

Das Meer ist im _____

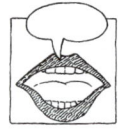 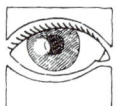

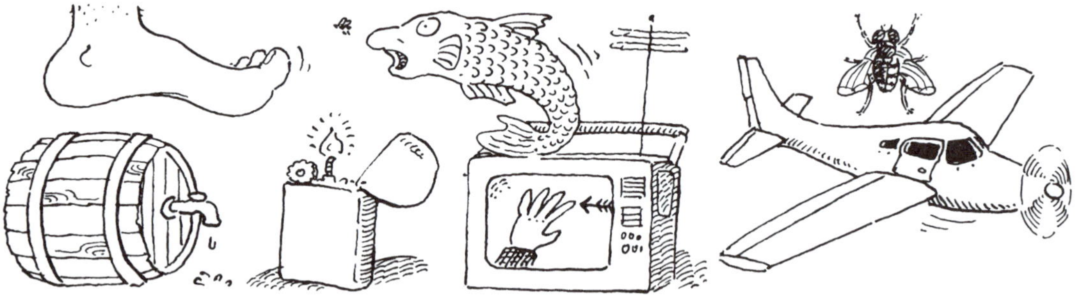

Diese Seite darf für Unterrichtszwecke kopiert werden. Aus: *Projekt Alphabet Neu* © Langenscheidt, Berlin und München 2004

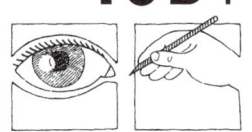

A B C D E F G H I J K L M N O P Q R S T U V W X Y Z
a b c d e f g h i j k l m n o p q r s t u v w x y z

F	FEHFBEKPTFEFBEFEHFBEKPTFEFBE
f	fijltfhltdfgjlflrtoljgfdffijltfhltdfgjlflrtolj
F f	fltlJLFETltlhfdTFEFEJLTFltlfbfTFJKtflflt

1 Schreiben Sie den Buchstaben F/f nach:

F _____

f _____

F oder f

☐ahrzeug ☐ün☐ dar☐ ☐ahren.
☐ahrt, ☐lugzeug, ☐euerzeug,
☐amilie, ☐ass, ☐uß, ☐ertig,
☐isch, ☐inger, ☐liege, Schi☐☐,
Kau☐ho☐, kau☐en,
Schla☐, schla☐en,
☐luss, ☐ließen

2

Lösung

Fahrzeug fünf darf fahren.

Fahrt, Flugzeug, Feuerzeug,

Familie, Fass, Fuß, fertig,

Fisch, Finger, Fliege, Schiff,

Kaufhof, kaufen,

Schlaf, schlafen,

Fluss, fließen

Index 63

3 Wo hören Sie den Laut [f]? (A = am Anfang, I = im Innern, E = am Ende)

Lösung

Fass	Fuß	1	A	I	E	6	A	I	E
Affe	Ruf	2	A	I	E	7	A	I	E
Schiff	kaufen	3	A	I	E	8	A	I	E
schlafen	fünf	4	A	I	E	9	A	I	E
Schlaf	Ofen	5	A	I	E	10	A	I	E

 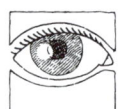

Index 64

4 Was reimt sich?

Schaf	treffen	Brief
schlaff	kläffen	schief
Schlaf	tropfen	Schiff
Stoff	Luft	Verkauf
Bahnhof	sucht	Verbrauch
soff	Gruft	Verlauf

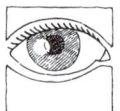

5 Bitte lesen Sie:

Fass	schlafen	Schaf
fett	Telefon	schief
fit	Ofen	Brief
fort	kaufen	Huf
fünf	laufen	Ruf
Fuß	Seife	auf
faul	Reifen	Kauf
	Affe	Reif
	schaffen	Schiff
	offen	

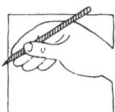

6

Lösung

Ofen, offen, Schlaf, schlafen

Schaf, schaffen, schief, Schiff

f oder ff?

O__en, o__en, Schla___, schla___en

Scha___, schaf___en, schie___, Schi___

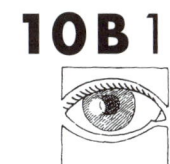

Fahrprüfung

Wer muss warten?

Unterstreichen Sie bitte
jedes F/f im Text.
Umkreisen Sie bitte jedes
W/w.

Fahrzeug 1
Fahrzeug 2
Fahrzeug 3

Antwort: Fahrzeug 1
Fahrzeug 2

**In welcher Reihenfolge darf
gefahren werden?**

Fahrzeug 1
Fahrzeug 2
Fahrzeug 3

Antwort: 1–2–3

Wer muss warten?

Fahrzeug 1
Fahrzeug 2

Antwort: Fahrzeug 1

Wer muss warten?

Fahrzeug 1
Fahrzeug 2
Fahrzeug 3

Antwort: Fahrzeug 1, 2

Quelle: Fragen für die Führerscheinprüfung, S. 30, 32, 35, 93.
Verkehrsblatt-Verlag, Dortmund

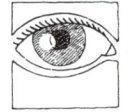 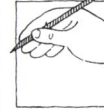

A B C D E F G H I J K L M N O P Q R S T U V W X Y Z

a b c d e f g h i j k l m n o p q r s t u v w x y z

1 Schreiben Sie den Buchstaben W/w nach:

W | W V M N W U W M W W V U Y A W
M W U M W V U W H Y W M N W U

w | w n m w v y u w h w n h w m u w x w u w v
m v w n u v w a w u w m w n w v u w m v w

W | _____

w | _____

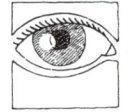

2

Lösung

Wann? Was? Warum?
Wer? Wie?

Wie viel? Wo? Woher?
Wohin?

Wohnung, wohnen,
Einwohner,

Wald, Wetter, Westen,

Wolke, Wasser, weinen,
Wiese

W oder **w**

☐ann? ☐as? ☐arum? ☐er? ☐ie?

☐ie viel? ☐o? ☐oher? ☐ohin?

☐ohnung, ☐ohnen, Ein☐ohner,

☐ald, ☐etter, ☐esten,

☐olke, ☐asser, ☐einen, ☐iese

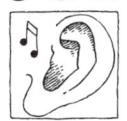
(A = am Anfang, I = im Innern, E = am Ende)

1	A	I	E		6	A	I	E
2	A	I	E		7	A	I	E
3	A	I	E		8	A	I	E
4	A	I	E		9	A	I	E
5	A	I	E		10	A	I	E

3 Wo hören Sie den Laut [v]?

was	wie
wer	wie viel
Löwe	wo
wohnen	Einwohner
Möve	warum

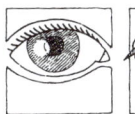 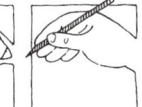

4 Schreiben Sie die Wörter in die Kästchen:

W/w

der Wald
das Waschbecken
der Waschlappen
das Wasser
weinen
die Wiese
die Wolke
die Wurst

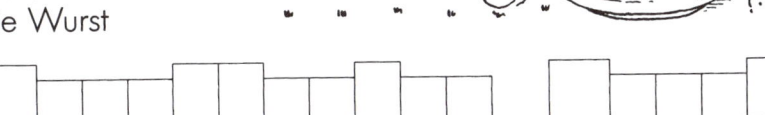

F/f

das Fass
der Fernseher
die Ferse
das Feuerzeug
der Fisch
die Fliege
das Flugzeug
der Fuß
der Finger

10B3

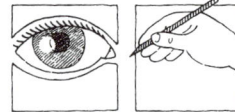

A B C D E F G H I J K L M N O P Q R S T U V̌ W X Y Z

a b c d e f g h i j k l m n o p q r s t u v̬ w x y z

1 Schreiben Sie den Buchstaben V/v nach:

V   V W U X V Y V N H V W Y V U V A U V X V

      W W Y V U V W V U H K V X V Y U V W V

v   v u w v x v w u v y x v u v w u n v w v m n v w v

      y v u j v w y v n v u m v u v w v u w v x v w u v y

V   _____

      _____

      _____

v   _____

      _____

      _____

2

Lösung

Verkehrszeichen	**V** oder **v**
Einfahrt verboten	☐erkehrszeichen
Halten verboten	Einfahrt ☐erboten
Parken verboten	Halten ☐erboten
Vorfahrt beachten	Parken ☐erboten
Motorrad fahren verboten	☐orfahrt beachten
Überholen verboten	Motorrad fahren ☐erboten
Vorfahrtstraße	Überholen ☐erboten
	☐orfahrtstraße

☐ase, ☐erb, ☐illa, ☐okal, ☐ulkan

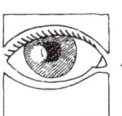 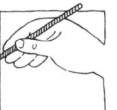
Verkehrszeichen

Einfahrt _____

Halten _____

Parken _____

_____ beachten

Motorrad fahren _____

Überholen _____

_____

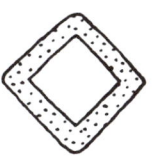

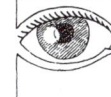 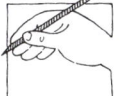

5 **Bitte schreiben Sie die Wörter in die Kästchen**

V

die Vase
der Verband
vier
der Vogel
der Vulkan

Index 66 + 67

a) Welche Wörter sind gleich?
b) Wann hören Sie [f] (fahren)?
c) Wann hören Sie [v] (waren)?

10 B 3

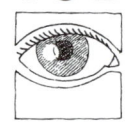

7 **Unterstreichen Sie das stimmlose [f] in:**

Fass, Feuer, Fernseher, Flugzeug, Fliege, Fisch, Fuß, Affe, Schiff, offen, Verband, Vogel, Phase, Phospor

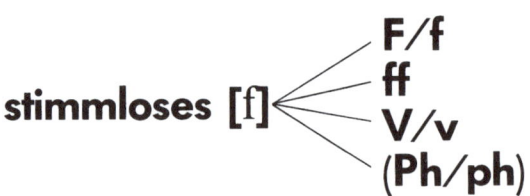

8 **Unterstreichen Sie das stimmhafte [v] in:**

Wasser, was, weinen, Wiese, Wolke, Wetter, Vase, Vulkan, Villa, Vokal

stimmhaftes [v] ⟨ W/w V/v

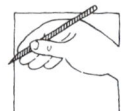

9
Lösung

Wand, fand, wann,

Fall, Wall, Fach, wach,

fegen, wegen, wer,

winden, finden, fiel, wie,

fein, Wein, fort, Wort

F/f oder W/w?

__and, ___and, ___ann,

__all, ___all, ___ach, ___ach,

___egen, ___egen, ___er,

___inden, ___inden, ___iel, ___ie,

___ein, ___ein, ___ort, ___ort

V/v oder W/w?

___etter, ___etter, ___ier, ___ir,
___oll, ___olle, ___iel, ___enig,
___ert___oll, ___under___oll

F/f oder W/w?

___etterbericht: Die ___etterlage.
Au___ der Rückseite eines Tie___s
über der Nordsee ___ließt
___rische Meereslu___t nach
Deutschland. Ausläu___er eines
Randtie___s über ___rankreich
grei___en zeit___eise ost___ärts
au___ Deutschland über. Im
___esten starke Be___ölkung.

Wörter mit Fr/fr _____
_____
_____

fl _____

-ft _____

10

Lösung

Vetter, Wetter, vier, wir,

voll, Wolle, viel, wenig,

wertvoll, wundervoll

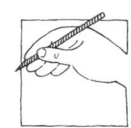

11

Lösung

Wetterbericht: Die Wetter-
lage.

Auf der Rückseite eines Tiefs

über der Nordsee fließt

frische Meeresluft nach

Deutschland. Ausläufer
eines

Randtiefs über Frankreich

greifen zeitweise ostwärts

auf Deutschland über. Im

Westen starke Bewölkung.

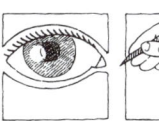

12 Bitte ergänzen Sie:

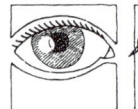

10B3

Das Wetter

13 Viel oder wenig Sonne?

Sonne

viel Sonne   wenig Sonne

Regen

156   Diese Seite darf für Unterrichtszwecke kopiert werden. Aus: *Projekt Alphabet Neu* © Langenscheidt, Berlin und München 2004

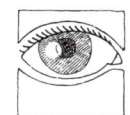

Schnee

Wind

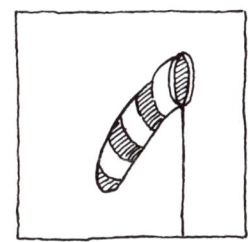

Im Norden	Afrikas	gibt es	viel	Sonne.
Süden	Amerikas		wenig	Regen.
Osten	Asiens			Schnee.
Westen	Australiens			Wind.
	Europas			

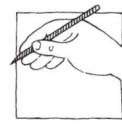

14 Bilden Sie Sätze:

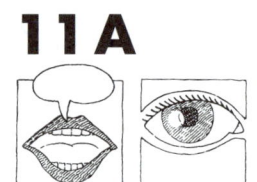

Wie lange noch?

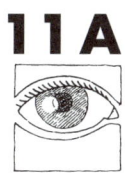

KALENDER FÜR DAS JAHR 2004

	JANUAR	FEBRUAR	MÄRZ
Woche	1 2 3 4 5	5 6 7 8 9	10 11 12 13 14
Montag	5 12 19 26	2 9 16 23	1 8 15 22 29
Dienstag	6 13 20 27	3 10 17 24	2 9 16 23 30
Mittwoch	7 14 21 28	4 11 18 25	3 10 17 24 31
Donnerstag	**1** 8 15 22 29	5 12 19 26	4 11 18 25
Freitag	2 9 16 23 30	6 13 20 27	5 12 19 26
Samstag	3 10 17 24 31	7 14 21 28	6 13 20 27
Sonntag	**4 11 18 25**	**1 8 15 22 29**	**7 14 21 28**

	APRIL	MAI	JUNI
Woche	14 15 16 17 18	18 19 20 21 22 23	23 24 25 26 27
Montag	5 **12** 19 26	3 10 17 24 **31**	7 14 21 28
Dienstag	6 13 20 27	4 11 18 25	1 8 15 22 29
Mittwoch	7 14 21 28	5 12 19 26	2 9 16 23 30
Donnerstag	1 8 15 22 29	6 13 **20** 27	3 **10** 17 24
Freitag	2 **9** 16 23 30	7 14 21 28	4 11 18 25
Samstag	3 10 17 24	**1** 8 15 22 29	5 12 19 26
Sonntag	**4 11 18 25**	**2 9 16 23 30**	**6 13 20 27**

	JULI	AUGUST	SEPTEMBER
Woche	27 28 29 30 31	31 32 33 34 35 36	36 37 38 39 40
Montag	5 12 19 26	2 9 16 23 30	6 13 20 27
Dienstag	6 13 20 27	3 10 17 24 31	7 14 21 28
Mittwoch	7 14 21 28	4 11 18 25	1 8 15 22 29
Donnerstag	1 8 15 22 29	5 12 19 26	2 9 16 23 30
Freitag	2 9 16 23 30	6 13 20 27	3 10 17 24
Samstag	3 10 17 24 31	7 14 21 28	4 11 18 25
Sonntag	**4 11 18 25**	**1 8 15 22 29**	**5 12 19 26**

	OKTOBER	NOVEMBER	DEZEMBER
Woche	40 41 42 43 44	44 45 46 47 48	49 50 51 52 53
Montag	4 11 18 25	1 8 15 22 29	6 13 20 27
Dienstag	5 12 19 26	2 9 16 23 30	7 14 21 28
Mittwoch	6 13 20 27	3 10 **17** 24	1 8 15 22 29
Donnerstag	7 14 21 28	4 11 18 25	2 9 16 23 30
Freitag	1 8 15 22 29	5 12 19 26	3 10 17 24 31
Samstag	2 9 16 23 30	6 13 20 27	4 11 18 **25**
Sonntag	**3 10 17 24 31**	**7 14 21 28**	**5 12 19 26**

Feiertage: 2004

Neujahr 1. Januar, Karfreitag 9. April, Ostern 11. und 12. April, Maifeiertag 1. Mai,
Christi Himmelfahrt 20. Mai, Pfingsten 30. und 31. Mai, Tag der deutschen Einheit
3. Oktober, Weihnachten 25. und 26. Dezember

1 Unterstreichen Sie jedes Wort mit J/j.

2 Markieren Sie die christlichen Feiertage.
(an diesen Tagen ist kein Unterricht)

3 Markieren Sie Ihre religiösen Feiertage.

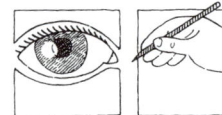

11 B 1

1 Schreiben Sie den Buchstaben J/j nach:

A B C D E F G H I J K L M N O P Q R S T U V W X Y Z

a b c d e f g h i j k l m n o p q r s t u v w x y z

J JILHJYJXTJILFJVJYIJLJLJIJTIJTYNJLJ
IUJTIJLJJILHJYJXTJILFJVJYIJLJLJIJTIJ

j jigfjlipijyijqjilyqpjijlipijdjaiqjjliyijljjigf
jlipijyijqjilyqpjijlipijdjaiqjjliyijljjigfjlip

J _____

_____

_____

j _____

_____

_____

2

Lösung

Das Jahr: Januar, Juni, Juli,

ja, jetzt, jedes Jahr, Jaguar,

Japan, Jacke, jagen, Jagd,

jemand, Troja, Jubel, jucken,

jung, Jugend, Junge, Pompeji,

Soja

J oder **j**

Das ☐ahr: ☐anuar, ☐uni, ☐uli,
☐a, ☐etzt, ☐edes ☐ahr, ☐aguar,
☐apan, ☐acke, ☐agen, ☐agd,
☐emand, Tro☐a, ☐ubel, ☐ucken,
☐ung, ☐ugend, ☐unge, Pompe☐i,
So☐a

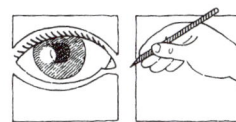

Die Jahreszeiten

der Frühling ___März_____

3   Tragen Sie die Monate ein.

der Sommer _____

der Herbst _____

der Winter _____

Das Wetter in Europa

4   Bilden Sie Sätze:

Im Frühling	gibt es	im Norden	viel	Sonne.
Sommer		Süden	wenig	Regen.
Herbst		Osten		Schnee.
Winter		Westen		Wind.

_____

_____

_____

_____

_____

5   Wie ist das Wetter in Ihrem Land?

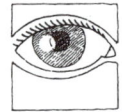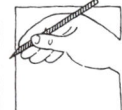

6 **Schreiben Sie Ihren eigenen Kalender. Tragen Sie ein, wie lange Ihr Sprachkurs dauert.**

Kalender für 20____

Montag																
Dienstag																

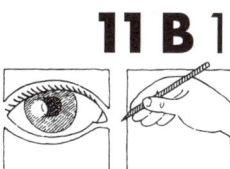

Kalender für 20____

Montag																
Dienstag																

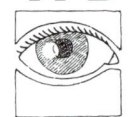

7 Unterstreichen Sie alle Namen mit -ie-:

Wien oder Italien?

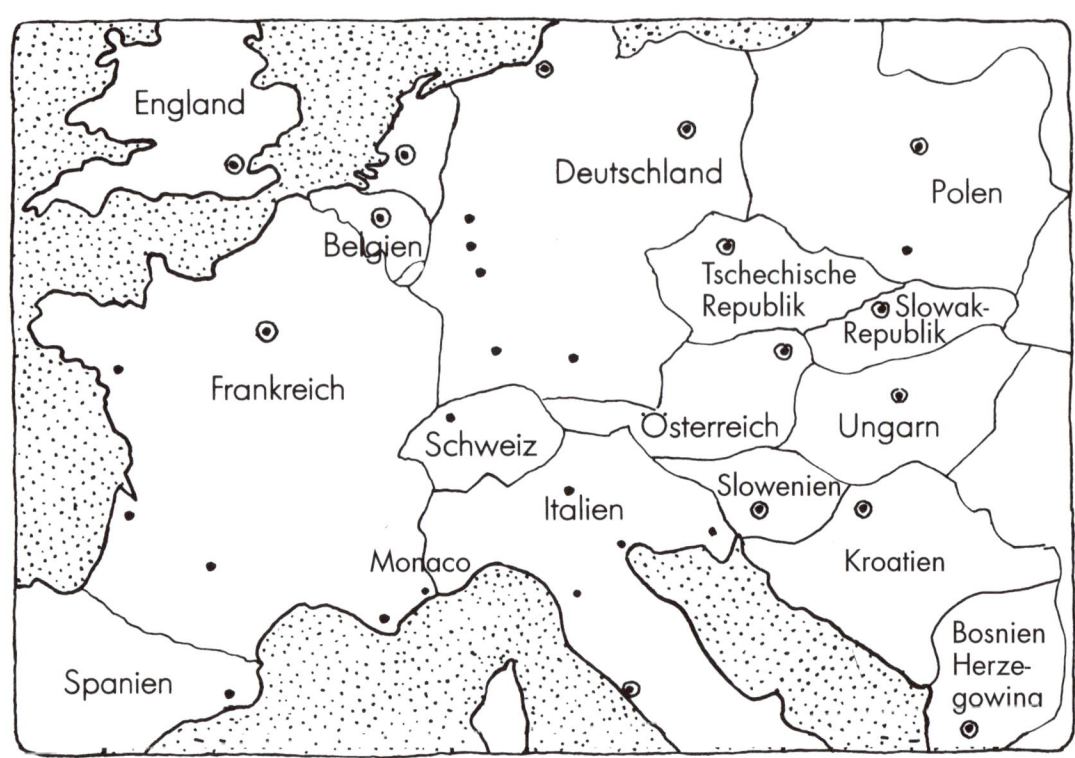

8 Unterstreichen Sie die Vokale und schreiben Sie sie ab.

  *Index 68*

9 Umkreisen Sie den Vokal, der am stärksten betont ist:
(Beispiel: Alb@nien)

A<u>l</u>b<u>a</u>n<u>ie</u>n

Belgien

Italien

Ungarn

Sardinien

Spanien

Griechenland

Niederlande

A – a – i – e

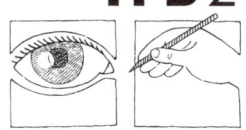

A B C D E F G H I J K L M N O P Q R S T U V W X Y Z

a b c d e f g h i j k l m n o p q r s t u v w x y z

L | LEFLHJLITZLVPKLMLTUBLFELHJKL
MNLPTULHLLEFLHJLITZLVPKLMLT

l | lbdfhlijklpqrltytlklminjklfhdlgikjlmot
ulkihjfgdltfllbdfhlijklpqrltytlklminjklf

1 Bitte schreiben Sie den Buchstaben L/l nach:

L | L L L L L L L L L L L L L L L L L L

l | l l l l l l l l l l l l l l l l l l l

_____

_____

_____

_____

_____

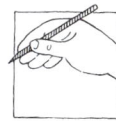

L oder l

Wie ☐ange b☐eiben Sie
in Deutsch☐and?
Wie ☐ange ☐ernen Sie Deutsch?
Wie heißt Ihr ☐ehrer
und Ihre ☐ehrerin?
Ka☐ender, Apri☐, Ju☐i, Früh☐ing

2

Lösung

Wie lange bleiben Sie

in Deutschland?

Wie lange lernen Sie
Deutsch?

Wie heißt Ihr Lehrer

und Ihre Lehrerin?

Kalender, April, Juli, Frühling

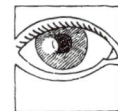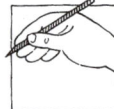

11 B 2

3 Schreiben Sie die Wörter in die Kästchen:

L

das Lamm
die Lampe
die Leiter
das Lineal
der Löffel
der Löwe
die Lokomotive

 *Index 69*

4 Wo hören Sie den Laut [l]?

(A = am Anfang, I = im Innern, E = am Ende)

Null	Öl	1	A	I	E		6	A	I	E
Lack	Wolle	2	A	I	E		7	A	I	E
hell	Schule	3	A	I	E		8	A	I	E
los	lernen	4	A	I	E		9	A	I	E
Welle	holen	5	A	I	E		10	A	I	E

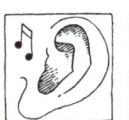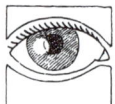 *Index 70*

5 Was reimt sich?

Zahl	Stelle	viel
Tal	Quelle	Ziel
Saal	stellte	Keil
toll	Gold	Seile
voll	Huld	Seife
wollt	Schuld	Meile

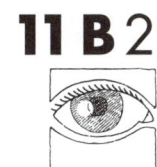

Lamm	Lampe	All	fallen
lang	lesen	Ball	Teller
laut	liegen	hell	Brille
leer	Löwe	Mehl	Wolle
lieb	lustig	still	Schule
links		voll	
Lift		Öl	
los		Null	
Loch			
Luft			
Lust			

6   **Bitte lesen Sie:**

l oder ll?

Scha__e, Scha___, Di___, Die__e,
hei___en, he___, Woh___,
Wo___e, We___e, wäh___en,
Müh___e, Mü___, fah___,
fa___en, Tä___er, Te___er,
A___, Aa___, pra___,
prah___en, Ba___,
Schu___e, schru___ig,
ste___en, Stuh___, Stu___e,
Ö___, vo___, Foh___en,
quä___en, que___en, steh___en

7

Lösung

Schale, Schall, Dill, Diele,

heilen, hell, Wohl,

Wolle, Welle, wählen,

Mühle, Müll, fahl,

fallen, Täler, Teller,

All, Aaal, prall,

prahlen, Ball,

Schule, schrullig,

stellen, Stuhl, Stulle,

Öl, voll, Fohlen,

quälen, quellen, stehlen

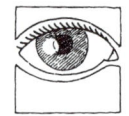 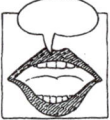

Die Ruhestörung

Diese Seite darf für Unterrichtszwecke kopiert werden. Aus: *Projekt Alphabet Neu* © Langenscheidt, Berlin und München 2004

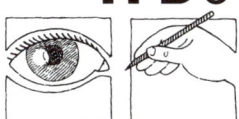

A B C D E F G H I J K L M N O P Q R S T U V W X Y Z

a b c d e f g h i j k l m n o p q r s t u v w x y z

R
RPBGRKSRPTRHKBGPRABRDEGR
HKROPRSTRPRPBGRKSRPTRHKB

r
rstrcdefrijkrlmrnoruvzbrcdrerfrgrhi
rjkrlmnortrrstrcdefrijkrlmrnoruvzbr

1 Bitte schreiben Sie den Buchstaben R/r nach:

R _____

_____

r _____

_____

R oder r

Fah☐en Sie Fah☐☐ad?
☐uhe, Sie stö☐en,
ich hö☐e ☐adio.
☐egen, ☐echts, He☐z,
Ke☐ze, Sche☐ze, ☐ing, B☐ief,
B☐ille, Schi☐m, Ziga☐ette,
☐ose, ☐auch

2

Lösung

Fahren Sie Fahrrad?

Ruhe, Sie stören,

ich höre Radio.

Regen, rechts, Herz,

Kerze, Scherze, Ring, Brief,

Brille, Schirm, Zigarette,

Rose, Rauch

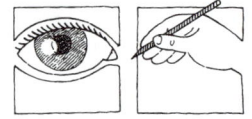

3 Schreiben Sie die Wörter in die Kästchen:

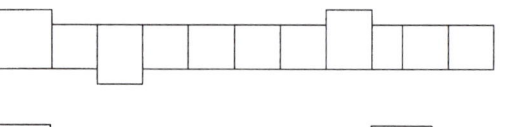

R

das Fahrrad
das Radio
der Rauch
der Regen
der Regenschirm
der Ring
die Rose

Index 71 + 72

4 Hörübung:
[ə] (arbeite) oder
[e] (Arbeiter)

a) Welche Wörter sind gleich?
b) Wo hören Sie [ə]?
c) Wo hören Sie [e]?

-e oder -er?

Bild__, bild__, dies__, dies__,
Füll__, Füll__, Find__, find__,
Lern__, lern__, Lehr__, Lehr__,
Miet__, Miet__, zähl__, Zähl__

5

Lösung

Bilder, bilde, diese, dieser,

Füller, Fülle, Finder, finde,

Lerner, lerne, Lehrer, Lehre,

Miete, Mieter, zähle, Zähler

Index 73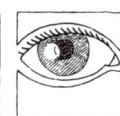

6   Was reimt sich?

gar	wer	ihr
Garten	mehr	wir
klar	Meer	vier
Ohr	nur	Norden
hervor	zur	morgen
Ort	nun	morden

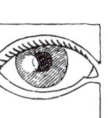

7   Bitte lesen Sie:

Rat	Rahmen	Haar|e
r|echts	Regen	le|r|nen
Ring	r|ichtig	Lehr|er
r|ot	Rose	vie|r|zig
Rom	Ruhe	hö|r|en
Ruf	r|ufen	mo|r|gen
Raum	r|auchen	stö|r|en
		knu|rr|en

8   Bitte sprechen Sie nach:

ja – Jahr	wie – wir
See – sehr	Vieh – vier
weh – Wehr	roh – Rohr
Tee – Teer	Kuh – Kur
	nu – nur

war, paar, Haar, mehr, leer, wir, Tier, hier, vor,
Ohr, nur, Uhr, für, Tür

9   Bitte lesen Sie:

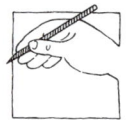

10

Lösung

wir, wirr, Ihr, irren,

Schere, sperren, stören,

störrisch, sperren, Beeren

r oder rr?

wi___, wi___, Ih___, i___en,

Sche___e, spe___en, stö___en,

stö___isch, spe___en, Bee___en

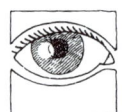

oben

unten

links   rechts

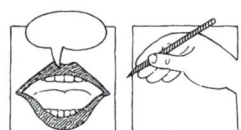

11 Bilden Sie Sätze:

Rechts oder links, oben, unten oder in der Mitte?

Der Brief	ist	rechts	oben.
Der Schirm		links	unten.
Die Uhr			in der Mitte.
Die Zigarette			
Die 30			
Die Rose			
Die Kerze			
Die 4			
Die Schere			
Die Brille			
Die 33			
Das Fahrrad			
Das Fenster			
Das Herz			
Das Radio			

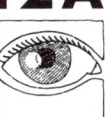

Allgemeinmedizin

○ Abbushi Gerda Dr.med. (Dei) Bahnhof-21
6312
○ Ader Pieter Dr.med. u. Erna Dr.med. Allg.Ärzte
Gemeinschaftspraxis Kyrein-8   3847
○ Ärztliche Bereitschaftspraxis München-Süd
74733
○ Ärztliche Bereitschaftspraxis Markstraße 33400
○ Ahlborn Ben Dr.med. Maximilianspl. 12A
15934
○ Aiblinger Maria Dr.med. Eduard-Fentsch-Weg
55321
○ Al-Iassin Juri Schiller-14   28493
○ Al-Zagha R. Rada Dr.med. Feldmochinger-53
15047
○ Albers Franz-Dieter Dr.med. Putzbrunner-2
39609
○ Albers Franz-Dieter Dr. Schwalben-25G   96027
○ Arends Wolfgang Ismaninger-128   89570
○ Arens Hans Dr.med. Haupt-35   66411
○ Arndt Erika Haupt-21   96123
○ Arnoldi Ulrike Dr.med. Verdi-72   41811
○ Arztpraxis für ganzheitliche Medizin Dr. med.
Wendik Frank Bahnhof-1   56677
○ Ascher Sieglinde Dr. Valesko-2   94608
○ Assemi-Kabir Andrea Dr.med. Dr.-Max-4   40128
○ Auer-Garven B. Dr.med. Otilo-21   72185
○ Auerbach-Siemens Maria Gisleher-10   44321
○ Augustin Jürgen Dr. med. Münchner-1   30654

Wohin gehören diese Namen? Ordnen Sie ein:

Telefonbuch

○ Alberti Peter u. Seinsch Nicole Dr. Allgemein-
medizin   8141
○ Albrich Walter Prof. Dr.med. u. Sigrid Dr.med.
35421
○ Araia Hella Dr.med. Schwanthaler-10   25321
○ Achatz Günther Dr.med.   78243
○ Aulinger Dagmar Dr.med.   34960

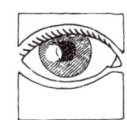 

Telefonieren

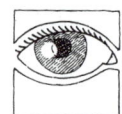 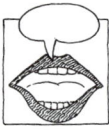

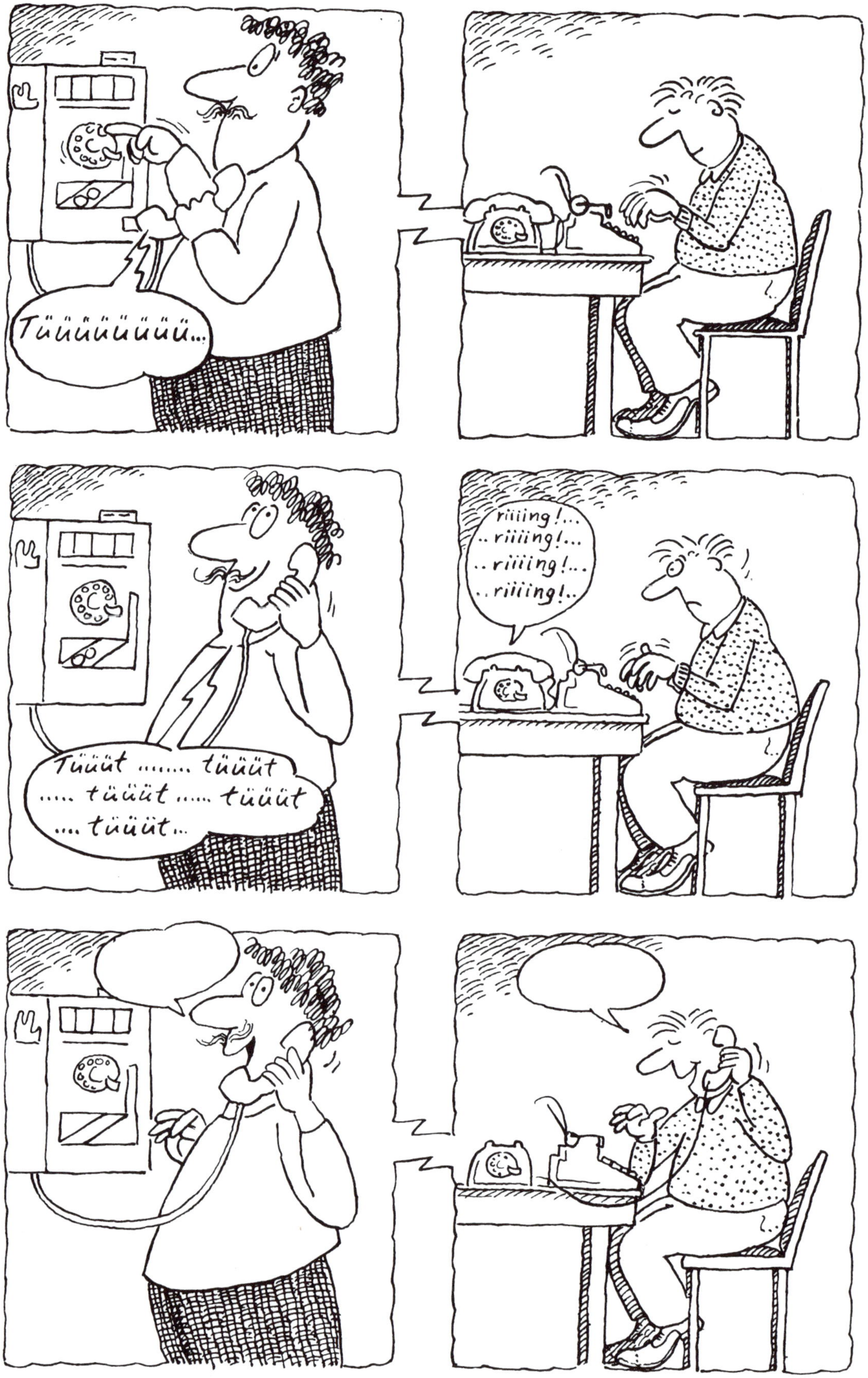

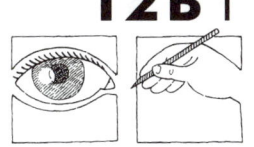

A B C D E F G H I J K L M N O P Q R S T U V W X Y Z

a b c d e f g h i j k l m n o p q r s t u v w x y z

T TELBFTPRTZTRTPLTJFTRTZPTLEFTB
TRSTZLTELBFTPRTZTRTPLTJFTRTZP

t tlhjklfdtbtlkfdflthklftdkltythfdfbltJLtf
hjklfghtlhjklfdtbtlkfdflthklftdkltythfd

1 Bitte schreiben Sie den Buchstaben T/t nach:

T _____
_____
_____

t _____
_____
_____

T oder **t**

☐elefon, ☐elefonieren, bi☐☐e,
☐ür, ☐isch, ☐eller, ☐asse, ☐u☐,
☐asche, ☐opf, ☐uch, ☐reppe

(A = am Anfang, I = im Innern, E = am Ende)

1	A	I	E	7	A	I	E
2	A	I	E	8	A	I	E
3	A	I	E	9	A	I	E
4	A	I	E	10	A	I	E
5	A	I	E	11	A	I	E
6	A	I	E	12	A	I	E

2

Lösung

Telefon, telefonieren, bitte,

Tür, Tisch, Teller, Tasse, tut,

Tasche, Topf, Tuch, Treppe

Index 74

3 Wo hören Sie den Laut [t]?

Tee	kalt
nett	bitte
Vater	rot
gut	tot
Tag	und
hat	Geld

 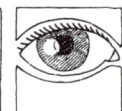

Index 75

4 Was reimt sich?

hat	Bett	ist
Blatt	Beet	bist
satt	fett	küsst
Worte	gut	laut
Orte	Mutter	Laub
dort	tut	Braut

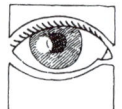

5 Bitte lesen Sie:

Tag	hat	hart	Vater
Tat	geht	kalt	beten
Tee	steht	alt	reiten
Teller	mit	Arzt	Wetter
Tisch	Brot	Ast	bitte
Tier	rot	Welt	Mitte
tief	gut	Test	Butter
Ton	Mut	ist	Mutter
toll	tut	bist	
tun	spät	Wort	
tauchen	laut	dort	
Teil	Zeit	Ort	
teuer	satt		
	Bett		
	nett		
	Gott		

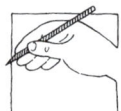

6

Lösung

Mitte, Miete, Rate, Ratte,

Bett, Beet, statt, Staat,

Mut, Mutter, satt, Saat,

betten, beten, Brett, breit

t oder tt?

Mi__e, Mie__e, Ra__e, Ra__e,

Be__, Bee__, sta__, Staa__,

Mu__, Mu__er, sa__, Saa__,

be__en, be__en, Bre__, brei__

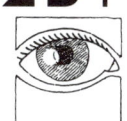

Wie telefoniert man am Kartentelefon?

Man nimmt den Hörer ab … tüüüü …
Man schiebt eine Telefonkarte in das
   Telefon.
Man wählt die Nummer und wartet … tüt … tüt …
   tüt … (besetzt!)
Man hängt den Hörer wieder ein.
Man beginnt nun noch einmal.

Man nimmt den Hörer ab … tüüüü …
Man schiebt noch einmal die Karte in das
   Telefon.
Man wählt die Nummer und
man wartet … tüüüt … tüüüt … (frei!)
Jemand meldet sich jetzt, und man spricht.

7 Bitte unterstreichen
Sie jedes T/t im Text.

Umkreisen Sie die
Konsonanten, die das
T/t umgeben.

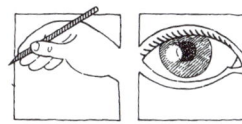

telefonieren	man telefoniert
nehmen	ni
werfen	wi
wählen	
warten	
einhängen	h ein
beginnen	
melden	melde
sprechen	spri

8 Ergänzen Sie bitte:

9 Umkreisen Sie das
T/t und die Konso-
nanten, die das T/t
umgeben.

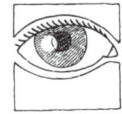

A B C D E F G H I J K L M N O P Q R S T U V W X Y Z

a b c d e f g h i j k l m n o p q r s t u v w x y z

1 Bitte schreiben Sie den Buchstaben D/d nach:

D DGBDPRDKDBDOQRDBRPDBG
BDGEGRDHBDRDPKBDRODRBD

d dbgpddhkddkhbdtbdpadfbpdd
rtlbdgpdqbdqtpldfdbgpddhkdd

D _____

_____

d _____

_____

2

Lösung

Die dreißig Studenten aus

Dänemark studieren am

Dienstag drei Stunden Deutsch.

Index 76

D oder d

☐ie ☐reißig Stu☐enten aus

☐änemark stu☐ieren am

☐ienstag ☐rei Stun☐en ☐eutsch.

3 Wo hören Sie den Laut [d]?   (A = am Anfang, I = im Innern)

da	Bruder	1	A	I		6	A	I	
du	drei	2	A	I		7	A	I	
oder	wieder	3	A	I		8	A	I	
die	das	4	A	I		9	A	I	
finden	beide	5	A	I		10	A	I	

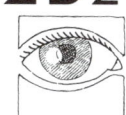

d|a	Ra|d	Rä|d|er	**4 Bitte lesen Sie:**
D|ach	Ba|d	Bä|d|er	
d|ann	Kin|d	Kin|d|er	
d|as	Wal|d	Wäl|d|er	
d|er	Lan|d	Län|d|er	
d|enn	Han|d	Hän|d|e	
d|ie	Grun|d	Grün|d|e	
d|ir	Gel|d	Gel|d|er	
d|ort	Wan|d	Wän|d|e	
d|och	Klei|d	Klei|d|er	
d|u	Win|d	Win|d|e	
d|urch			

d oder tt?

re__en, re__en, Scha__en,

Scha__en, Fe__er, Fe__,

We__er, we__er, Ma__e, Ma__e,

Gewi__er, wie__er,

Fu__er, Fu__er

5

Lösung

reden, retten, Schaden,

Schatten, Feder, Fett,

Wetter, weder, Made,
Matte,

Gewitter, wieder,

Fuder, Futter

Index 77 + 78

a) Welche Wörter sind gleich?
b) Wann hören Sie [t]?
c) Wann hören Sie [d]?

6 Hörübung:
[t] (Teer) oder
[d] (der)?

7

Lösung

T/t oder D/d

Lösung	Aufgabe
Tibor telefoniert.	__ibor __elefonier__.
Er nimmt den Hörer ab.	Er nimm__ __en Hörer ab.
Dann wirft er Geld ein.	__ann wirf__ er Geld ein.
Dann wählt er die Nummer	__ann wähl__ er __ie Nummer
und wartet.	und war__e__.
Es ist besetzt.	Es is__ bese__z__.
Dann hängt er den Hörer	__ann häng__ er __en Hörer
wieder ein.	wie__er ein.
Dann wählt er noch einmal.	__ann wähl__ er noch einmal.
Jetzt ist frei.	Je__z__ is__ frei.
Tibors Freund antwortet:	__ibors Freund an__wor__e__:
„Hallo, hier spricht Dunkel,	„Hallo, hier sprich__ __unkel,
wer spricht dort bitte?"	wer sprich__ __or__ bi__e?"
„Hallo David, hier spricht	„Hallo __avid, hier sprich__
Tibor. Wie geht es dir?"	__ibor. Wie geh__ es __ir?"
„Danke, gut, und dir,	„__anke, gu__, und __ir,
Tibor?"	__ibor?"

8 **Unterstreichen Sie die folgenden Wörter im obigen Text: Geld, und, David, Freund.**

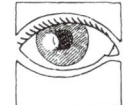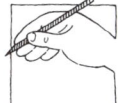

**9   Bitte schreiben Sie
die Wörter in die
Kästchen:**

T/t

die Tasche
die Tasse
tausend
der Teller
das Telefon
der Tisch
die Tischdecke
der Topf
die Treppe
das Tuch
die Tür

D/d

das Dach
der Daumen
der Dampf
der Deckel
drei
das Dreirad
dreißig

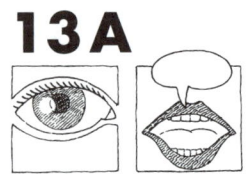

Zeitungen

Wie heißen diese Zeitungen?

Wo erscheinen sie?

Frankfurter Allgemeine
ZEITUNG FÜR DEUTSCHLAND

1,40 €   D 2954 A

Freitag, 18. Juli 2003, Nr. 164/29 D   Herausgegeben von Dieter Eckart, Berthold Kohler, Günther Nonnenmacher, Frank Schirrmacher, Holger Steltzner

---

Ausgabe Saarbrücken-Mitte
G 6024

Abo-Service: (06 81) 502 502
Privatanzeigen: (06 81) 502 503
Redaktion: (06 81) 502 504

SZ im Netz
www.sol.de

Saarbrücker Zeitung
UNABHÄNGIG   GEGRÜNDET 1761   ÜBERPARTEILICH

Loreley ist wieder in
Als Kinder drückten sie sich vor dem Urlaub in Deutschland. Aber als junge Erwachsene zieht es die Deutschen wieder zu den Zielen im eigenen Land. Sie treten im wahrsten Sinne des Wortes in die Fußstapfen der Eltern. *(Seite A 2: Bericht)*

Einzelpreis Deutschland 1,30 €

Frankreich 1,40 € / Luxemburg 1,50 € /
Spanien 2,20 € / Italien 1,75 € / Belgien 1,65 €

Nr. 164 / Seite A 1   FREITAG, 18. JULI 2003

Süddeutsche Zeitung
NEUESTE NACHRICHTEN AUS POLITIK, KULTUR, WIRTSCHAFT UND SPORT

DEUTSCHLAND-AUSGABE   HI2   München, Freitag, 18. Juli 2003   59. Jahrgang / 29. Woche / Nr. 163 / 1,60 Euro

---

Trierischer Volksfreund
ST NR. 164/128. JAHRGANG
TRIERER ZEITUNG   Unabhängig • Überparteilich • Gegründet 1875   FREITAG, 18. JULI 2003
EINZELPREIS 1,00 €

Luxemburger Wort
für Wahrheit und Recht

Luxembourg: 0,90 €
Ausland - Étranger: 1,10 €

FREITAG, DEN 18. JULI 2003   TEL. 49931 – E-MAIL: wort@wort.lu – URL: www.wort.lu   VERLEGER: SAINT-PAUL LUXEMBOURG   AGENCE ESCH-SUR-ALZETTE: 74, RUE DE L'ALZETTE – TEL. 540681
JAHRGANG 156 – NUMMER 164   FAX: 49 93384 (Redaktion) 49 93388 (Sport) 49 93 666 (Anzeigen)   L-2988 LUXEMBOURG, 2, RUE CHRISTOPHE PLANTIN   AGENCE DIEKIRCH: Z.I. WALEBROCH   TEL. 26 80 1010

Frankfurter Rundschau
Unabhängige Tageszeitung

Belgien €1,50 · Frankreich €1,50 · Niederlande €1,50 · Spanien €1,70
Italien €1,70 · Österreich €1,50 · Luxemburg €1,50 · Schweiz CHF 2,90

Freitag, 18. Juli 2003 · Jahrgang 59 · Nr. 165/29   www.fr-aktuell.de   D2-Ausgabe · Deutschland € 1,20   D 2972

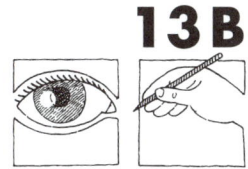

ABCDEFGHIJKLMNOPQRSTUVWXYŽ

a b c d e f g h i j k l m n o p q r s t u v w x y z

Z   Z2SZXSZL5ZZS352ZSZZS2SZBYE
    2Z5ZSZZXSZPZRSBSZ2SZXSZL5Z

z   zsvszroznsbszezuszaszszrezszmz
    nszrzazwzrszzsvszroznsbszezusz

Z   _____

    _____

z   _____

    _____

Z oder **z**

Bitte ☐ählen Sie: eins, ☐wei,
☐ehn, ☐wan☐ig,
☐weiund☐wan☐ig.
Bitte ☐ahlen Sie die ☐eitung jet☐t.

2

Lösung

Bitte zählen Sie: eins, zwei,

zehn, zwanzig,

zweiundzwanzig.

Bitte zahlen Sie die Zeitung jetzt.

Index 79

(A = am Anfang, I = im Innern, E = am Ende)

1	A	I	E		6	A	I	E
2	A	I	E		7	A	I	E
3	A	I	E		8	A	I	E
4	A	I	E		9	A	I	E
5	A	I	E		10	A	I	E

3 Wo hören Sie den Laut [ts]?

Zeit	zehn
kurz	ganz
Zahl	zwischen
zählen	zwanzig
jetzt	Salz

13 B

Index 80 + 81

4 Hörübung:
[t] (Tal) oder
[ts] (Zahl)?

a) Welche Wörter sind gleich?
b) Wann hören Sie [t]?
c) Wann hören Sie [ts]?

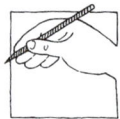

5

Lösung

Zoll, toll, Topf, Zopf,

Zahl, Tal, tanken, zanken,

reiten, reizen, Weizen,

weiten, tanzen, Tanten,

hart, Harz, Warzen, warten

T̲/t̲ oder Z̲/z̲?

__oll, __oll, __opf, __opf,

__ahl, __al, __anken, __anken,

rei__en, rei__en, Wei__en,

wei__en, tan__en, Tan__en,

har__, Har__, War__en, war__en

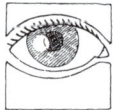

6 Bitte lesen Sie!

Zahn	Katze	Schatz
Zahnarzt	Spaziergang	ganz
Zahl	zwanzig	Spatz
zahlen	tanzen	Tanz
zart	Kerze	Herz
Zeh	Grenze	Pelz
Zettel	Spitze	Schmerz
zwischen	Spritze	Witz
Ziel	vierzig	Besitz
ziehen	sitzen	spitz
Zoll	putzen	Holz
Zoo	nützen	stolz
zu	Pfütze	Trotz
Zug	Mütze	kurz
Zaun	fünfzig	Geiz
Zeile	heizen	
zeigen	Heizung	
Zeitung		
Zeichnung		

tt oder tz?

Scha__en, Scha__, fe__en, Fe__en,
Ri__e, Ri__e, Si__e, Si__e,
Schli__en, schli__en, schü__en,
schü__en, ne__, Ne__,
Sa__, sa__,
pla__, Pla__

7
Lösung

Schatten, Schatz, fetten,
Fetzen,

Ritze, Ritte, Sitte, Sitze,

Schlitten, schlitzen, schützen,

schütten, nett, Netz,

Satz, satt,

platt, Platz

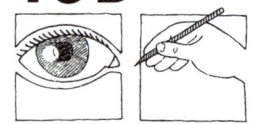

13 B

8 Bitte schreiben Sie die Wörter in die Kästchen:

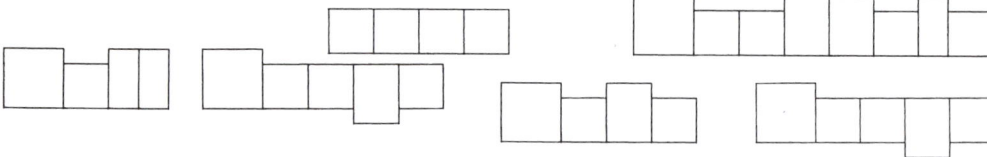

Z/z

der Zahn
der Zeh
das Zelt
die Ziege
die Zitrone
die Zunge
das Zündholz
zwei
die Zigarette

9 Bitte lesen und schreiben Sie:

zwei _____	siebenundzwanzig _____
zehn _____	achtundzwanzig _____
zwölf _____	neunundzwanzig _____
dreizehn _____	vierzig _____
vierzehn _____	zweiundvierzig _____
fünfzehn _____	fünfzig _____
sechzehn _____	zweiundfünfzig _____
siebzehn _____	sechzig _____
achtzehn _____	zweiundsechzig _____
neunzehn _____	siebzig _____
zwanzig _____	zweiundsiebzig _____
einundzwanzig _____	achtzig _____
zweiundzwanzig _____	zweiundachtzig _____
dreiundzwanzig _____	neunzig _____
vierundzwanzig _____	zweiundneunzig _____
fünfundzwanzig _____	zweihundert-
sechsundzwanzig	zweiundzwanzig _____

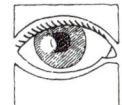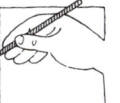

$2 + 10 = 12$

$3 + 10 = 13$

$4 + 10 = 14$

$5 + 10 = 15$

$6 + 10 = 16$

$7 + 10 = 17$

$8 + 10 = 18$

$9 + 10 = 19$

$1 + 20 = 21$

$2 + 20 = 22$

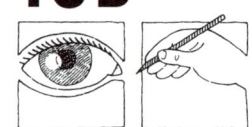

$$3 + 20 = 23$$

$$4 + 20 = 24$$

$$5 + 20 = 25$$

$$6 + 20 = 26$$

$$7 + 20 = 27$$

$$8 + 20 = 28$$

$$9 + 20 = 29$$

$$2 + 40 = 42$$

$$7 + 60 = 67$$

$$8 + 80 = 88$$

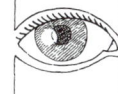 

14 B 1

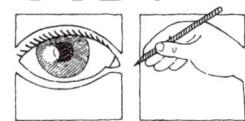

A B C D E F G H I J K L M N O P Q R S T U V W X Y Z

a b c d e f g h i j k l m n o p q r s t u v w x y z

1 **Bitte schreiben Sie den Buchstaben P/p nach:**

P   PBRPDAPPBGHPKPRDBPBPBBRD
GHKBPRPGDPBRGPGPDKPBRPD

p   pqpdgbpbrgdqbppbgpqbrbrqp
bdkpqpdpgpbgpqpdppqpdgb

P   _____

p   _____

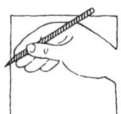

2

Lösung

Packen Sie die Pakete, und bringen Sie die Pakete zur Post.

Putzen Sie die Treppe mit einem

Lappen, und werfen Sie das alte

Packpapier in den Papierkorb.

P oder p

☐acken Sie die ☐akete, und bringen Sie die ☐akete zur ☐ost. ☐utzen Sie die Tre☐☐e mit einem La☐☐en, und werfen Sie das alte ☐ack☐a☐ier in den ☐a☐ierkorb.

(A = am Anfang, I = im Innern, E = am Ende)

1	A	I	E	7	A	I	E
2	A	I	E	8	A	I	E
3	A	I	E	9	A	I	E
4	A	I	E	10	A	I	E
5	A	I	E	11	A	I	E
6	A	I	E	12	A	I	E

knapp   Steppe   Tipp
ab   Strecke   Sieb
halb   Ebbe   Hieb

stopp   Suppe
hopp   Spucke
Rock   Puppe

3 Wo hören Sie den Laut [p]?

Pass	Tipp
stopp	doppelt
Pause	knapp
Post	Kopie
hopp	ab
Suppe	halb

4 Was reimt sich?

Index 83

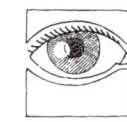

Das Gebäck

Das Gepäck

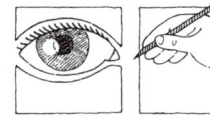

A B C D E F G H I J K L M N O P Q R S T U V W X Y Z
a b c d e f g h i j k l m n o p q r s t u v w x y z

1 **Bitte schreiben Sie den Buchstaben B/b nach:**

B

BDGBRBPBFRPBPBRBDBOPBPBFD
BGBRBKBBSBHDBPBRBBDGBRBP

b

bpbdbrbgbqbprbqdgbbdbpbd
qkhbhgbdpbqpbdgbhbbpbdbr

B _____

_____

b _____

_____

2

Lösung

Bringen Sie bitte den Brief zum

Briefkasten, oder geben Sie den

Brief bei der Bahn ab. Bitten

Sie den Bahnbeamten

um die Bescheinigung.

B oder **b**

☐ringen Sie ☐itte den ☐rief zum

☐riefkasten, oder ge☐en Sie den

☐rief ☐ei der ☐ahn a☐. ☐itten

Sie den ☐ahn☐eamten

um die ☐escheinigung.

(A = am Anfang, I = im Innern)

1	A	I		6	A	I
2	A	I		7	A	I
3	A	I		8	A	I
4	A	I		9	A	I
5	A	I		10	A	I

3 Wo hören Sie den Laut [b]?

Buch   bei

haben   blau

aber   Brief

bis   bitte

leben   über

Bad	haben	Bub, Buben
Ball	aber	Dieb, Diebe
Bett	geben	Grab, Gräber
bitte	lieben	Kalb, Kälber
bei	leben	Korb, Körbe
bin	oben	Lob
bis	über	
Bonn		
Buch		

4 Bitte lesen Sie:

a) Welche Wörter sind gleich?
b) Wann hören Sie [p]?
c) Wann hören Sie [b]?

Index 85 + 86

5 Hörübung:
[p] (paar) oder
[b] (Bar)?

b oder pp

Lie__e, Li__e, Stä__e, Ste__e,

sie__en, Si__en, Gru__e,

Gru__e, ü__en, ü__ig

6

Lösung

Liebe, Lippe, Stäbe, Steppe,

sieben, Sippen, Grube,

Gruppe, üben, üppig

7

Lösung

Das Paket

Ein Mann packt ein großes

Paket. Er bringt das Paket

zur Post und gibt es ab.

Der Postbeamte sagt: „Ein

großes Paket ist ein Problem.

Das kostet viel. Was ist

denn in dem Paket?"

Der Mann macht das Paket

auf. Ein großer Luftballon

ist in dem Paket. Der Beamte

lässt die Luft aus dem Ballon.

Dann ist der Luftballon klein.

Der Beamte legt den Ballon

in einen Briefumschlag.

Das Problem ist gelöst.

<u>P</u>/p oder <u>B</u>/b?

Das __aket

Ein Mann __ackt ein großes __aket. Er __ringt das __aket zur __ost und gi__t es a__. Der __ost__eamte sagt: „Ein großes __aket ist ein __ro__lem. Das kostet viel. Was ist denn in dem __aket?" Der Mann macht das __aket auf. Ein großer Luft__allon ist in dem __aket. Der __eamte lässt die Luft aus dem __allon. Dann ist der Luft__allon klein. Der __eamte legt den __allon in einen __riefumschlag. Das __ro__lem ist gelöst.

8 **Bitte unterstreichen Sie die folgenden Wörter im Text:**
<u>ab, ob, halb, gelb</u>
Bei diesen Wörtern hört man nicht, dass sie am Ende des Wortes mit „b" geschrieben werden.

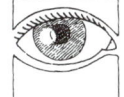 

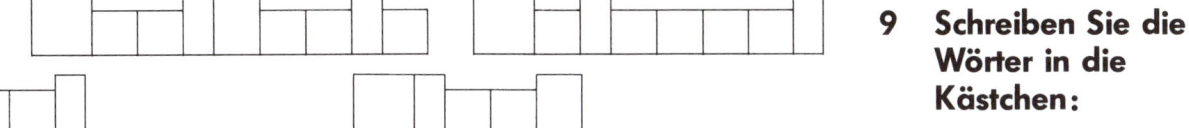

9 Schreiben Sie die Wörter in die Kästchen:

P/p

das Paket
der Papierkorb
das Pferd
der Pinsel
der Polizist
die Postkarte

B/b

der Ball
der Balkon
die Banane
der Bär
der Baum
das Bild
der Bleistift
der Brief
die Brille
die Brücke
das Buch
der Busch

BLUBBER
BLUBB
BLUBB

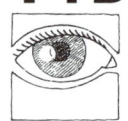

1   Bitte lesen Sie:

Pflanze	Apfel	Kopf
Pfennig	tropfen	Topf
Pfund	Schnupfen	Strumpf
Pfanne	Strümpfe	Zopf
Pfarrer	impfen	Kampf
Pfeife	Kupfer	
pfeifen	Gipfel	
Pferd	tapfer	
Pfingsten		
Pfeil		
Pflaume		
Pfeffer		

Index 87 + 88

2   Hörübung:
[f] (fand) oder
[pf] (Pfand)?

a) Welche Wörter sind gleich?
b) Wann hören Sie [f]?
c) Wann hören Sie [pf]?

3

Lösung

Pfand, fand, fahl, Pfahl,

Fund, Pfund, feil, Pfeil,

fehlen, empfehlen, finden,

empfinden, Pfeffer, Pfingsten,

Pfirsich, pfiffig, Pfifferling,

pfeifen, Apfel, tapfer, Kopf,

Dampf, Topf

F/f oder Pf/pf?

__ and, ___ and, ___ ahl, ___ ahl,

__ und, ___ und, ___ eil, ___ eil,

___ ehlen, em___ ehlen, ___ inden

em___ inden, ___ effer, ___ ingsten,

___ irsich, ___ iffig, ___ ifferling,

___ eifen, A___ el, ta___ er, Ko___,

Dam___, To___

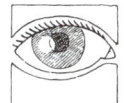 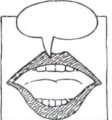

Einkaufen

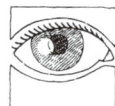

Wie viel kostet das?

1-Liter-Flasche Mineralwasser _____

1-Liter-Flasche Coca-Cola _____

Fanta _____

Lift _____

Sprite _____

½ Liter Vollmilch _____

2 Pfund Vollkornbrot _____

½ Pfund Butter _____

100 Gramm Käse _____

100 Gramm Wurst _____

100 Gramm Hackfleisch _____

1 Kilogramm Tomaten _____

1,5 Kilogramm Kartoffeln _____

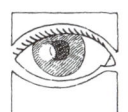

Maße und Gewichte 2

1 Meter (m) = 10 Dezimeter = 100 Zentimeter (cm)
1000 Meter = 1 Kilometer (km)

1 Quadratmeter (m²) = 10 000 Quadratzentimeter
(cm²)

1 Kilogramm (kg) = 1000 Gramm (g)

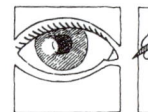 

Landkarte

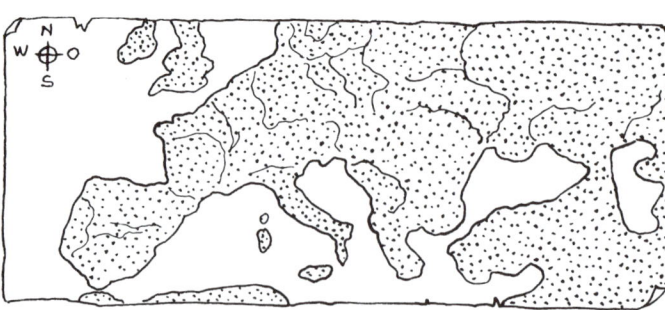

3

Karten:

Ansichtskarte
Landkarte
Speisekarte
Postkarte
Fahrkarte
Eintrittskarte

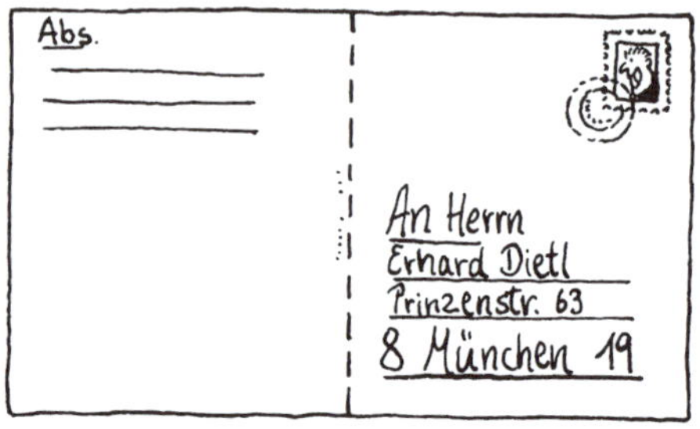

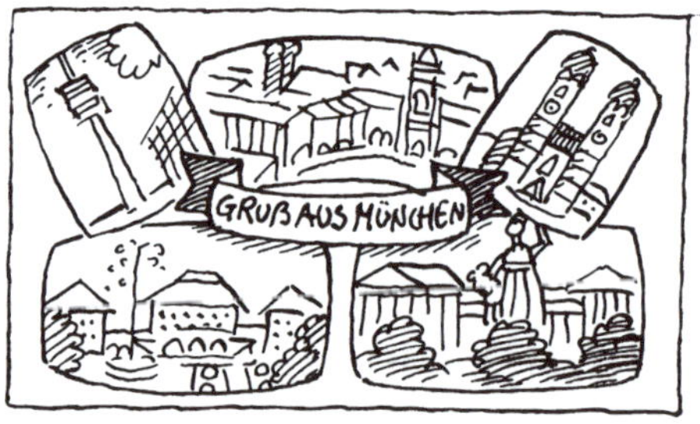

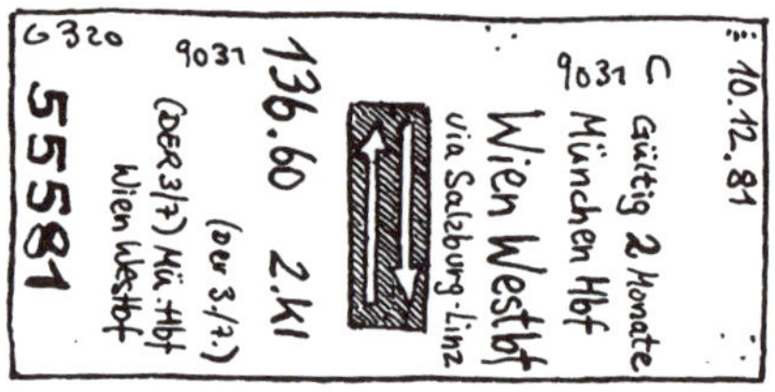

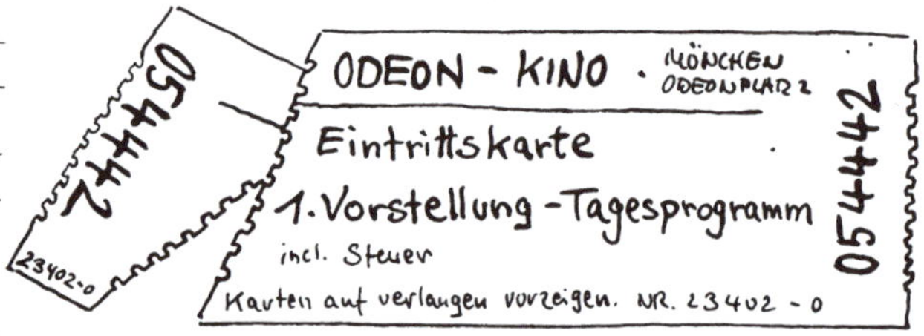

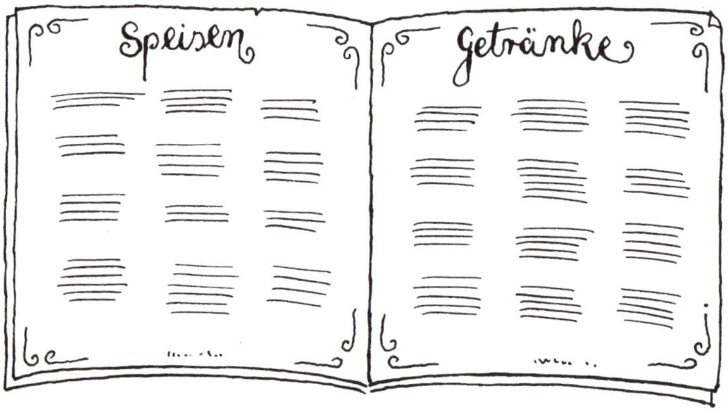

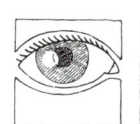

4 Bilden Sie Sätze:

Eine Ansichtskarte	bekomme ich	am Kiosk.
Eine Landkarte		in der Post.
Eine Speisekarte		im Schreibwarengeschäft.
Eine Postkarte		in der Buchhandlung.
Eine Fahrkarte		an der Tankstelle.
Eine Eintrittskarte		im Restaurant.
		im Gasthaus.
		am Fahrkartenschalter am Bahnhof.
		am Automaten.
		im Reisebüro.
		im Zug.
		im Bus.
		in der Trambahn.
		an der Kinokasse.
		an der Theaterkasse.

Eine Fahrkarte bekomme ich am Automaten.

€

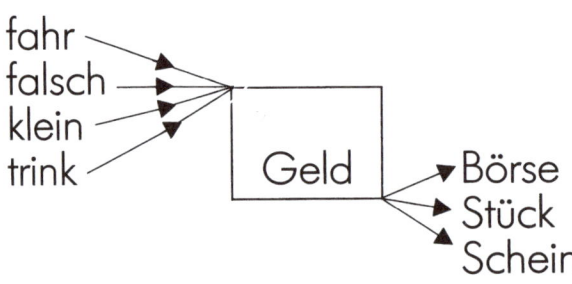

fahr
falsch
klein
trink

Geld

Börse
Stück
Schein

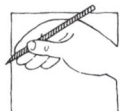

5 Bitte ergänzen Sie:

das Fahr_____   die _____börse

das Falsch_____   das _____stück

das Klein_____   der _____schein

das Trink_____

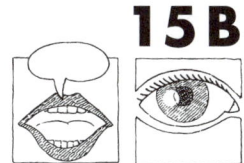

15B 1

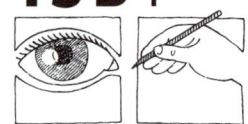

A B C D E F G H I J K L M N O P Q R S T U V W X Y Z

a b c d e f g h i j k l m n o p q r s t u v w x y z

1 Bitte schreiben Sie den Buchstaben K/k nach:

K KHFAKPKHKRKERKPAKFGKHXKR
EKPKGFKDAVBKHKRWKHKHFA

k khlkrfkhbetkbkypkhkghlkbfkrtkdkl
bkrtdfklkbkhlkrfkhbetkbkypkhkghl

K _____

_____

k _____

_____

2

Lösung

An der Kinokasse
bekommen

Sie eine Eintrittskarte.

Wo bekomme ich Kartoffeln,

Karotten, Gurken, Paprika,

Käse, Kaffee, Kakao und

Schokolade? Im Supermarkt.

K oder **k**

An der ☐ino☐asse be☐ommen
Sie eine Eintritts☐arte.
Wo be☐omme ich ☐artoffeln,
☐arotten, Gur☐en, Papri☐a,
☐äse, ☐affee, ☐a☐ao und
Scho☐olade? Im Supermar☐t.

(A = am Anfang, I = im Innern, E = am Ende)

3 Wo hören Sie den Laut [k]?

	A	I	E			A	I	E
1	A	I	E	6	A	I	E
2	A	I	E	7	A	I	E
3	A	I	E	8	A	I	E
4	A	I	E	9	A	I	E
5	A	I	E	10	A	I	E

kann	Gurke
bekommen	dick
kommen	Kaffee
zurück	Kakao
kaufen	Stück

Index 90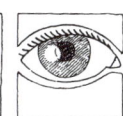

4 Was reimt sich?

Lack	Fleck	dick
lag	Speck	mich
Sack	Glück	Blick
Rock	Schmuck	schmücken
Block	Block	Lücken
Socke	Druck	Rücken

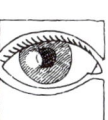

5 Bitte lesen Sie!

k|ann	kran|k	dan|k|e
K|atze	Wer|k	den|k|en
K|affee	Strei|k	win|k|en
K|arte	Fle|ck	On|k|el
k|ennen	di|ck	dun|k|el
K|eller	Bli|ck	Ja|ck|e
K|ind	Ro|ck	De|ck|el
k|ochen	Blo|ck	Be|ck|en
k|önnen	Glü|ck	We|ck|er
K|örper	Dru|ck	ste|ck|en
K|önig	zurü|ck	schi|ck|en
k|ommen		tro|ck|en
K|urve		Rü|ck|en
K|unst		drü|ck|en
k|aufen		Brü|ck|e
k|ein		
k|lein		

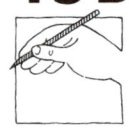

Lösung

Haken, Hacke, Ekel, Ecke

Pokern, Pocken, Makel,

Macke

Deckel, denken, wickeln,

winken

Dackel, danke, schicken,

Schinken

wecken, welken, Nelken,

necken

packen, parken, merken,

meckern

k oder ck?

Ha___en, Ha___e, E___el, E___e

Po___ern, Po___en, Ma___el,

Ma___e

De___el, den___en, wi___eln,

win___en

Da___el, dan___e, schi___en,

Schin___en

we___en, wel___en, Nel___en,

ne___en

pa___en, par___en, mer___en,

me___ern

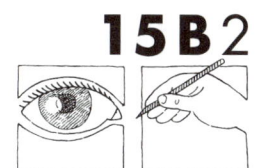

A B C D E F G H I J K L M N O P Q R S T U V W X Y Z

a b c d e f g h i j k l m n o p q r s t u v w x y z

G GDBPGBGFDGERGOGRGDBG
BBGDRGHKGBPRGDGOUGKG

1 Bitte schreiben Sie
den Buchstaben G/g
nach:

g gpqgdgbgpgqrgbdgkgpgbpgb
qfgbgqgpbgkjygypgygpqgdgb

G _____

_____

g _____

_____

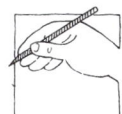

2

Lösung

G oder g

☐ eben Sie mir bitte 500 ☐

☐ artenfrisches ☐ emüse, ein ☐ las

☐ urken, Suppen ☐ rün und eini ☐ e

☐ ewürze, ein Ro ☐☐ enbrot

und 100 ☐ ☐ utes ☐ ebäck. ☐ erne,

haben Sie einen Wa ☐ en?

Ja, aber nicht ☐ enu ☐ ☐ eld.

Geben Sie mir bitte 500 g

gartenfrisches Gemüse, ein
Glas

Gurken, Suppengrün und
einige

Gewürze, ein Roggenbrot

und 100 g gutes Gebäck.
Gerne,

haben Sie einen Wagen?

Ja, aber nicht genug Geld.

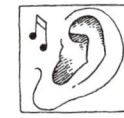 *Index 91*

3 Wo hören Sie den Laut [g]?   (A = am Anfang, I = im Innern)

gut	Gabel
geben	Hagel
sagen	Wagen
gern	Geld
gegen	Regen

1	A	I		6	A	I
2	A	I		7	A	I
3	A	I		8	A	I
4	A	I		9	A	I
5	A	I		10	A	I

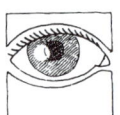

4 Bitte lesen Sie:

Gabel	Wagen	Tag, Tage
Gast	sagen	Berg, Berge
Garten	wegen	Weg, Wege
Gramm	gegen	Krieg, Kriege
gerne	Regen	Zug, Züge
gelb	legen	
geben	liegen	
genau	Liege	
genug	morgen	
Geld	mögen	
gestern	Auge	
gegen	zeigen	
groß		
grün		
gut		
grau		
gleich		

5

Lösung

nagen, Nacken, wegen, wecken

recken, regen, fliegen, flicken

Krüge, Krücke, pflügen, pflücken

wagen, wackeln, wiegen, wickeln

g oder ck?

na__en, Na__en, we__en, we__en

re__en, re__en, flie__en, fli__en

Krü__e, Krü__e, pflü__en, pflü__en

wa__en, wa__eln, wie__en, wi__eln

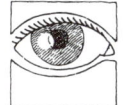 

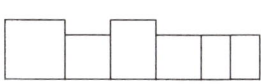 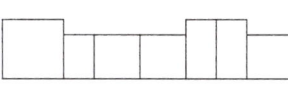 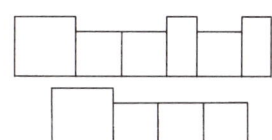

6 Bitte schreiben Sie die Wörter in die Kästchen:

G/g

die Gabel
das Gebiss
das Gewitter
die Giraffe
das Glas
das Gras
der Gürtel

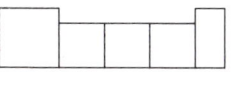 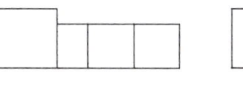 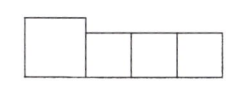 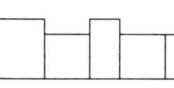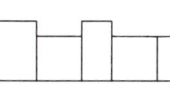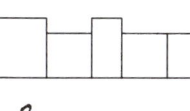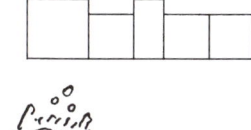

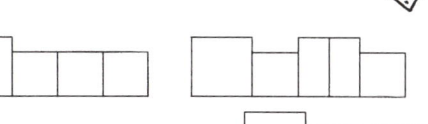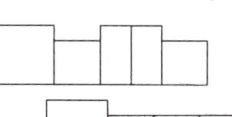 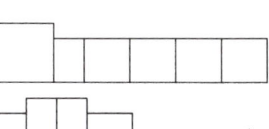 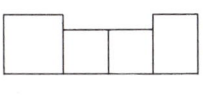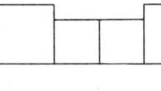

K/k

das Kamel
der Kamm
der Kater
der Käse
die Kette
das Kinn
das Kissen
der Korb
die Krawatte

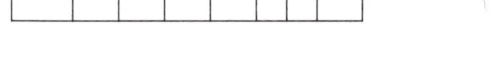

Hören Sie Ihrer Lehrerin/Ihrem Lehrer zu und klären Sie:

a) Welche Wörter sind gleich?
b) Wann hören Sie [k]?
c) Wann hören Sie [g]?

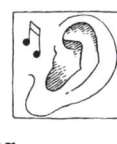

7 Hörübung:
[k] (Kern) oder
[g] (gern)?

8

Lösung

Einkaufen

Megri geht zum Einkaufen.

Megri hat am Wochenende

Gäste. Er kocht für seine

Freunde. Er kauft Gemüse:

1 Kilo Karotten,

1 Blumenkohl,

2 Kilo Kartoffeln,

1 Glas Gurken, Kaffee,

100 Gramm Käse, …

Dann geht er zur Kasse.

„Das kostet 48 € und

95 Cents. Was, Sie haben

kein Geld?"

„Doch, aber nicht genug …

nur Kleingeld. 2,17 €.

Was machen wir jetzt?"

K/k oder G/g?

Ein__aufen

Me__ri __eht zum Ein__aufen.

Es ist Freitag.

Me__ri hat am Wochenende

__äste. Er __ocht für seine

Freunde. Er __auft __emüse:

1 __ilo __arotten,

1 Blumen__ohl,

2 __ilo __artoffeln,

1 __las __urken, __affee,

100 __ramm __äse, …

Dann __eht er zur __asse.

„Das __ostet 48 € und

95 Cents. Was, Sie haben

__ein __eld?"

„Doch, aber nicht __enug …

nur __lein__eld. 2,17 €.

Was machen wir jetzt?"

9 Bitte unterstreichen Sie die folgenden Wörter im obigen Text: Freitag, genug.

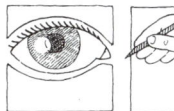

Die Streifenkarte

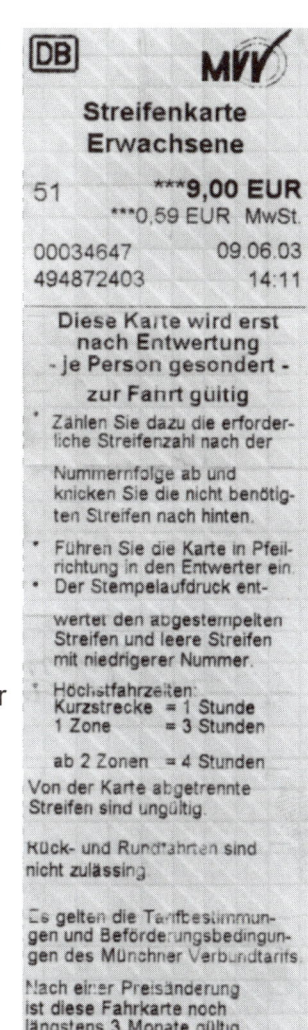

Streifenkarte/Fahrkarte
Erwachsene
Entwertung
gültig/ungültig
Streifenzahl
Nummernfolge
knicken
die nicht benötigten
   Streifen
hinten
Pfeilrichtung
Entwerter
Stempelaufdruck
entwertet
den abgestempelten
   Streifen
leere Streifen
mit niedrigerer Nummer
Höchstfahrzeiten
Kurzstrecke
Zone
Rück- und Rundfahrten
zulässig
Tarifbestimmungen
Beförderungsbedin-
   gungen
Preisänderung

10 Umkreisen Sie die K/k und G/g umgebenden Konsonanten.

(Beispiel: knicken)

Kn/kn	knicken,
Kl/kl-	
Gl/gl-	
-ck-	knicken
-rk	
-rg	
-ng	

11 Bitte ergänzen Sie die Wörter mit:

15 B 3

Hören Sie Ihrer Lehrerin/Ihrem Lehrer zu und klären Sie:

1 Hörübung:
[ŋ] (singen) oder
[-ŋk] (sinken)?

a) Welche Wörter sind gleich?
b) Wann hören Sie [ŋ]?
c) Wann hören Sie [ŋk]?

2
Lösung

Rang, rank, bang, Bank,

Zank, Zwang, Fink, fing,

danke, Finger, trinken,
dringen,

bringen, singen, anfangen,

sinken, Hunger, Menge,
Klingel

-ng- oder -nk-?

Ra___, ra___, ba___, Ba___,

Za___, Zwa___, Fi___, fi___,

da___e, Fi___er, tri___en, dri___en,

bri___en, si___en, anfa___en,

si___en, Hu___er, Me___e, Kli___el

Hören Sie Ihrer Lehrerin/Ihrem Lehrer zu und klären Sie:

3 Hörübung:
[ən] (Zeiten) oder
[ʊŋ] (Zeitung)

a) Welche Wörter sind gleich?
b) Wann hören Sie [ən]?
c) Wann hören Sie [ʊŋ]?

4
Lösung

Zeiten, Zeitung, Übung,
üben,

wohnen, Wohnung,
Entschuldigung,

entschuldigen, ausbilden,
Ausbildung,

Richtung, richten,
Bewegung,

bewegen, ordnen,
Ordnung,

lösen, Lösung

-en oder -ung?

Zeit___, Zeit___, Üb___, üb___,

wohn___, Wohn___, Entschuldig___,

entschuldig___, ausbild___, Ausbild___,

Richt___, richt___, Beweg___,

beweg___, ordn___, Ordn___,

lös___, Lös___

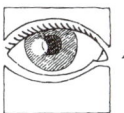 

5   Bitte ergänzen Sie:

		Lösung
achten	die Achtung	
ausbilden	Ausbild	Ausbildung
bewegen	Beweg	Bewegung
entschuldigen	Entschuldig	Entschuldigung
handeln	Handl	Handlung
hoffen	Hoffn	Hoffnung
lösen	Lös	Lösung
ordnen	Ordn	Ordnung
prüfen	Prüf	Prüfung
üben	Üb	Übung
wohnen	Wohn	Wohnung
anfangen	der Anfang	
klingen	Kl	Klang
singen	Ges	Gesang
danken	Dank	
tanken	T	Tank
trinken	Tr	Trank
zanken	Z	Zank

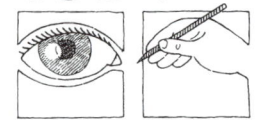

15B4

A B C D E F G H I J K L M N O P Q↓R S T U V W X Y Z

a b c d e f g h i j k l m n o p q↑r s t u v w x y z

1 **Bitte schreiben Sie jedes Qu/qu nach:**

Qu   Qu On Dn Qu Um Vo Qu Du
Or Qu Go Qu Ou Bu Qu So

qu   qu po pu qu du bu qu qu pu
pn uq qu du qu gn qu go qn

Qu _____

_____

qu _____

_____

2

Lösung

Qualität, Quantität, Quadrat,

Quartett, Quartier, Qualm,

Quittung, Äquator,

Quelle, Quark, quer, quitt,

bequem, quetschen

Qu oder qu

☐☐alität, ☐☐antität, ☐☐adrat,

☐☐artett, ☐☐artier, ☐☐alm,

☐☐ittung, Ä☐☐ator,

☐☐elle, ☐☐ark, ☐☐er, ☐☐itt,

be☐☐em, ☐☐etschen

Hören Sie Ihrer Lehrerin/Ihrem Lehrer zu und klären Sie:

a) Welche Wörter sind gleich?
b) Wann hören Sie [k]?
c) Wann hören Sie [kv]?

K/k oder Qu/qu

__al, __ahl, __elle, __elle,

__arg, __ark, __aste, __aste,

__ader, __ader, __ehle, __älen,

__ehren, __er, __itt, __itt

3 Hörübung:
[k] (kahl) oder
[kv] (Qual)?

4

Lösung

Qual, kahl, Kelle, Quelle,

karg, Quark, Quaste, Kaste,

Kader, Quader, Kehle, quälen,

kehren, quer, quitt, Kitt

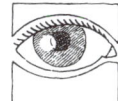

5

Suchen Sie die Wörter mit Qu/qu aus Übung 4 im Wörterverzeichnis und unterstreichen sie:

---

qkm *veraltend, Abk für* Quadratkilometer ≈ km²
qm *veraltend, Abk für* Quadratmeter ≈ m²
Quack·sal·ber ['kvakzalbɐ] *der; -s, -; pej;* j-d, der behauptet, ein Arzt zu sein, von diesem Beruf aber nichts versteht ≈ Kurpfuscher
Quad·del [kv-] *die; -, -n;* e-e kleine Stelle, an der die Haut entzündet u. geschwollen ist: *nach der Pockenimpfung Quaddeln am Arm bekommen*
Qua·der ['kva:dɐ] *der; -s, -;* **1** *Math;* ein Körper (3), der von sechs Rechtecken begrenzt ist ‖ ↑ *Abb. unter* **geometrische Figuren 2** ein Steinblock in Form e-s Quaders (1) ‖ K-: **Quader-, -stein**
Quad·rant *der; -en, -en; hist;* ein astronomisches Instrument, mit dem man die Höhe von Gestirnen bestimmen konnte ‖ NB: *der Quadrant; den, dem, des Quadranten*
Quad·rat *das; -(e)s, -e;* **1** ein Rechteck mit vier gleich langen Seiten ‖ ↑ *Abb. unter* **geometrische Figuren 2** *Math;* die zweite Potenz e-r Zahl: *Das Q. von 3 ist 9; Den Ausdruck „a Q." schreibt man a²* ‖ *hierzu* **quad·ra·tisch** *Adj*
Quad·rat- *im Subst vor Längenmaß, nicht produktiv;* verwendet als Maß, mit dem man die Größe e-r Fläche angibt; *der* **Quadratkilometer** *(Abk km², veraltend qkm), der* **Quadratmeter** *(Abk m², veraltend qm), der* **Quadratmillimeter** *(Abk mm², veraltend qmm), der* **Quadratzentimeter** *(Abk cm², veraltend qcm)*
Quad·rat-lat-schen *die; Pl, gespr pej;* sehr große Füße od. Schuhe
Quad·rat·schä·del *der; gespr pej;* **1** ein großer, eckiger Kopf 2 j-d, der andere Meinungen nicht akzeptiert u. immer seinen eigenen Willen durchsetzt
Quad·ra·tur *die; -, -en; mst in die Q. des Kreises / Zirkels geschr;* e-e Aufgabe, die nicht gelöst werden kann
Quad·rat·wur·zel *die; Math;* die Wurzel (5) e-r Zahl: *(Die) Q. aus fünfundzwanzig ist fünf (√25 = 5)*
Quad·rat·zahl *die; Math;* die Zahl, die man als Ergebnis bekommt, wenn man e-e Zahl mit sich selbst multipliziert: *Vier ist die Q. von zwei (4 = 2 x 2)*
Quad·ro·nie, Quad·ro·pho·nie [kvadrofo'ni:] *die; -; nur Sg;* das Wiedergeben von Musik u. Tönen mit vier Lautsprechern, die mst in den vier Ecken e-s Raumes stehen ‖ *hierzu* **quad·ro·fon, quad·ro·phon** *Adj*
Quai [ke:] *der / das; -s, -s;* **1** ≈ Kai **2** ⓒⓗ ≈ Uferstraße
qua·ken *quakte, hat gequakt;* Ⓥⓘ (e-e Ente, ein Frosch o. Ä.) **quakt** e-e Ente, ein Frosch o. Ä. gibt die Laute von sich, die für ihre Art typisch sind ‖ *hierzu* **quak!** *Interjektion*
quä·ken *quäkte, hat gequäkt;* Ⓥⓘ klagende u. hohe Töne von sich geben (ein Säugling)
Qual *die; -, -en;* **1** *mst Pl;* starker körperlicher od. seelischer Schmerz (Qualen erleiden, erdulden): *Er starb unter großen Qualen 2 mst Sg;* etw., das schwer zu ertragen ist: *Sie machten uns den Aufenthalt zu e-r Q.; Es war e-e Q., das ansehen zu müssen* ‖ ID **die Q. der Wahl haben** vor dem Problem stehen, sich zwischen mehreren Möglichkeiten entscheiden zu

Qual·le *die; -, -n;* ein kleines, durchsichtiges Tier, das im Meer lebt u. etwa die Form e-s Schirms hat
Qualm *der; -s; nur Sg;* ein dichter, wolkiger Rauch, der mst als unangenehm empfunden wird (beißender, dicker Q.; der Q. e-r Zigarre)
qual·men *qualmte, hat gequalmt;* Ⓥⓘ **1** *etw.* **qualmt** etw. gibt dichten Rauch ab (ein Schornstein, e-e Zigarre, e-e Lokomotive); Ⓥⓘⓘ **2** *(etw.) q. gespr* ≈ rauchen: *Er qualmt dicke Zigarren; Sie qualmt wie ein Schlot* (= raucht sehr viel)
qual·mig ['kvalmɪç] *Adj; nicht adv, pej;* (e-e Kneipe, ein Zimmer) voll Qualm ≈ verqualmt
qual·voll *Adj;* (e-e Krankheit, e-e Strapaze, ein Tod; q. sterben) mit Qualen (verbunden)
Quänt·chen *das; -s; mst Sg;* e-e sehr kleine Menge, ein wenig (ein Q. Glück, Hoffnung)
Quan·ten·sprung *der; geschr hum;* ein so großer Entwicklungsschritt, dass dabei mehrere Stufen übersprungen werden
quan·ti·fi·zie·ren *quantifizierte, hat quantifiziert;* Ⓥⓘ *etw. q. geschr;* die Anzahl od. Häufigkeit e-r Sache angeben od. bestimmen
Quan·ti·tät *die; -, -en;* die Menge od. Anzahl, in der etw. vorhanden ist: *die Q. des Warenangebots; Auf die Qualität, nicht auf die Q. kommt es an* ‖ *hierzu* **quan·ti·ta·tiv** *Adj; nur attr od adv*
Quan·tum *das; -s, Quan·ten;* die Menge von etw., die angemessen ist, j-m zusteht o. Ä.: (j-s tägliches Q.): „Noch eine Tasse Kaffee?" – „Nein danke, ich habe mein Q. für heute schon getrunken" ‖ -K: **Arbeits-**
Qua·ran·tä·ne [ka-] *die; -, -n;* die vorübergehende Isolierung von Personen od. Tieren, die Infektionskrankheiten verbreiten könnten (in Q. kommen; unter Q. sein / stehen; aus der Q. entlassen werden; die Q. aufheben) ‖ K-: **Quarantäne-, -station**
Quark *der; -s; nur Sg;* **1** ein weiches, weißes Nahrungsmittel, das aus saurer Milch gemacht wird ‖ K-: **Quark-, -kuchen, -speise 2** gespr ≈ Unsinn: *So ein Q.!; Rede keinen Q.!*
Quar·tal *das; -s, -e;* eines der vier Viertel e-s Kalenderjahres: *Der März ist der letzte Monat des ersten Quartals* ‖ K-: **Quartals-, -abschluss**
Quar·tal(s)·säu·fer *der; gespr pej;* j-d, der zu bestimmten Zeiten sehr viel Alkohol trinkt
Quar·te *die; -, -n; Mus;* ein Intervall von vier Tonstufen
Quar·tett *das; -(e)s, -e;* **1** *Mus;* e-e Komposition für vier Stimmen od. Instrumente **2** *Mus;* e-e Gruppe von vier Sängern od. Musikern ‖ -K: **Streich- 3** ein Kartenspiel für Kinder, bei dem man jeweils vier zusammengehörige Karten sammelt u. ablegt
Quar·tier [kvar'tiːɐ] *das; -s, -e;* **1** *veraltend;* e-e (zeitweilige) Unterkunft, Wohnung (ein Q. suchen, nehmen, beziehen; ein festes Q. haben) ‖ -K: **Nacht-, Urlaubs- 2** ⓐ ⓒⓗ Stadtviertel: *Er wohnt in e-m noblen Q. 3 Mil;* e-e Unterkunft für Soldaten (irgendwo Q. beziehen, machen)
Quarz *der; -es, -e;* ein hartes Mineral, das man z. B. bei der Herstellung von Uhren verwendet; *Chem* SiO₂ ‖ K-: **Quarz-, -glas, -lampe, -uhr**
qua·si *Adv;* mehr od. weniger ≈ gewissermaßen, sozusagen: *Er hat mich q. gezwungen zu unterschreiben; Wir sind q. zusammen aufgewachsen* ‖ K-: **quasi-, -offiziell**
quas·seln *quasselte, hat gequasselt;* Ⓥⓘⓘ *(etw.) q. gespr, mst pej;* lange über unwichtige Sachen reden ≈ schwatzen, schwatzen: *Er quasselt wieder mal dummes Zeug* ‖ *zu* **Gequassel** ↑ Ge-
Quas·sel·strip·pe *die; -, -n; bes nordd;* **1** *gespr pej;* j-d, der sehr oft u. lang über unwichtige Dinge redet **2 an der Q. hängen** *gespr hum;* telefonieren
Quas·te *die; -, -n;* ein dichtes Büschel von gleich langen Fäden od. Haaren: *der Schwanz des Esels endet in e-r Q.* ‖ -K: **Maler-, Puder-, Schwanz-**

Quatsch *der; -(e)s; nur Sg, gespr pej;* **1** ≈ Unsinn (Q. machen, reden) **2 (das ist doch) Q. (mit Soße)!** das ist (absoluter) Unsinn, das ist (völlig) falsch
quat·schen¹ *quatschte, hat gequatscht; gespr;* Ⓥⓘⓘ **1** *(etw.) q. pej;* (viel) dummes Zeug reden: *Quatsch nicht so viel!; Quatsch doch keinen Blödsinn!* (= das stimmt nicht); Ⓥⓘ **2** etw. sagen od. verraten, das geheim bleiben sollte: *Einer von uns hat gequatscht* **3** *mit j-m q.* sich mit j-m unterhalten: *Wir haben lange miteinander gequatscht* ‖ *zu* **Gequatsche** ↑ Ge-
quat·schen² *quatschte, hat gequatscht;* Ⓥⓘ *etw.* **quatscht** etw. macht ein klatschendes Geräusch: *Der nasse Boden quatschte unter unseren Füßen*
Quatsch·kopf *der; gespr pej;* j-d, der viel Unsinn redet
Queck·sil·ber *das; -s; nur Sg;* ein silbrig glänzendes Metall, das bes in Thermometern verwendet wird; *Chem* Hg ‖ K-: **Quecksilber-, -dampf, -vergiftung 1** *ID mst j-d ist das reine Q.* j-d ist sehr lebhaft od. unruhig ‖ *hierzu* **queck·sil·b·rig** *Adj*
Quell *der; -s; nur Sg, geschr;* der Ursprung von etw., das als sehr wertvoll betrachtet wird (der Q. des Lebens, der Freude, der Liebe)
Quel·le *die; -, -n;* **1** e-e Stelle, an der Wasser aus der Erde kommt (e-e Q. entspringt, versiegt o. Ä.) ‖ K-: **Quell-, -wasser 2** der Ursprung e-s Baches od. Flusses: *der Lauf der Donau von der Q. bis zur Mündung 3 geschr;* der Ursprung od. Ausgangspunkt (e-e Q. der Freude, der Angst, des Schmerzes) **4** ein Text, den man wissenschaftlich verwertet od. in e-n anderen Text zitiert ‖ K-: **Quellen-, -angabe, -forschung, -nachweis, -studium, -text** ‖ ID *an der Q. sitzen* gute Verbindungen zu j-m od. etw. haben; *mst etw. aus sicherer Q. wissen* e-e Nachricht von e-r zuverlässigen Person od. Stelle haben
quel·len *quillt, quoll, ist gequollen;* Ⓥⓘ **1** *etw. quillt irgendwohin / irgendwoher* etw. kommt in relativ großer Menge durch e-e enge Öffnung (Blut, Rauch, Tränen, Wasser o. Ä.): *Blut quillt aus der Wunde, Tränen quellen aus den Augen; Durch die Ritzen quoll Rauch ins Zimmer* **2** *etw.* **quillt** etw. wird größer, was seine Feuchtigkeit aufnimmt (Bohnen, Erbsen, Linsen): *Reis quillt beim Kochen*
quen·geln *quengelte, hat gequengelt;* Ⓥⓘ **1** *gespr;* leise u. klagend weinen (Kinder) **2** *gespr;* (von Kindern) immer wieder (weinerlich) Wünsche od. Klagen äußern: *Hör endlich auf zu q.! 3 (über etw. (Akk)) q. gespr pej;* unzufrieden (über etw.) reden: *Er quengelt ständig (darüber), dass das Essen nicht schmeckt* ‖ *hierzu* **Queng·ler** *der; -s, -; zu* **Quengelei** ↑ -ei
Quent·chen *das; ↑* **Quäntchen**
quer ['kveːɐ] *Adv;* **1** *q. durch l über etw. (Akk)* von einer Ecke e-r Fläche diagonal zu e-r anderen, (schräg) von e-m Teil e-r Fläche zu e-m anderen: *q. durch den Garten, q. über den Rasen* ‖ K-: **Quer-, -balken, -lage, -leiste, -linie, -straße, -strich 2** *q. durch das Land* durch das Land hindurch **3** *q. zu etw.* rechtwinklig zu e-r Linie: *Das Auto stand q. zur Fahrbahn 4 kreuz u. q.* durcheinander, planlos in verschiedene Richtungen: *Hier liegt alles kreuz u. q. herum; Er lief kreuz u. q. durch die Stadt*
quitt *Adj; nur präd, nicht adv, gespr;* **1** *j-d ist mit j-m q.;* (Personen) **sind q.** zwei Personen haben gegenseitig keine Schulden mehr **2** *j-d ist mit j-m q.;* (Personen) **sind q.** zwei Personen haben miteinander abgerechnet (3): *Er hat dich geschlagen, du hast ihn geschlagen. – Jetzt seid ihr q.!*

Langenscheidt Großwörterbuch Deutsch als Fremdsprache, Neubearbeitung, München 2003

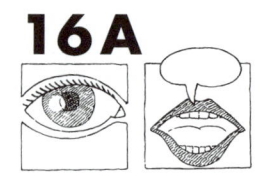

Diese Seite darf für Unterrichtszwecke kopiert werden. Aus: *Projekt Alphabet Neu* © Langenscheidt, Berlin und München 2004

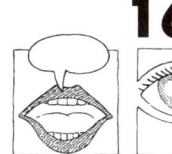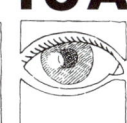

Was essen Sie gern, und was essen Sie nicht gern?

Fleisch	esse ich	nicht	gern.
Fisch			
Gemüse			
Kartoffeln			
Reis			
Salat			
Brot			
Butter			
Käse			
Wurst			
Obst			

Kartoffeln esse ich nicht gern.   **1**   **Bilden Sie Sätze:**

_____

_____

_____

_____

_____

_____

_____

_____

_____

_____

_____

_____

_____

_____

_____

_____

_____

_____

_____

_____

_____

_____

_____

16A

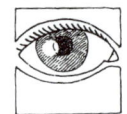

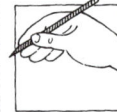

2 Schreiben Sie die Wörter in die Kästchen:

Kalbfleisch
Lammfleisch
Rindfleisch
Schweinefleisch

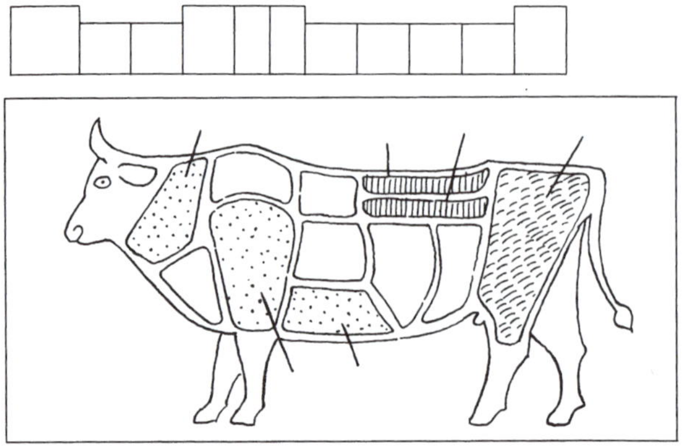

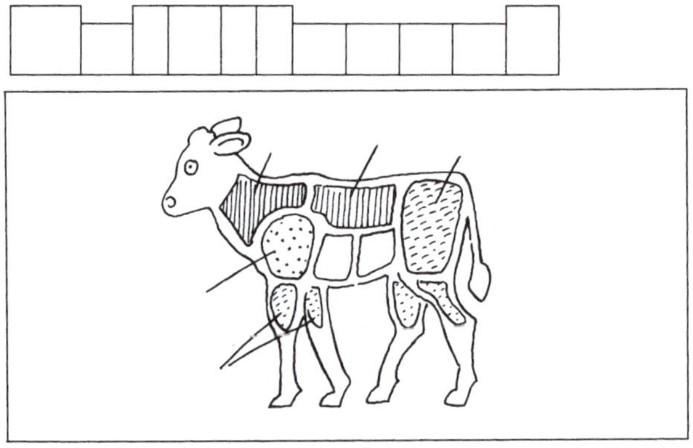

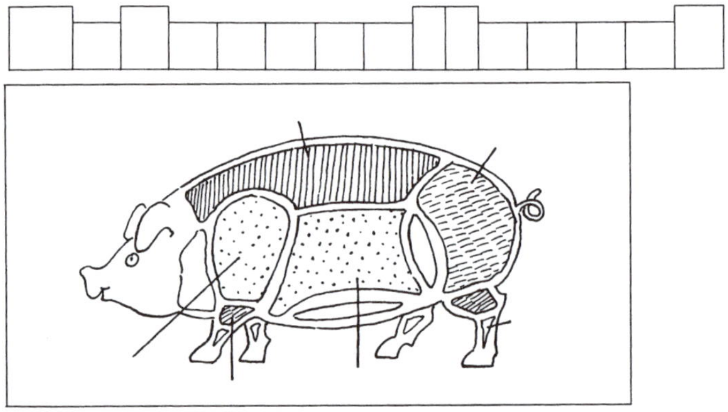

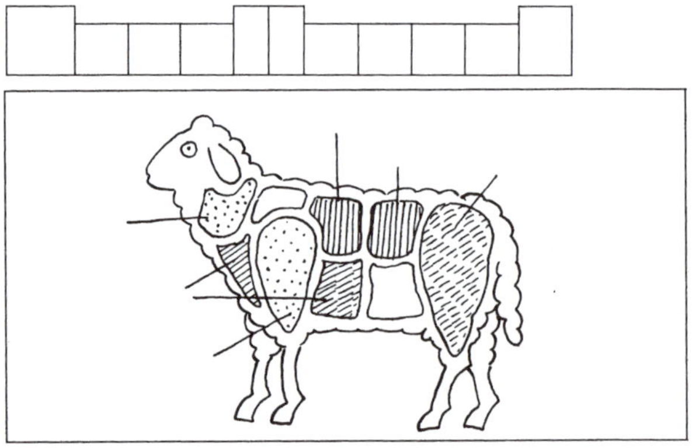

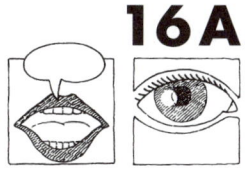

| Welches Fleisch essen Sie gern, und welches Fleisch essen Sie nicht gern? | | 3 Bilden Sie Sätze: | |

Kalbfleisch	esse ich	nicht	gern.
Lammfleisch			
Schweinefleisch			
Rindfleisch			

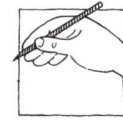

| Welches Gemüse essen Sie gern, und welches Gemüse essen Sie nicht gern? | | 4 Bilden Sie Sätze: | |

Blumenkohl	esse ich	nicht	gern.
Bohnen			
Erbsen			
Karotten			
Kohlrabi			
Lauch			
Paprika			
Rosenkohl			
Wirsing			

_____

_____

_____

_____

_____

_____

_____

_____

_____

_____

_____

_____

_____

_____

5 Bilden Sie Sätze:

Was trinken Sie gern, und was trinken Sie nicht gern?

	trinke ich	nicht	gern.
Wasser			
Saft			
Milch			
Tee			
Kaffee			
Kakao			
Bier			
Wein			

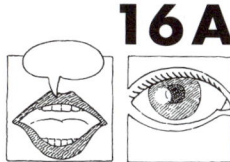

Wie oft essen Sie am Tag?   **6   Bilden Sie Sätze:**

In Deutschland In meinem Land In ＿＿＿＿＿	esse ich	1mal am Tag: 2mal 3mal 4mal 5mal	am Morgen. Mittag. Nachmittag. Abend. in der Nacht.

＿＿＿＿＿＿＿＿＿＿＿＿＿＿＿＿＿＿＿＿＿＿＿＿＿＿＿＿＿＿＿＿＿＿＿＿＿＿＿

＿＿＿＿＿＿＿＿＿＿＿＿＿＿＿＿＿＿＿＿＿＿＿＿＿＿＿＿＿＿＿＿＿＿＿＿＿＿＿

＿＿＿＿＿＿＿＿＿＿＿＿＿＿＿＿＿＿＿＿＿＿＿＿＿＿＿＿＿＿＿＿＿＿＿＿＿＿＿

＿＿＿＿＿＿＿＿＿＿＿＿＿＿＿＿＿＿＿＿＿＿＿＿＿＿＿＿＿＿＿＿＿＿＿＿＿＿＿

＿＿＿＿＿＿＿＿＿＿＿＿＿＿＿＿＿＿＿＿＿＿＿＿＿＿＿＿＿＿＿＿＿＿＿＿＿＿＿

＿＿＿＿＿＿＿＿＿＿＿＿＿＿＿＿＿＿＿＿＿＿＿＿＿＿＿＿＿＿＿＿＿＿＿＿＿＿＿

Wann essen Sie? Um wie viel Uhr essen Sie?   **7   Bilden Sie Sätze:**

In Deutschland In meinem Land In ＿＿＿＿＿	esse ich	am Morgen um ＿＿＿＿＿ Uhr. am Mittag um ＿＿＿＿＿ Uhr. am Abend um ＿＿＿＿＿ Uhr.

＿＿＿＿＿＿＿＿＿＿＿＿＿＿＿＿＿＿＿＿＿＿＿＿＿＿＿＿＿＿＿＿＿＿＿＿＿＿＿

＿＿＿＿＿＿＿＿＿＿＿＿＿＿＿＿＿＿＿＿＿＿＿＿＿＿＿＿＿＿＿＿＿＿＿＿＿＿＿

＿＿＿＿＿＿＿＿＿＿＿＿＿＿＿＿＿＿＿＿＿＿＿＿＿＿＿＿＿＿＿＿＿＿＿＿＿＿＿

＿＿＿＿＿＿＿＿＿＿＿＿＿＿＿＿＿＿＿＿＿＿＿＿＿＿＿＿＿＿＿＿＿＿＿＿＿＿＿

＿＿＿＿＿＿＿＿＿＿＿＿＿＿＿＿＿＿＿＿＿＿＿＿＿＿＿＿＿＿＿＿＿＿＿＿＿＿＿

＿＿＿＿＿＿＿＿＿＿＿＿＿＿＿＿＿＿＿＿＿＿＿＿＿＿＿＿＿＿＿＿＿＿＿＿＿＿＿

＿＿＿＿＿＿＿＿＿＿＿＿＿＿＿＿＿＿＿＿＿＿＿＿＿＿＿＿＿＿＿＿＿＿＿＿＿＿＿

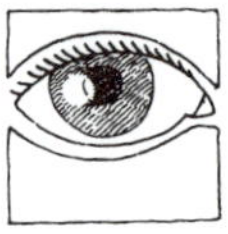

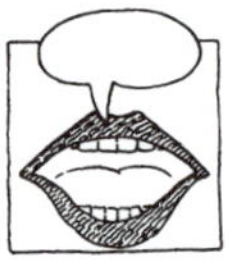

8   Bilden Sie Sätze:

| Die Deutschen essen | am Morgen
Mittag
Abend | Brot oder Brötchen.
Eier.
Käse.
Wurst.
Marmelade.
Fleisch.
Fisch.
Gemüse.
Salat.
Kartoffeln.
Reis.
Obst. |

9   Bilden Sie Sätze:

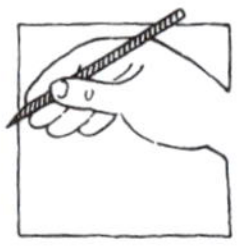

| Die Deutschen trinken | am Morgen
Mittag
Abend | Kaffee.
Tee.
Wasser.
Saft.
Bier.
Wein. |

_____
_____
_____
_____
_____
_____
_____
_____
_____
_____
_____
_____

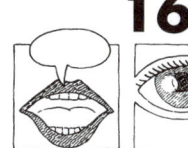 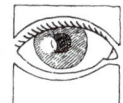

10 Bilden Sie Sätze:

Wo essen Sie in Deutschland und in Ihrem Land?

In Deutschland In meinem Land In _____	esse ich	am Morgen Mittag Abend	zu Hause. in meiner Wohnung. im Restaurant. im Gasthaus. in der Mensa. im Café. im Institut.

16A

11 Bilden Sie Sätze:

Was essen und trinken Sie in Deutschland und in Ihrem Land gern?

Ich esse trinke	in Deutschland in meinem Land in _____	am Morgen Mittag Abend	gern	_____

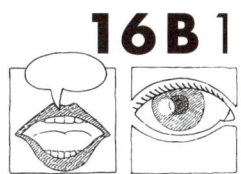

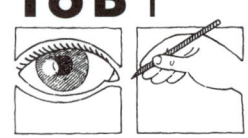

A B C D E F G H I J K L M N O P Q R Š T U V W X Y Z

a b c d e f g h i j k l m n o p q r s t u v w x y z

ß

1 **Bitte schreiben Sie den Buchstaben S/s/ß nach:**

S   SZ2S36PSOGSBCSSZ23BOSZU
ZS23S56SORSTISZ2S36PSOGS

s   sacdegopssuzsxs?stuszrsacesosu
xzssegsahstsacdegopssuzsxs?stu

ß   ßbdhßBGRDßkßthdbßSBGKßOP
RbßRßGBßDKßßbdhßBGRDßkßt

S _____
_____

s _____
_____

ß _____
_____

S oder s oder ß

Wa☐ möchten ☐ie e☐☐en?
Einen kleinen Imbi☐☐: eine
Tage☐☐uppe, ein paar Wür☐t-
chen mit etwa☐ ☐enf und
Kä☐e auf Wei☐brot.
Wa☐ möchten ☐ie trinken?
Einen ☐aft und ein Mineral-
wa☐☐er.

1	I	E		6	I	E
2	I	E		7	I	E
3	I	E		8	I	E
4	I	E		9	I	E
5	I	E		10	I	E

1	A	I		6	A	I
2	A	I		7	A	I
3	A	I		8	A	I
4	A	I		9	A	I
5	A	I		10	A	I

2

Lösung

Was möchten Sie essen?

Einen kleinen Imbiss: eine

Tagessuppe, ein paar
Würst-

chen mit etwas Senf und

Käse auf Weißbrot.

Was möchten Sie trinken?

Einen Saft und ein Mineral-

wasser.

Index 92

**3 Wo hören Sie den
Laut [s] (das)?**

bis	los
weiß	Klasse
das	plus
Kasse	Tasse
was	süß

Index 93

**4 Wo hören Sie den
Laut [z] (sie)?**

sie	sich
Nase	reisen
so	lesen
Hose	Saft
Käse	Suppe

16B 1

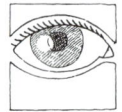

5   Bitte lesen Sie:

S|aal	A|sien	au|ß|en	au|s
S|aft	Be|sen	bei|ß|en	bi|s
s|agen	die|se	be|ss|er	Bu|s
S|ahne	die|ser	drei|ß|ig	da|s
s|auber	Do|se	flei|ß|ig	da|ss
s|echs	Ha|se	hei|ß|en	Fu|ß
s|echzig	Ho|se	Ka|ss|e	Gla|s
s|ehen	Kä|se	la|ss|en	Gra|s
s|ehr	lei|se	Ma|ß|e	Hau|s
S|eife	le|sen	Me|ss|er	hei|ß
s|ein	Na|se	rei|ß|en	lo|s
s|elbst	Pau|se	Stra|ß|e	Mau|s
s|ich	Rei|se	Ta|ss|e	plu|s
s|ieben	rei|sen	wi|ss|en	Prei|s
s|iebzehn	Ro|se		wa|s
s|ie	Ro|sine		
S|ilbe	tau|send		
s|o	Va|se		
S|onne	Wie|se		

Hören Sie Ihrer Lehrerin/Ihrem Lehrer zu und klären Sie:

6   Hörübung:
stimmloses [s] (heißer)
oder stimmhaftes [z]
(heiser)?

a) Welche Wörter sind gleich?
b) Wann hören Sie stimmloses [s]?
c) Wann hören Sie stimmhaftes [z]?

7

Lösung

heißer, heiser, reisen, reißen,
weisen, weißen, Muse,
Muße

s oder ß?

hei__er, hei__er, rei__en, rei__en,

wei__en, wei__en, Mu__e, Mu__e

s oder ss?

Ra__en, Ra__e, Ha__en, ha__en,
Rie__e, Ri__e, Wie__en, wi__en,
Ro__e, Ro__e, Po__e, Po__e

was	wessen	heiß
das	messen	weiß
lass	lesen	leise
lotsen	musst	Haus
kosten	Lust	aus
rosten	küsst	Maus

Hören Sie Ihrer Lehrerin/Ihrem Lehrer zu und klären Sie:
a) Welche Wörter sind gleich?
b) Wann hören Sie [z]?
c) Wann hören Sie [ts]?

S/s oder Z/z?

__aal, __ahl, __ählen, __eele,
__eh, __ee, __ieht, __ieht,
__auber, __auber, __oll, __oll,
rei__en, rei__en, Wei__en,
Wei__en, fall__, Fal__, gan__,
Gan__, Pil__, Pil__, kur__, Kur__

8

Lösung

Rasen, Rasse, Hasen, hassen,

Riese, Risse, Wiesen, wissen,

Rose, Rosse, Pose, Posse

Index 94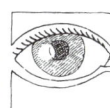

9   Was reimt sich?

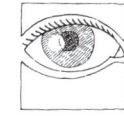

10   Hörübung:
   stimmhaftes [z] (soll)
   oder [ts] (Zoll)?

11

Lösung

Saal, Zahl, zählen, Seele,

Zeh, See, sieht, zieht,

Zauber, sauber, soll, Zoll,

reisen, reizen, Weisen,

Weizen, falls, Falz, ganz,

Gans, Pilz, Pils, kurz, Kurs

16B2

Index 95

1 Wo hören Sie den Laut [ʃ] (schön)?

(A = am Anfang, I = im Innern, E = am Ende)

schön	schlafen
Tisch	Flasche
Fleisch	Schuhe
schon	Wäsche
Mensch	mischen

1	A	I	E		6	A	I	E
2	A	I	E		7	A	I	E
3	A	I	E		8	A	I	E
4	A	I	E		9	A	I	E
5	A	I	E		10	A	I	E

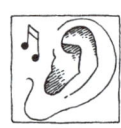

2 Hörübung: [s] (Masse) oder [ʃ] (Masche)?

Hören Sie Ihrer Lehrperson zu und klären Sie:
a) Welche Wörter sind gleich?
b) Wann hören Sie [s] (Masse)?
c) Wann hören Sie [ʃ] (Masche)?

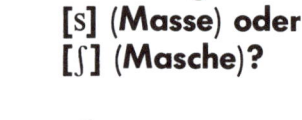

3
Lösung

lassen, Lasche, Masse, Masche,

Wasser, waschen, Tasche, Tasse,

hassen, haschen, Asche, Asse,

Eschen, essen, missen, mischen,

wissen, wischen, Busse, Busch

ss oder sch?

la__en, La__e, Ma__e, Ma__e, Wa__er, wa__en, Ta__e, Ta__e, ha__en, ha__en, A__e, A__e, E__en, e__en, mi__en, mi__en, wi__en, wi__en, Bu__e, Bu__

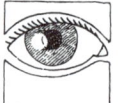

4 Bitte lesen Sie:

sch|ade	Sch|üler	A|sch|e	ra|sch
sch|arf	sch|lafen	Wä|sch|e	fal|sch
Sch|atten	Sch|nee	Fla|sch|e	Men|sch
Sch|ere	sch|reien	Ta|sch|e	Ti|sch
sch|enken		wi|sch|en	Fi|sch
Sch|iff		Mu|sch|el	Hir|sch
sch|on		Du|sch|e	Fro|sch
sch|ön		tau|sch|en	Flei|sch
Sch|uh		täu|sch|en	Tau|sch
Sch|ule			

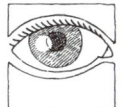

5 Bitte schreiben Sie die Wörter in die Kästchen:

S

der Sack
der See
das Segelboot
der Sessel
die Socke
die Sonne

SCH

die Schere
das Schiff
die Schlange
der Schnee
der Schrank
der Schuh

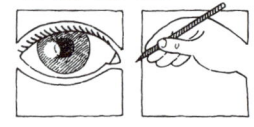

6   Bitte ergänzen Sie:

England	engl _____
Finnland	finn _____
Griechenland	griech _____
Russland	russ _____
Deutschland	_____
Belgien	belg _____
Persien	pers _____
Spanien	span _____
Tunesien	tunes _____
Ägypten	ägypt _____
Schweden	schwed _____
Türkei	türk _____
Marokko	marokkan _____
Libanon	libanes _____

7   **Rezept für eine Gemüsesuppe:**

250 bis 300 g Gemüse: Blumenkohl, Erbsen, Rosenkohl, Spargel oder Schwarzwurzeln, Wirsing,
Karotten, Kohlrabi. Das Gemüse waschen, schälen
oder putzen und in Scheiben oder Stücke schneiden.
Das Gemüse in heißer Butter (50 g) kurz dünsten,
mit Wasser oder Fleischbrühe aufschütten und salzen
(etwa 1 Messerspitze Salz). Eine halbe Stunde bei
schwacher Hitze kochen, abschmecken und mit
Petersilie bestreuen.
Dazu passen in der Suppe erhitzte Würstchen.

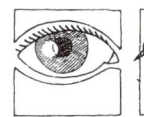
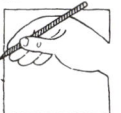

8 Bitte schreiben Sie einen Einkaufszettel zu diesem Rezept.

9 Bitte lesen Sie das Rezept noch einmal und unterstreichen Sie alle Wörter mit S/s, ss, ß.

Umkreisen Sie jedes Sch/sch, St/st und Sp/sp (Beispiel: (Sp)argel).

S/s, ss oder ß

Gemü__e__uppe, Gemü__e,
Erb__en, Ro__enkohl, Wir__ing,
mit hei__er Butter, Wa__er,
__alzen, Me__erspitze

Sch/sch

__warzwurzeln, wa__en, __älen,
__eiben, __neiden, auf-__ütten,
__wacher, ab-__mecken,
Flei__brühe

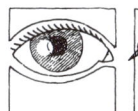

10

Lösung

Gemüsesuppe, Gemüse,

Erbsen, Rosenkohl, Wirsing,

mit heißer Butter, Wasser,

salzen, Messerspitze

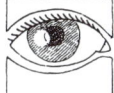

11

Lösung

Schwarzwurzeln, waschen, schälen,

Scheiben, schneiden, auf-schütten,

schwacher, abschmecken,

Fleischbrühe

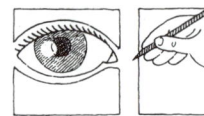

16B2

12

Lösung

Spargel, Stücke, Messer-
spitze,

Stunde, bestreuen,

dünsten, Würstchen

Achtung! Am Anfang eines
Wortes wird Sp/sp und
St/st wie [ʃp] und [ʃt]
gesprochen!

Sp/sp oder St/st

__argel, __ücke, Messer-__itze,
__unde, be-__reuen,
dün__en, Wür__chen

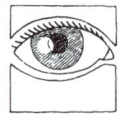

13 Bitte lesen Sie:

Stadt, Straße, Kasten, Ast, Gast, Staat, Stelle,
Fenster, besten, fest, west, still, stricken, Geschwister,
Schwester, List, bist, stören, Post, Ost, Stunde, Stück,
Husten, Küste, Wüste, Lust, Wurst

14 Und schreiben Sie:

St/st-	-st-	-st
Stadt		

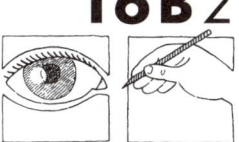

Raps, Spaß, Mops, Wespe, sprechen, Gips, Rispe, spitz, Sport, Spur, Spruch

Sp/sp-	**-sp-**	**-ps**
_____	_____	_____
_____	_____	_____
_____	_____	_____
_____	_____	_____
_____	_____	_____
_____	_____	_____
_____	_____	_____
_____	_____	_____
_____	_____	_____
_____	_____	_____

15 Bitte lesen Sie die Wörter und schreiben Sie dann:

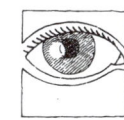

Schrank, schlafen, falsch, Ramsch, schwarz, schmal, schlagen, schreiben, Schnee, schnell, Schwein, schmecken, schneiden, Schrift, schwimmen, Wunsch, schmutzig, schlecht, Marsch

16 Bitte lesen Sie:

Schr/schr-	**-rsch**
_____	_____
_____	_____
_____	_____
_____	_____

17 Und schreiben Sie:

Schl/schl-	**-lsch**
_____	_____
_____	_____
_____	_____

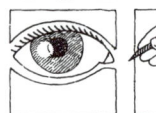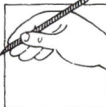

Schn/schn-   -nsch

_____   _____
_____   _____
_____   _____

Schm/schm-   -msch

_____   _____
_____   _____
_____   _____

18

Lösung

Wie viel Uhr ist es?

Ich warte schon eine
Stunde.

Ich habe Hunger und Durst.

Ich möchte Suppe und
Fleisch

essen oder Fisch mit
gemischtem

Salat und Ananas oder

frische Kirschen zum
Nachtisch

oder ein Eis mit heißer

Schokoladensauce.

Ich möchte ein Glas Wasser

oder eine Flasche Weißwein.

S/s, ss, ß, Sch/sch

Wie viel Uhr i__t e__?

Ich warte __on eine __tunde.

Ich habe Hunger und Dur__t.

Ich möchte __uppe und Flei__

e__en oder Fi__ mit gemi__tem

__alat und Anana__ oder

fri__e Kir__en zum Nachti__

oder ein Ei__ mit hei__er

__okoladen__auce.

Ich möchte ein Gla__ Wa__er

oder eine Fla__e Wei__wein.

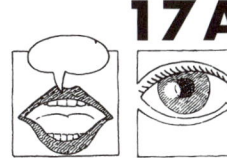
APOTHEKE

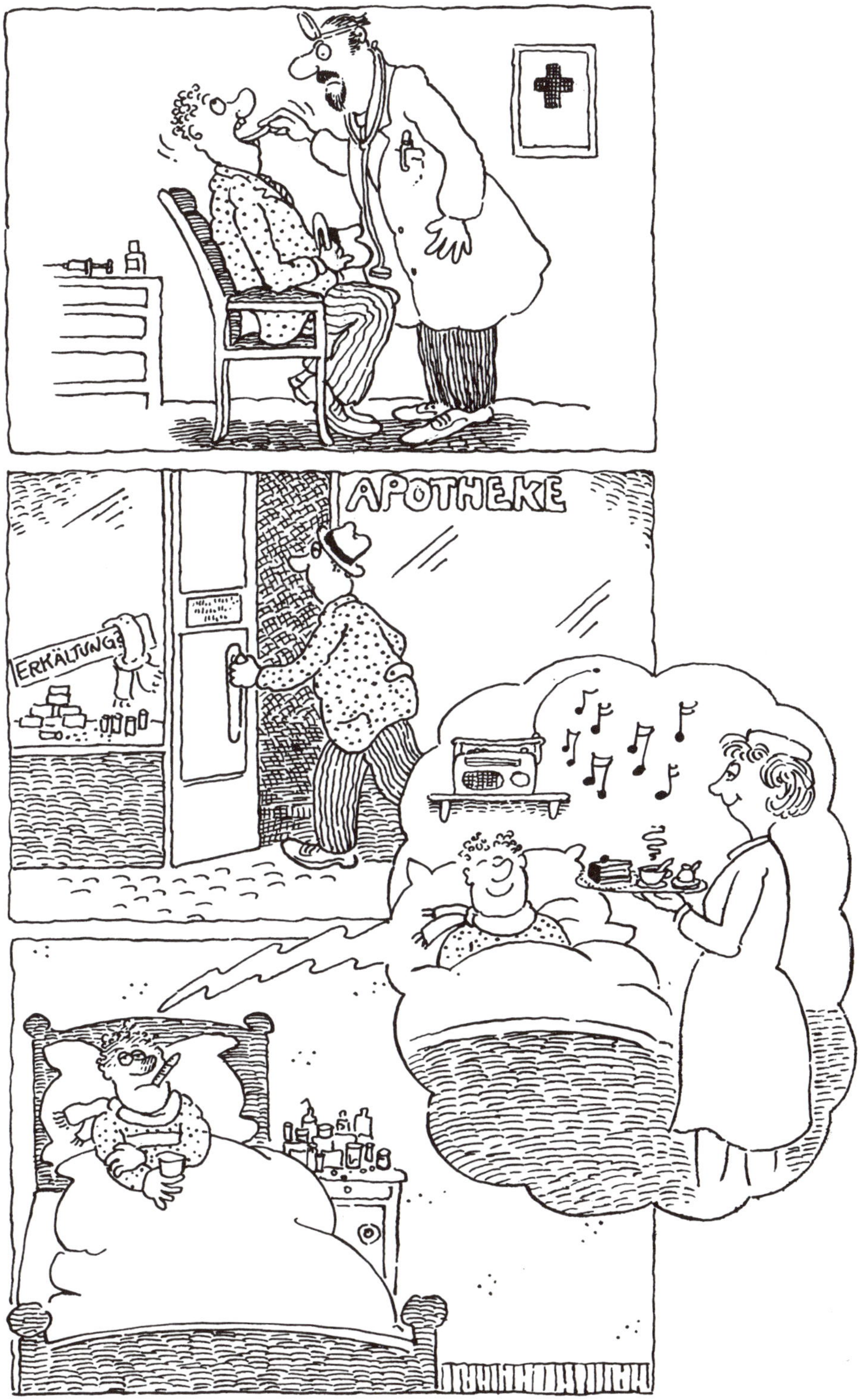

ERKÄLTUNG

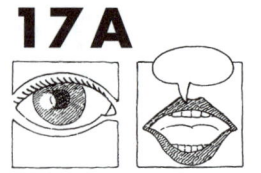

1   Bilden Sie Sätze: Haben Sie Schmerzen?

Nein,	ich habe	keine Schmerzen.
Ja,	ich habe	Kopfschmerzen.
		Halsschmerzen.
		Ohrenschmerzen.
		Zahnschmerzen.
		Bauchschmerzen.

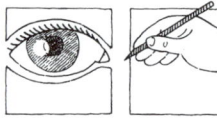

2   Bilden Sie Sätze: Tut Ihr Kopf weh?

Nein,	mein Kopf	tut nicht weh.
Ja,	mein Kopf	tut weh.
	Hals	
	Bauch	
	Rücken	
	Bein	
	Arm	
	meine Ohren	tun weh.
	Zähne	

_____

_____

_____

_____

_____

_____

_____

_____

_____

_____

_____

(I = im Innern, E = am Ende)

1	I	E	6	I	E
2	I	E	7	I	E
3	I	E	8	I	E
4	I	E	9	I	E
5	I	E	10	I	E

1 Wo hören Sie den Laut [ç]?

ich	Milch
mich	Mädchen
nicht	richtig
schlecht	wichtig
dicht	täglich

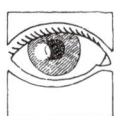

2 Wo hören Sie den Laut [x]?

ach	noch
nach	Woche
machen	doch
Buch	kochen
lachen	Bauch

1	I	E	6	I	E
2	I	E	7	I	E
3	I	E	8	I	E
4	I	E	9	I	E
5	I	E	10	I	E

3 Bitte lesen Sie!

i|ch	Be|ch|er	a|ch	Ka|ch|el
di|ch	si|ch|er	Ba|ch	la|ch|en
mi|ch	Kü|ch|e	Da|ch	ma|ch|en
si|ch	glei|ch|en	fla|ch	ko|ch|en
hässli|ch	rei|ch|en	Kra|ch	Lo|ch|er
ähnli|ch	rie|ch|en	wa|ch	Wo|ch|e
ordentli|ch	Re|ch|t	no|ch	Ko|ch|er
glei|ch	schle|ch|t	do|ch	su|ch|en
wei|ch	se|ch|zig	Ko|ch	besu|ch|en
rei|ch	se|ch|zehn	Lo|ch	rau|ch|en
Österrei|ch	re|ch|nen	Bu|ch	tau|ch|en
Mil|ch	Ri|ch|tung	Besu|ch	a|ch|tzig
	mö|ch|ten	Geru|ch	a|ch|tzehn
		Tu|ch	wa|ch|sam
		au|ch	
		Rau|ch	
		Bau|ch	

17 B 1

Hören Sie Ihrer Lehrerin/Ihrem Lehrer zu und klären Sie:

4 **Hörübung:**
[ʃ] (wischen)
und [ç] (wichen)?

a) Welche Wörter sind gleich?
b) Wann hören Sie [ʃ]?
c) Wann hören Sie [ç]?

5
Lösung

wichen, wischen, Löcher,
Löscher,

Kirsche, Kirche, Menschen,

Männchen, herrschen,
Herrchen,

Gicht, Gischt

sch oder ch?

wi__en, wi__en, Lö__er, Lö__er,

Kir__e, Kir__e, Men__en,

Männ__en, herr__en, Herr__en,

Gi__t, Gi__t

6 **Bitte ergänzen Sie:**

		lich
die Minute	minüt-	minütlich
die Stunde	stünd-	
der Tag	täg-	
die Woche	wöchent-	
der Monat	monat-	
das Jahr	jähr-	

		chen
der Tisch	das Tisch-	Tischchen
der Stuhl	das Stühl-	
das Fenster	das Fenster-	
der Teller	das Teller-	
der Schrank	das Schränk-	

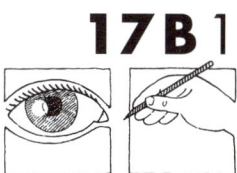

du lachst

sie lacht

lachen

machen

sprich

sprich

sprechen

unterstreichen

rauchen

suchen

keit

die Wirklichkeit

wirklich

möglich

traurig

lustig

richtig

heit

die Wahrheit

wahr

falsch

schön

gesund

krank

Lösung

Der Arztbesuch

Guten Tag, Herr Doktor.

Mir geht es schlecht.

Haben Sie Schmerzen?

Ja, Kopfschmerzen, Hals-
schmerzen,

Ohrenschmerzen, Bauch-
schmerzen.

Bitte machen Sie den Mund

auf und sagen Sie: Ahhhh …

Haben Sie Fieber?

Ich weiß nicht.

Sie sind krank. Ich schreibe
Ihnen

ein Rezept. Nehmen Sie die

Medizin 3mal täglich nach
dem

Essen. Gute Besserung.

Sch/sch oder ch?

Der Arztbesu___

Guten Tag, Herr Doktor.

Mir geht es ___le__t.

Haben Sie ___merzen?

Ja, Kopf___merzen, Hals___merzen

Ohren___merzen, Bau___ ___merzen

Bitte ma__en Sie den Mund

auf und sagen Sie: Ahhhh …

Haben Sie Fieber?

I__ weiß es ni__t.

Sie sind krank. Ich ___reibe Ihnen

ein Rezept. Nehmen Sie die

Medizin 3mal tägli__ na__ dem

Essen. Gute Besserung.

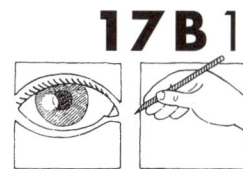

10 Beantworten Sie die Fragen und ergänzen Sie:

Wo ist der Mann?   Er ist beim ―――――――――

Warum ist er beim Arzt?   Es geht ihm ―――――――――

                                          Er hat ―――――――――――――

Welche Schmerzen hat er?   Er hat ―――――――――――――

                                          ―――――――――――――――――――

                                          ―――――――――――――――――――

                                          ―――――――――――――――――――

                                          ―――――――――――――――――――

Was macht er beim Arzt?   Er macht ―――――――――――

                                          und ――――――――――――――

Was hat er?   Er hat ―――――――――――――

Hat er Fieber?   Er ――――――――――――――――

Was macht der Arzt?   Der Arzt ―――――――――――

Was sagt der Arzt?   Gehen ―――――――――――――

                                          und ――――――――――――――

Was macht der Mann dann?   Er geht ――――――――――――

                                          und ――――――――――――――

Wann soll er die Medizin nehmen?   3mal ―――――――――――――

Wo ist der Mann am Ende?   Er ist ――――――――――――

Was macht er?   Er misst ―――――――――――

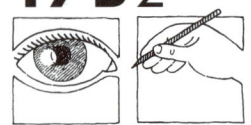

A B C D E F G H I J K L M N O P Q R S T U V W X̌ Y Z

a b c d e f g h i j k l m n o p q r s t u v w x̂ y z

1 **Bitte schreiben Sie den Buchstaben X/x nach:**

X   XYKHXRXHKXAXKZXRXHKXKHX
VWXYXHKXHXFXBWXHXYXXYK

x   xycxeaxrsxcxnmxxozxyyxszxzxre
axxozssxdxcnxmxycxeaxrsxcxnnx

X   _____
_____
_____

x   _____
_____
_____

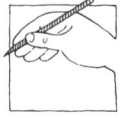

2

Lösung

Lesen Sie den Text.

Haben Sie ein Lexikon?

Wann machen Sie Examen?

Nehmen Sie ein Taxi.

Examen, Exil, Lexikon, Text, Taxi

X oder x ?

Lesen Sie den Te☐t.
Haben Sie ein Le☐ikon?
Wann machen Sie E☐amen?
Nehmen Sie ein Ta☐i.
E☐amen, E☐il, Le☐ikon, Te☐t, Ta☐i

(I = im Innern, E = am Ende)

1	I	E	6	I	E
2	I	E	7	I	E
3	I	E	8	I	E
4	I	E	9	I	E
5	I	E	10	I	E

3 Wo hören Sie den Laut [ks]?

Taxi	Fuchs
Examen	Exil
sechs	Wachs
Sex	wachsen
Text	Lexikon

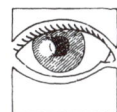

4 Bitte lesen Sie:

Ale|x|ander
bo|x|en
E|x|amen
E|x|il
Le|x|ikon
Ta|x|i
Te|x|t

nä|chs|ter
wa|chs|en
we|chs|eln

Da|chs
Fu|chs
La|chs
se|chs
Wa|chs

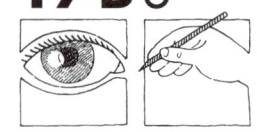

A B C D E F G H I J K L M N O P Q R S T U V W X Y Z

a b c d e f g h i j k l m n o p q r s t u v w x y z

1 **Bitte schreiben Sie den Buchstaben H/h nach:**

H   HAKHWHNAHFRHKHNMHW
AHNAHUWHNHKHUHMNH

h   hbdhgphdhbhahthkhlkhdhklhbh
phdrhthbhkhtlhkhbdhgphdhbha

H _____

_____

_____

h _____

_____

_____

2

Lösung

Haben Sie Hunger?

Heben Sie die Hand!

Halten Sie Ihr Heft hoch.

Brauchen Sie Hilfe?

Ich helfe Ihnen.
Wiederholen

Sie die Hausaufgaben.

H oder **h** ?

☐aben Sie ☐unger?

☐eben Sie die ☐and!

☐alten Sie I h r ☐eft ☐och.

Brauchen Sie ☐ilfe?

Ich ☐elfe I h nen. Wieder☐olen

Sie die ☐ausaufgaben.

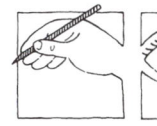 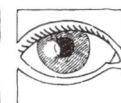

(A = am Anfang, I = im Innern)

3 Wo hören Sie den Laut [h]?

1	A	I		6	A	I
2	A	I		7	A	I
3	A	I		8	A	I
4	A	I		9	A	I
5	A	I		10	A	I

haben	Vorhang
halt	hat
gehören	hierher
Gehalt	heißen
Haushalt	Handschuh

4 Bitte schreiben Sie die Wörter in die Kästchen:

H

das Herz
die Hand
der Handschuh
der Hase
das Haar
das Haus
der Hals
der Hund
der Hammer
der Hut

17B3

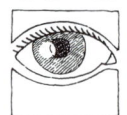

5   Bitte lesen Sie:

H|aar	an|h|ören	H|auptbahnhof
H|als	auf|h|ören	H|aushalt
h|alt	ge|h|ören	H|eißhunger
H|and	zu|h|ören	H|interhof
h|art	Er|h|olung	
h|at	über|h|olen	
H|aus	wieder|h|olen	
H|err		

6   Bitte lesen Sie:

Halle	Herz	hier	Hort
alle	Erz	ihr	Ort
halt	Helle	heilen	hoffen
alt	Elle	eilen	offen
Hammer	Hände	heiß	Hund
Ammer	Ende	Eis	und
Hals	Henkel		Höhlen
als	Enkel		ölen
Hast	helfen		Haus
Ast	Elfen		aus
	Herde		Hauch
	Erde		auch
	Heere		heulen
	Ehre		Eulen

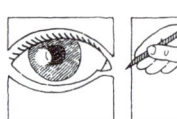

7

Lösung

Halle, alle, halt, alt, Erz, Herz,

Erde, Herde, Eis, heiß, heilen,

eilen, Hort, Ort, offen,

hoffen, Hund, und, ölen,

Höhlen, Haus, aus

H/h + Vokal oder Vokal?

___lle, ___lle, ___lt, ___lt, ___rz, ___rz,

___rde, ___rde, ___s, ___ß, ___len,

___len, ___ort, ___rt, ___ffen,

___ffen, ___nd, ___nd, ___len,

___len, ___s, ___s

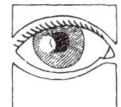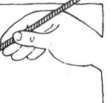
Was sagen diese Leute?

8

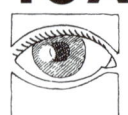

Schriften

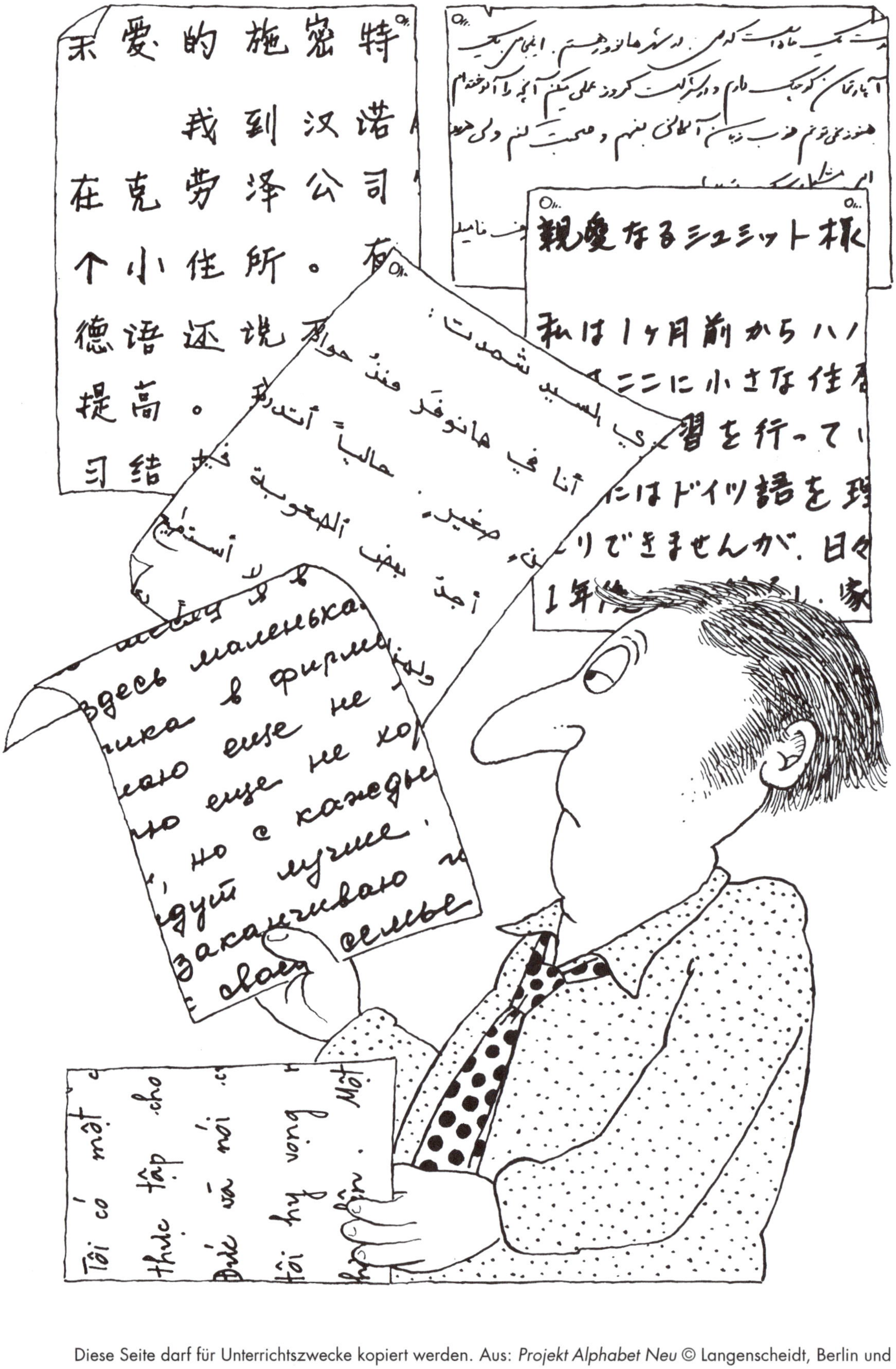

Diese Seite darf für Unterrichtszwecke kopiert werden. Aus: *Projekt Alphabet Neu* © Langenscheidt, Berlin und München 2004

Welche Schriften können Sie lesen?
Zu welchem Land gehören sie?

GUTEN TAG

Hallo

ሰላ ፦ ይለጥልኝ

Dobar dan

Goddag

ᎣᏏᏲ ᎣᎮᎤᏓ

नमस्ते

নমস্কার

XIN CHÀO

Labadiena

Grüezi

Добър Ден

გამარჯობათ

Καλημέρα

КАЙЫРЛЫ КҮН

Bonan tagon

Bonjour

今日は

Jó napot

안녕하세요?

Buongiorno

မင်္ဂလာပါ။

Selamat siang

ﺳﻼﻢ

שָׁלוֹם

Hello

བཀྲ་ཤིས་བདེ་ལེགས

JAMBO

Добрый день

สวัสดี

Hyvää päivää

Dobrý Den

Góðan daginn

Tere

Goedendag

ДОБРИДЕНЬ

Bom dia

God dag

Labdien

您好

Dzień dobry

İyi günler

Buenos días

mirë dita

ﺳﻼﻢ ﻋﻠﻴﻜﻢ

SALVETE

Dober dan

GOETHE INSTITUT
INTER NATIONES

bună ziua

Сайн байна уу

www.goethe.de

251

Schriften

Druckschrift

Die Druckschrift hat große und kleine Buchstaben. Man schreibt damit zum Beispiel Adressen und Absender auf Briefumschläge.

BLOCKSCHRIFT

DIE BLOCKSCHRIFT HAT NUR GROSSE BUCHSTABEN. MAN VERWENDET SIE ZUM BEISPIEL ZUM AUSFÜLLEN VON FORMULAREN.

Handschrift

In der Bundesrepublik und in vielen anderen europäischen Ländern lernt man in der Schule das Schreiben in dieser Schrift.

Können Sie meine Handschrift lesen?

1
Bitte füllen Sie in großen Buchstaben das Formular aus.

Zutreffendes bitte ankreuzen ⊠ !

Dieser Meldeschein ist zu verwenden als

☐ **MITTEILUNG ÜBER DIE ÄNDERUNG DER HAUPTWOHNUNG**
nach Art. 16 Abs. 4 Meldegesetz

Die Mitteilung über die Änderung der Hauptwohnung ist nur dann auszufüllen, wenn damit weder An- noch Abmeldung verbunden ist; d.h. daß vor und nach der Änderung der Hauptwohnung die gleichen Wohnungen (mindestens 2) vorhanden sind. Sie ist abzugeben bei der Meldebehörde der **neuen** Hauptwohnung.

Gemeindeschlüssel (bitte nicht ausfüllen)	Datum der Änderung	Gemeindeschlüssel (bitte nicht ausfüllen)

Neue Hauptwohnung [1] [4] (Straße/Platz, Hausnummer, Stockwerk)	**Bisherige** Hauptwohnung [4] (Straße/Platz, Hausnummer, Stockwerk)
(PLZ, Ort, Gemeinde)	(PLZ, Ort, Gemeinde)

1	Weitere Wohnung (Straße/Platz, Hausnummer, Stockwerk, PLZ, Ort, Gemeinde, Landkreis) [2]
2	Weitere Wohnung (Straße/Platz, Hausnummer, Stockwerk, PLZ, Ort, Gemeinde, Landkreis) [2]

Lfd.Nr.	Familienname (Ehename)	Vornamen
1		
2		
3		
4		

Lfd.Nr.	Familienstand	Geschlecht M / W	Geburtsdatum
1		☐ M ☐ W	
2		☐ M ☐ W	
3		☐ M ☐ W	
4		☐ M ☐ W	

Lfd.Nr.	Staatsangehörigkeit(en)	Nur ausfüllen bei Änderung der Staatsangehörigkeit(en) Bisherige Staatsangehörigkeit(en) / Rechtsstellung als Deutscher	Religion	Erwerbstätig
1				☐ nein ☐ ja
2				☐ nein ☐ ja
3				☐ nein ☐ ja
4				☐ nein ☐ ja

Ort, Datum	Meldebehörde	Ort, Datum
		....
Unterschrift des Meldepflichtigen [3]	(Dienststempel)	I.A. .... Unterschrift

[1] Bei Verwendung des Meldescheins als „Mitteilung von Amts wegen über die Aufgabe einer außerbayerischen Hauptwohnung" ggf. die **neue alleinige Wohnung**.

[2] Nur Wohnungen **im Bundesgebiet** angeben.

[3] Bei Verwendung des Meldescheins als „Mitteilung von Amts wegen über die Aufgabe einer außerbayerischen Hauptwohnung" oder als „Mitteilung über die Änderung der Staatsangehörigkeit/Rechtsstellung als Deutsche(r) im Sinne des Art. 116 Abs. 1 GG" entfällt die Unterschrift des Meldepflichtigen.

[4] Bei Verwendung des Meldescheins als „Mitteilung über die Änderung der Staatsangehörigkeit/Rechtsstellung als Deutsche(r) im Sinne des Art. 116 Abs. 1 GG" ist bei „Neue Hauptwohnung" die alleinige oder Hauptwohnung einzutragen, die Angabe der bisherigen Hauptwohnung entfällt.
Diese Mitteilung ist nur von der Meldebehörde auszufüllen, die für die alleinige Wohnung oder Hauptwohnung zuständig ist.

Blatt 1 (**weiß**) = Meldebehörde:	Blatt 2 (**gelb**) = Weitere Meldebehörde:	Blatt 3 (**grün**) = Bayer. Landesamt für Statistik und Datenverarbeitung	Blatt 4 (**rosa**) = Meldepflichtiger

Boorberg-Vordruck 70.150/035.1 – Mitteilung Änderung Hauptwohnung (AllMBl 1990.008) Richard Boorberg Verlag, München, Tel. 089 / 43 60 00-30 **Nachdruck und Vervielfältigung verboten!** (2296)

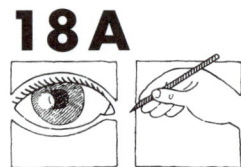

2 **Füllen Sie die Hotel-Anmeldung** bitte selbst in Druckschrift aus.

Anmeldung		Zimmer-Nr.	Ankunft	
		Pers.-Zahl	Abreise	
Name Nom	Vorname Christian name/Prénom			Beruf/Titel Profession
Wohnort Residence/Domicile ( ) Leitzahl	Straße, Nr. Nr., Street/No., Rue			Nationalität Nationality/Nationalité
Geburtsdatum Date of birth Date de naissance	mit/ohne Ehefrau with/without Mrs. avec/sans Mme.	Vorname Christian name Prénom		mit Kindern (Zahl) with children (number) avec enfants (nombre)

Unterschrift/Signature

3 **Können Sie lesen, was auf der Postkarte steht?** Bitte schreiben Sie alles in Druckschrift ab.

Ibrahim Fadli
Goethestraße 117

30457 Hannover

Liebe Frau Schmitt!
Herzliche Grüße
aus Hannover
sendet Ihnen
Ibrahim Fadli

Frau Irmi Schmitt
Sonnenstr. 15

38114 Braunschweig

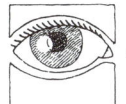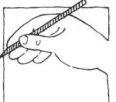

ABSENDER

_____

_____

_____

Postleitzahl   Ort

PLUSKARTE

45

1000 JAHRE KRONACH DEUTSCHLAND

_____

_____

_____

Postleitzahl   Bestimmungsort

Hannover, den 30. Juli

4 Bitte schreiben Sie den Brief in Druckschrift ab.

Liebe Frau Schmitt,

ich bin seit 1 Monat in Hannover.
Ich habe hier eine kleine Wohnung und
mache ein Praktikum bei der Firma
Krause. Ich verstehe noch nicht alles
gut, und ich spreche noch nicht gut
Deutsch, aber jeden Tag geht es besser.
In einem Jahr bin ich fertig. Dann fahre
ich zurück zu meiner Familie.
Wie geht es Ihnen?

Viele Grüße
Ibrahim Fadli

18B

WODKA
COKE
FOTO
KAUFHAUS
BMW
TRINK MILCH
TV
007
SPIEL SALOON
BP
S
H
TAXI
Straßenbahn
U
TELEFON
BUS ZUM FLUGHAFEN
Centrum
FLUG HAFEN
NORD
OST
NOT RUF 110
RUF MAL WIEDER AN
Einbahnstraße
Schillerstraße
SEX
UMLEITUNG
BAHNHOF SÜD
DB
H
!
?
BUS
INFORMATION

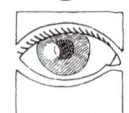

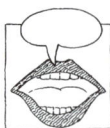

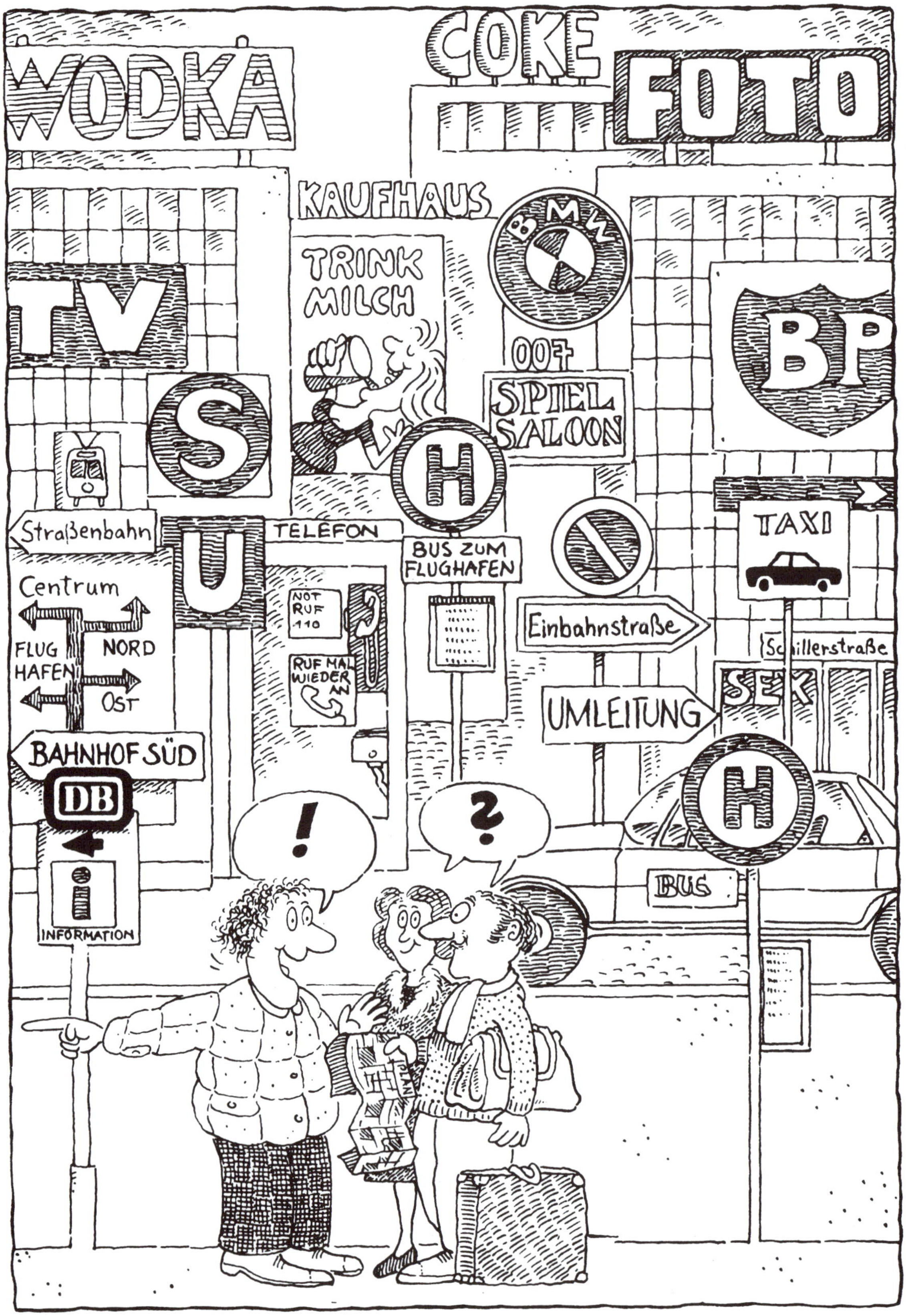